KB065879

메가체인지

이 도서의 국립중앙도서관 출판예정도서목록(CIP)은 서지정보유통지원시스템 홈페이지(http://seoji.nl.go.kr)와
국가자료공동목록시스템(http://www.nl.go.kr/kolisnet)에서 이용하실 수 있습니다.
CIP제어번호: CIP2018022566

MEGACHANGE
메가체인지

21세기 경제 혼란과 정치 격변, 사회 갈등

대럴 M. 웨스트 지음 ｜ 정철 옮김

오늘날 세계의 변화는 대단히 빠르고, 거대하다.
우리는 어떻게 오늘을 살아가고 내일을 대비할 것인가?

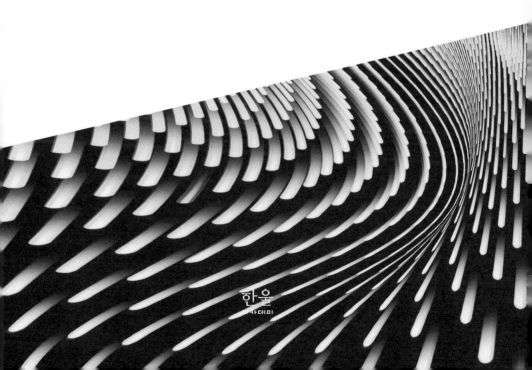

한울
아카데미

Megachange

Economic Disruption, Political Upheaval, and Social Strife in the 21st Century

by Darrell M. West

추천의 글

　지식, 곧 정보가 힘이라는 것은 동서고금의 진리며 오늘날 국가나 기업, 개인 차원에서 정보 경쟁은 더욱 치열하게 벌어지고 있다. 국가 간에는 정보 전쟁이라고 일컬어지며, "정보는 국력이다"(이는 김대중·노무현 정부 시절 국가정보원의 원훈이었다). 국가안보는 물론이고 기업 경영과 인생에서도 정보가 결정적인 역할을 할 경우가 많다. 이때 우리는 직접적으로 소용되는 정보를 가장 중시하면서 우리가 처한 여건 또는 환경은 주어진 것으로 보고 무시하기 쉽다. 그러나 환경이 바뀌면 전략도 달라져야 한다. 세상이 어떻게 돌아가는지 알아야 제대로 된 전략을 수립할 것이다. 이러한 의미에서 21세기 미국과 세계의 거대변화를 짚어낸 이 책이 우리에게 큰 그림의 전략 환경을 제시한다고 말할 수 있다.

　브라운 대학교에서 26년간 정치학을 강의한 저자 대럴 M. 웨스트는 현재 브루킹스 연구소의 부소장으로서 기술혁신센터장과 거버넌스연구실장을 겸하고 있다. 책 저자들이 존경받는 미국 사회에서 웨스트는 무려 22권의 저서를 내고 수많은 논문을 발표한 석학이다. 네 차례 저술상을 받은 그의 저서 일부가 우리나라와 세계 각국에서 번

역 출간되었으며, 최근 ≪미국행정학회지Public Administration Review≫
는 전자정부에 관한 그의 논문(2004년)을 1940년 이후 가장 영향력
있는 논문 75편 가운데 하나로 선정한 바 있다. 그가 2015년 브루킹
스 연구소에서 수행한 모바일뱅킹을 통한 "금융 포용" 연구 프로젝
트(2016년 8월 보고서 발표)에 대해, 빌 게이츠는 "올해의 다섯 가지 반
가운 이야기 가운데 하나"라고 찬사를 보냈다.

　웨스트는 이 책에서 경제 혼란, 정치 격변, 사회 갈등의 세 측면에
서 오늘날 규칙적으로 발생하는 크고 극적인 변화를 미국과 세계의
핵심적 사례를 들어 규명했다. 미국 내에서는 동성결혼에 대한 새로
운 태도, 마리화나 합법화, 오바마케어(건강보험 시스템 개혁), 트럼프주
의, 국경 안보 등에서 대변화가 목도된다. 세계적으로는 아랍의 봄
흥망성쇠, 이라크·시리아 이슬람국가ISIS: Islamic State of Iraq and Syria
가 조장하는 테러 확산, 영국의 유럽연합 탈퇴, 국제동맹의 분열 등
이 대변화의 물결이다. 종래 미국과 세계의 질서를 지탱했던 정치적,
사회적 힘이 약화되었으며, 일부 지역에서 발생한 극단주의가 세계
여기저기서 파문을 일으킬 수 있다. 이러한 거대변화는 '뉴 노멀new
normal'이 되고 있어 이에 상응하는 대처가 필요하다. 한편, 웨스트는
거대변화 탐구에 이어 권말에서 약간의 미래예측을 양념으로 보탰
는데, 앞으로 파괴력이 크고 발생할 가능성이 있는 사건(이른바 '검은
백조')을 예시했다. 그는 로봇이 일자리를 차지하고 유럽이 우경화될
것이라는 예측과 함께 이란의 핵폭탄 보유, 해수면 상승, 외계 생명
체 존재 등의 가능성을 제시했다.

　2017년 1월 미국 국가정보위원회NIC는 『글로벌 트렌드 2035: 진
보의 역설』(2017, 한울)이라는 미래예측 보고서를 공개했다. 미래예측

분야에서 최고의 권위를 인정받는 이 보고서는 향후 20년 동안 세계의 판도를 바꿀 핵심 추세들을 식별하고 가상 시나리오를 통해 그 함의와 교훈을 보여준다. 부제처럼 앞으로 산업화와 정보화의 성취에 힘입어 진보의 기회가 대거 창출되는 동시에 반동 위험도 그 속에 잠재되어 있을 것인바, 회복력이 강한 국가와 단체만이 불시의 역경을 극복하고 충격을 관리할 수 있다는 것이다. NIC 보고서가 미래의 '메가트렌드'를 예측한 것이라면, 웨스트가 이 책에서 통찰한 것은 20세기 말에서 현재에 이르는 '메가체인지'다. 두 문헌이 각각 미래와 현재 세계의 핵심적 맥을 짚고 있다.

　우리가 국가 차원의 안보전략을 구상하거나 기업의 경영전략을 세울 때 또는 개인의 커리어 등 인생을 설계할 때도 세상의 변화와 흐름에 대한 이해가 선행되어야 한다. 이러한 맥락에서 웨스트의 통찰이 독자들의 안목을 넓히는 데 큰 도움이 될 것으로 본다.

2018년 8월
정보평론연구소 소장 박동철

감사의 글

이 책의 원고 초기 단계에 큰 도움이 된 지적을 해준 톰 만과 조너선 래드, 존 펠턴에게 고마움을 전한다. 이들은 책이 더 나아지도록 여러 가지를 제안해주었다. 사려 깊게 검토해준 데 감사한다.

또한 힐러리 샤우브는 이 프로젝트를 위해 조사 보조 활동을 훌륭히 해주었다. 책을 쓸 수 있도록 끊임없이 자료를 모으고 보기 좋게 정리했다. 이 프로젝트에 기울여준 그녀의 모든 노력에 감사한다.

브루킹스 연구소 출판부의 많은 분께도 특별히 감사의 말씀을 전한다. 출판부 국장인 발렌티나 칼크는 이 책의 발간에 큰 조언을 해주었다. 윌리엄 피넌은 신속하게 검토 절차를 처리해주고, 여러 유익한 제안을 해주었다. 재닛 워커는 제작 관리에 큰 도움을 주었다. 엘리엇 비어드는 디자인과 조판을 맡아주었다. 이들 중 그 누구도 이 책에 나온 내용 해석에 책임이 없음을 밝혀둔다.

차례

클로드 와서스타인,

세계를 이해하려는 그녀의 끊임없는 노력에 바친다

제1장

—

현상지속관념의 극복

＊

현상지속관념,

즉 현재 일어나는 일이

앞으로도 계속 일어날 것이라는 생각은

하나의 덫이다.

_E. J. 디온느＊

＊

　수십 년 동안 대외정책 전문가들은 공산주의가 소련과 동유럽 국가에서 확고하게 자리를 잡았다고 여겼다. 이러한 나라들의 지도자들은 강력한 독재국가를 수립하여 시민들을 감시하고, 반체제 인사들을 처벌했으며, 그들 정당의 권력을 유지했다. 몇몇 학자들은 이러한 체제가 내부에 모순을 안고 있어 어쩔 수 없이 종말을 고하게 되리라고 생각했다.[1] 그러나 이렇게 전망했던 사람들을 주류 여론 주도층은 반대파로 간주하며 진지하게 받아들이지 않았다. 1989년 베를린장벽이 무너지고, 2년 뒤에는 소련이 해체되면서 20개국에 가까운 유럽 및 중앙아시아 국가들의 국내정치와 경제는 변화했고, 전 세계의 정치 판도는 크게 흔들렸다.

　2008년 월스트리트를 주도하던 기업들이 무너지고 대침체가 시작되자 최고 금융투자가들은 충격을 받았다. 베어스턴스Bear Stearns와 리먼 브러더스Lehman Brothers는 문을 닫았고, 전 세계 주식시장의 주가가치는 절반이나 빠져나갔으며, 많은 은행이 대출을 중단했다. 이후 십여 년 동안 누구도 또 다른 대침체 가능성을 예측하지 못했고, 전 세계는 갑작스럽게 위험스러운 글로벌 금융위기에 봉착했다.[2] 엄청난 경제적 충격으로 대중들은 대규모 금융기관과 정부에 대해 분노를 표출했고, 많은 나라 노동자들의 어려움이 가중되었다.

서방세계 국민들은 대부분 2014년 자칭 이라크·시리아 이슬람국가 Islamic State of Iraq and Syria(이하 IS)라는 모슬렘 전사들이 이라크와 시리아 국토의 많은 부분을 장악하고 하나의 칼리프 국가를 선언하자 놀라움을 금치 못했다.[3] 한 사람의 종교적, 정치적 인물이 이끄는 신정제국을 수립한다는 것은 많은 국가에 중세에서나 있을 법한 일로 여겨졌으나 IS 지도자들은 이러한 인상을 떨쳐버리기 위해 별다른 노력을 하지 않았고, 그 추종자들은 인질을 참수하고 적들을 산 채로 화형에 처했다.[4] 전 세계인은 이러한 야만적인 행위가 어떻게 지금과 같은 글로벌 시대에, 세계 시민주의가 일반화되고 엄청나게 과학이 진보한 이 시대에 일어날 수 있는지 놀라지 않을 수 없었다.

2016년에는 영국 국민들이 유럽연합 탈퇴 여부 국민투표에서 52 대 48퍼센트 비율로 찬성표를 던짐으로써 전문가들을 혼란스럽게 만들었다. 국민투표 직전 수 주간 동안 금융 및 외교 당국은 유럽연합 탈퇴가 가져올 재정안정과 경제성장, 국제교역 등에 미칠 심각한 영향에 대해 경고했다. 그러나 유권자들은 국수주의와 반유럽연합 정서의 물결을 타고 영국의 유럽연합 탈퇴와 자국의 독립적인 미래를 지지했다. 이러한 움직임은 유럽연합 경제권을 깜짝 놀라게 했고, 영국 파운드화를 팔아치우기 시작했으며, 전 세계 금융정책 및 정책 결정자 사이에 불협화음을 불러일으켰다.[5]

*

오늘날 대규모 변화들이 발생하는 것은 우연이 아니다. 한때 국내외 정책을 주도했던 신념과 제도는 약해지고 있으며, 정치적 해일이 세계 도처에서 일어나고 있다. 우리가 사는 시대는 얼핏 보기에 많은 사건이 규칙적으로 일어나는 것처럼 보인다.[6] '메가체인지'는 사회적, 경제적, 정치적 현상이 급격하게 변하는 것을 의미한다. 이러한 변화는 무엇보다도 경제 혼란, 정치 격변, 사회 갈등을 내포할 수 있다. 이 가운데 어떤 현상이든, 역사적으로 많은 사회 발전의 특징이었던 소규모 점진적인 변화를 넘어서는 파급효과를 불러올 수 있다.

오늘날 변화의 정도나 속도가 유례없이 급격한 것처럼 보이기도 하지만, 지금에 와서야 처음으로 대규모 변화의 징후가 나타난 것은 아니다. 모든 역사를 통해서 제국들과 문명들은 규칙적으로 나타났다가 없어졌다. 여러 민족이 융성했다가 경제적 도전 또는 외세 침략, 내적 갈등, 자연재해 등으로 붕괴되었다. 극적인 과학 발견은 비즈니스 관행을 파괴했고, 종교개혁이나 산업혁명과 같은 새로운 사회질서는 인간들의 삶을 근본적으로 바꾸어놓았다.

더 최근에도 주요 변화들이 이어져 왔다. 예를 들자면 미국은 1860년대 남북전쟁과 그 이후, 1930년대 대공황, 1960년대 시민권 강화와 여성해방운동, 환경운동 등으로 상당한 변화를 겪었다. 비교적 짧은 시간에 대규모 혼란이 발생해 사회와 정치를 바꾸어놓았고, 그 시대를 대표하는 사건으로 오래 남게 되었다.

여러 시대에 사회적, 정치적, 경제적 변화와 관련된 공공정책과 시민의 태도가 크게 요동치는 일들이 있었다. 예를 들어 사회적, 종교적으로 혼란스러웠던 시기가 오자 미국은 1920년에 주류 생산과 판매를 전국적으로 금지했고, 이 조치는 1933년까지 시행되었다. 1800년대 말 여성들이 정치적으로 조직화된 이후 서방 국가들은 점차 여성의 참정권을 인정하기 시작했는데, 미국의 경우는 1920년 헌법 개정을 통해 여성 참정권을 보장했다. 그리고 그 후에 나타난 문화적 관습의 변화를 반영해서 1973년 미국 대법원은 전국에 걸쳐 낙태를 합법화하는 결정을 내렸다.[7]

이러한 대규모 변화의 원인과 결과를 구분하기는 결코 쉽지 않다. 필자가 이 책에서 언급하다시피 변화라는 것은 혼란스럽고 다양한 측면이 있으며, 따라서 어떤 점을 콕 찍어내기는 어렵다. 어떤 변화가 일어나고 있고 어떤 힘들이 가장 중요한 변화를 일으키고 있는지 보기 위해서는 한 시대 전체를 조감해야 한다.

그러나 사례 연구를 통해 최근 몇십 년 동안 국제 정세와 미국 정치에 영향을 미쳤던 메가체인지를 살펴보는 것은 가능하다. 미국 국내적으로는 동성결혼, 흡연, 마리화나 합법화, 소득 불평등, 테러, 국경 통제 등에 대한 태도 변화에서 메가체인지를 볼 수 있다. 국제적으로는 '아랍의 봄'이 나타났다가 사라졌으며, 종교적 열성이 되살아나고 있음을 보고 있고, 비국가 행위자의 폭력과 글로벌화 하면 떠오르는 노동력과 상품 및 서비스의 자유로운 이동이 도전을 받고 있음을 목도하고 있다.

때로는 국제적으로 일어난 사건들이 국내정치에 영향을 미치기도 하고 그 반대의 경우도 있다. 한 지역에서의 극단주의는 멀리 떨어진 다른 지역에서도 긴장을 야기할 수 있다. 글로벌 커뮤니케이션과 신속한 정보전달 시대에서는 조그만 사건도 다른 지역에 반향을 불러일으키고, 국내외 문제에 커다란 변화를 일으키는 촉매가 될 수 있는 것처럼 보인다.

물리학에서 가져온 '양자 도약'이라는 말은 기존 지식을 훌쩍 뛰어넘어 새로운 사고방식을 가져오는 대규모 변화 일반을 의미하게 되었다. 철학자들은 이론적인 기본 틀이 급격하게 변한다는 의미의 '패러다임 전환'을 이야기하고 있다. 생물학자들은 커다란 변화의 시간 다음에 균형의 시기가 뒤따른다는 의미의 '단속 평형' 모델이라는 말을 사용한다.[8] 디지털 전문가들은 옛 방식을 떨쳐버리는 '와해성 기술'이라는 말을 사용하는데, 이러한 기술을 이용하여 새로운 기업들이 나타나기도 하고 심지어는 새로운 시장이 만들어지기까지 한다.[9]

정치에서 특이한 현상들이 정기적으로 나타나기도 한다. 시사 해설자 제프 그린필드Jeff Greenfield가 지적한 것처럼, "정치에서는 검은 백조가 나타날 때도 있다. 다시 말해 도저히 일어날 것 같지 않은 사건이 발생해서 수년에 걸쳐 다듬어진 가설이 산산이 부서지는 때도 있는 것이다".[10] 정치적 지진은 2016년 대선에서 예상 밖으로 도널드 트럼프가 당선된 사례에서 보듯 이제 더는 매우 희귀한 일만은 아니다.

경제학 영역에서 타일러 코언Tylor Cowen은 "평균은 지나갔다"라고 주장하고 있다.[11] 그는 2008년 이후 "거대한 침체"로 인해 이제 건강하고 지속적인 경제성장을 이루기는 어렵다고 믿는다. 과거는 더 이상 미래의 서두가 아니다. 현재의 조류를 바꿀 근본적인 조치를 하지 않는다면 오히려 많은 요소가 번영을 제한할 것이다.

이러한 개념을 확장해 경제학자 제임스 갤브레이스James K. Galbraith는 '정상의 종말'에 대해 저술했다. 거시경제 현황을 분석하면서 그는 1950년대부터 2000년까지의 경제성장에 비추어 미래를 예측해서는 안 된다고 말하고 있다. 경제성장을 힘 있게 뒷받침했던 많은 조건이 이제는 사라졌고, 가까운 미래에는 과거의 추세를 유지하기 어렵다는 것이다.[12]

경제학자 로버트 고든Robert Gordon은 현재 우리는 성장 패턴이 크게 변화하는 시대에 있다고 주장하고 있다. 최근 저서 『미국 성장의 부침The Rise and fall of American Growth』에서 그는 1870년에서 1970년까지 기간에 나타났던 극적인 성장은 이제 끝났으며, 노동생산성이나 사회적 혁신 면에서는 더 이상 큰 진보가 이루어지지 않고 있다고 주장한다. 인구 고령화와 불평등 심화로 미국인들의 생활수준은 정체 상태에 있거나 더 나빠질 수 있다.[13]

이러한 각 주장을 공통으로 관통하는 것은 현재 이 시점에서 어떤 커다란 일이 일어나고 있다는 생각이다. 사회적, 경제적, 정치적 패턴은 더 이상 고착된 것이 아니며, 빠르고 혁신적인 변화를 만들어내고 있다. 일반적으로 생각해온 것보다 더 거대한 변화가 닥쳐오는 데 대비할 필요가 있다. 이러한 구조적 변화를 잘 이해하지 않고는 전체로서 개인과 사회가 앞으로 닥쳐올 예상 밖의 영향에 대응하기 쉽지 않을 것이다.

세계에서 일어나고 있는 커다란 변화 움직임

국제적으로 커다란 변동과 정치 역학 변화를 보여주는 수많은 조짐이 있다. 지난 70년 가까이 강력한 국제규범은 각국의 국경을 보장해주는 것처럼 보였다. 제2차 세계대전까지 만연했던 침략과 이로 인한 인명 피해를 고려해서 현대 국가들은 일반적으로 외국 침략을 자제했다. 그들은 국제적인 화마火魔와 그것이 불러올 대규모 인적 손실이라는 위험을 감수하길 원치 않았다. 국제기구들은 평화를 유지하고 국제질서를 통해 우호관계를 지속하기를 바라며 모든 국가가 다른 국가의 주권을 침해하지 않도록 많은 노력을 기울였다.

하지만 그렇게 지속되어온 오랜 국제규범은 허물어져가고 있다. 2014년 러시아가 크림반도를 침략해 복속시키고 자국의 국익을 보호한다는 명분을 내세우며 우크라이나 동부 지역으로 향했을 때, 서방 지도자들은 아무런 대비책을 갖고 있지 않았다. 크림반도는 1954년 구소련에 의해 우크라이나에 양도되어 이후 그 나라에서 가장 중요한 지역이 되었다. 흑해에 위치한 크림반도는 우크라이나 화폐를 사용했고, 우크라이나 국회를 구성하는 국회의원 선출권을 가지고 있었다.

이러한 합병에 대한 국제적 비난에도 러시아는 이를 되돌리지 않았다. 서방의 지도자들은 합병에 강력한 반대의사를 쏟아내고, 침략자에게 무역 및 금융 제재를 가했으며, 우크라이나에 대한 지원을 확대했다. 그러나 2년 이상 세계는 이러한 현실을 어떻게 변화시킬 것인지 아무런 방도도 찾아내지 못했다. 러시아의 노골적인 침략이라 여기면서도 그에 맞설 군대를 파견하려는 지도자도 거의 없었다.

급격히 증가하는 경제력에 발맞춰 중국은 지역적, 국제적 문제에 훨씬 더 활기차게 움직였고, 자국 내에서 활동하는 외국 기구와 다국적기업에 제한을 가했다. 또한 중국은 동중국해 센카쿠열도에 대한 일본의 주권에 도전했다. 이 지역은 오랫동안 일본이 지배해왔음에도 유전이 발견된 후 중국이 영토권을 주장하고 나선 것이다. 중국은 자국의 지리적 특권이 일본의 특권보다 앞선다고 주장했다. 중국군 당국은 자국의 지리적 권리를 옹호하기 위해 이 지역에 군함과 전투기를 보냈으며, 문제의 섬 한 곳에 지대공 미사일을 설치했다.[14]

게다가 중국은 남중국해 암초 위에 7개의 인공섬을 건설하고, 각 인공섬 주변 12마일에 대한 주권을 선포했다.[15] 이렇게 영토 주장을 확대해나가자 이 지역의 미국 군사 활동이 곤란해졌으며, 일부 상선이 이 지역을 자유롭게 통과하는 데 위협을 받게 되었다. 두려움은 중국이 파라셀군도에 긴 활주로와 군사병영, 미사일을 설치하기 시작하자 더욱 가중되었다. 대부분 미국의 동맹이자 교역 상대인 주변국들은 이러한 움직임이 중국 측의 뻔뻔한 지정학적 야심을 드러내는 징조라고 우려하고 있다.[16]

남중국해에서 미군 제트기와 맞닥뜨렸을 때 중국 해군은 미군기를 이 지역에서 쫓아내려고 했다. "외국 군용기 들으시오. 여기는 중국 해군입니다. 당신은 지금 우리의 군사경계 지역에 접근하고 있습니다. 당장 이곳을 떠나시오"라고 익명의 인물이 경고해왔다.[17] 그 비행기는 공해 상공에 있었음에도 중국은 이 사건에서 자국의 영토권을 주장했고, 남중국해의 약 80%까지 이러한 영토권을 확대하려 했다. 이로 인해 중국은 베트남이나 말레이시아, 필리핀, 대만 등과 직접적인 분쟁 상태로 들어갔는데, 이들 국가 모두가 이 수로 일부에서 주권을 가지고 있었다.

'아랍의 봄' 봉기는 불시에 거의 모든 국가와 정치 평론가의 이목을 사로잡았다. 2010년 튀니지에서 거리 시위가 발발하고 여러 중동 국가에서 시위가 발생하자 전 세계가 놀라움에 빠졌다.[18] 아랍 국가 전역에 걸친 독재 체제의 무능과 부패에 대한 불만이 일반인들에게서 울려 퍼지고 수천 명이 거리로 뛰쳐나와 항의 시위를 벌였다. 다른 시대에도 그리했던 것처럼, 각 정부는 불평을 탄압하기 시작하며 시위자들을 체포했다.

그러나 이러한 정치적 움직임은 특히 이집트의 호스니 무바라크 Hosni Mubarak 대통령과 같이 확고하게 권력을 잡고 있는 것처럼 보였던 여러 독재자를 무너뜨렸다. 식견 있는 분석가들 가운데 누구도 갑자기 북아프리카와 중동을 휩쓴 이 일련의 혁명을 거의 예측하지 못했다. 튀니지와 리비아, 이집트에서는 즉각 임시정부가 수립되었다. 시리아와 예멘은 경쟁 당파가 정치적, 경제적 권력 다툼을 벌여 파괴적인 내전으로 빠져들었고, 리비아는 무아마르 알 카다피의 축출과 처형 이후 비슷한 소요 사태에 직면했다.

이 밖의 여러 사례를 통해 필자는 한때 대규모 국제적인 변화를 주도했던 여러 사회적, 경제적, 정치적 힘이 쇠약해졌음을 주장하고자 한다. 옛 질서가 무너져 내리고 새로운 질서가 모습을 드러내고 있다. 심지어 때로는 아직 새로운 질서가 분명하지 않은 경우도 있다. 핵 시대에는 상상할 수 없는 것처럼 보였던 거대한 힘겨루기도 잠재적 위험 요인으로 되돌아왔다. 국가들이 영토권 주장을 자제할 것이라는 믿음은 깨지고 국가 간 광범위한 경쟁이 벌어지고 있으며, 지리적 경계를 시험하고 전통적 국제규범을 위반하고 있다.

1989년 이후 미국이 주도해왔던 세계질서는 이제 떠오르는 중국과 공격적인 러시아, IS나 알카에다Al-Qaeda, 알샤밥Al-Shabaab, 보코하람Boko Haram과 같은 폭력적인 비국가 행위자가 등장한 질서로 변화했다. 후자의 폭력적인 세력은 지배 지역에 엄격한 종교적 법률을 적용하면서 조직적 겁탈, 성노예, 봉건적 통치와 같은 원시적인 관행을 시행하고 있다.[19] 서방의 힘이 제한받고 있음이 분명하며, 유효한 조치를 할 유럽과 미국의 능력은 심각하게 제약받고 있다.

본질적으로 세계는 냉전시대의 양극체제에서 소련이 붕괴하고 미국이 주도적인 세력이 된 후에는 단극체제가 되었으며, 9·11 테러 이후 새로운 세력과 비국가 행위자가 등장하면서부터는 다극체제로 변했다. 양극체제 또는 단극체제의 세계질서는 지역 갈등이나 역내 분쟁을 쉽게 통제할 수 있는 몇몇 제한된 수의 강대국들이 우세한 힘을 보유하여 일반적으로 안정적이다. 그러나 다극체제로 변한다는 것은 다양한 권력이 서로 우위를 점하고자 다투는 것을 의미하기 때문에 불안정성 고조의 전초가 되며, (중국 또는 러시아, 유럽, 미국을 포함해서) 어떠한 단일 세력도 결과를 좌우할 능력이 없다.[20]

천연자원이나 경제적 이익, 구시대의 정적政敵 관계에 얽혀 오래 지속되어온 분쟁으로 인해 몇몇 새로운 전 지구적인 문제점들이 드러나고 있다. 얽히고설킨 국제관계로 무역 관행이나 비즈니스 관계,

국가정책을 두고 나타나는 분쟁의 빈도와 강도가 점차 증가하는 것으로 보인다. 이는 국가 간 유대를 불안정하게 하고 사회적, 경제적, 정치적 분쟁을 발생케 한다.

그러나 이러한 소요 가운데 일부는 예측할 수 없는 새로운 원인 때문에 일어난다. 전 세계 많은 지역에 존재하는 실패한 국가나 통치력이 미치지 않는 지역들을 예로 들 수 있다.[21] 특히 아프리카와 중동의 많은 곳에 통치력이 부족하거나 공격적 행위를 억제할 수 없는 정부들이 있다. 범죄 조직과 비공식 기구가 권력을 장악하고, 거리와 지역사회, 심지어 몇몇 국가의 지역 전체를 통제할 수 있게 되었다. 이러한 조직들은 국제관계와 국내정책에 영향을 미칠 뿐 아니라 과거에는 넘볼 수 없었던 행위들을 저지르려고 한다.

종교적인 분쟁도 불길한 단계에 접어들었다. 전 세계의 3개 단일신교, 즉 유대교와 이슬람교, 기독교의 각 지역에서는 근본주의가 발현해옴으로써 지정학적 문제를 복잡하게 조성하고 있다. 마이클 왈저Michael Walzer가 『자유화의 역설: 세속적인 혁명과 종교적인 반혁명』이라는 책에서 언급한 것처럼 현대화 및 세속화를 추구하는 세력과 그것이 절대적으로 옳지 않다고 여기는 세력 간에 서사시와도 같은 전투가 일어나고 있다.[22] 종교분쟁은 여러 지역에서 다양한 형태로 나타나고 있으나, 여성의 역할이라든가 동성애, 문화적 관용에 대한 의견 불일치가 많은 지역적, 세계적 긴장 사태에 스며들어 있다.

디지털 기술은 커뮤니케이션 속도를 가속화하고 사회적, 경제적 상호작용의 전통적인 패턴을 바꿈으로써 글로벌 정치를 복잡하게 만들고 있다.[23] 커뮤니케이션 수단의 발달로 불만 세력들은 어느 때보다 쉽게 조직화할 수 있게 되었다. 과거에는 지역적인 문제에 그쳤을 일도 소셜 미디어와 디지털 기술을 통해 바이러스처럼 급속히, 심지어는 전 세계적으로 퍼지고 있다. 글로벌 시대에서 여러 국제적인 커뮤니케이션 채널은 서로 다양한 배경과 이해를 가지고 있는 사람들을 가상적이기는 하지만 서로 매우 밀접히 접촉할 수 있게끔 만들었다. 전에는 가려지거나 심지어 무시될 수 있었던 차이점도 이제는 사람들의 개인적인 영역으로 들어와 수천 마일 떨어진 곳에서 발생한 자연재해나 정치적 분쟁, 사회적 소요에 대해 생각하게끔 한다. 그 결과 종종 불안감과 악감정, 세계적인 긴장이 고조되기도 한다.[24]

미국 국내의 혼란

불안정한 것은 국제적인 문제만이 아니다. 국제무대에 밀려들었던 것과 같은 방식으로 지난 20년 동안 깜짝 놀랄 현상들이 미국의 국내정치에도 휘몰아쳤다. 대통령 탄핵이 실패했고(빌 클린턴), 9·11 테러와 경제 대침체가 일어났으며, 아프리카계 흑인 대통령이 당선되고(버락 오바마), 여성과 민주사회주의자 대통령 후보가 출마하고(각각 힐러리 클린턴과 버니 샌더스), 포퓰리스트 억만장자가 최고의 권좌를 거머쥐었으며(도널드 트럼프), 첨예하게 분열된 대법원에서 핵심 인물이 사망했다(앤터닌 스캘리아).

이러한 사건들은 최근 몇 년 사이에 얼마나 많은 정치적인 소요가 있었는지를 말해준다. 제2차 세계대전 이후 많은 전문가가 미국 정치를 가장 잘 표현하는 개념으로 '점진주의'를 꼽는다.[25] 이는 혁명이나 대규모 발전보다는 소규모 변화와 점진적 진전이 일반적이라는 관점을 말한다. 이러한 생각은 현재의 정책 결정 과정과 소규모 변화의 장점을 말하는 것처럼 보였기에 분석가들은 이것이 지난 50년 동안 지배적인 패러다임이었다고 치켜세웠다.[26] 많은 사회적, 정치적, 제도적 요소가 대규모 변화를 억제하기 때문에 변화란 서서히 일어나는 것이라고 여겨졌다.

그렇지만 최소한 지난 20년 동안 미국 국내정치는 더 극단적이며 더 양극화되었고, 그 결과 어떤 해결책이 제안되더라도 사실상 급진적인 성격을 띠게 되었다. 협상과 타협이라는 것이 더 이상 잘 통용되지 않기 때문이다. 국제질서를 불안정하게 하고 취할 수 있는 조치의 범위를 넓게 만드는 것 가운데 일부는 국내적으로도 분명하게 나타나고 있다. 어떤 커다란 힘들이 시민사회의 사회적, 정치적 기초를 흔들고 광범위한 영역에 영향을 미치고 있다.

1980년 레이건 혁명과 같은 광범위한 정치 발전은 미국을 더 보수적인 정책 노선을 걷도록 했다. 1994년 중간선거를 통해 공화당이 40년 만에 처음으로 하원을 장악한 것도 그러한 추세를 강화했다. 그 결과 공화당은 이후 22년 중 18년 동안 하원을 장악하고, 그 권력을 이용해 정부를 축소하고 사회보장 프로그램을 약화하려 했다.

그러나 대침체로 인해 공화당의 정책은 최소한 얼마 동안은 뒤집혔다. 미국은 2008년 처음으로 아프리카계 흑인 대통령을 선출했고, 그가 속한 민주당이 상원과 하원에서 절대적인 다수당이 되도록 밀어주었다. 그는 이 유리한 상황을 이용해 경제를 활성화하고, 대규모 금융기관을 규제하며, 미국의 건강보험을 개혁하는 포괄적인 법안을 입법화하려 했다. 그러나 오바마의 성공적인 정책은 강력한 반발을 불러일으켜서 공화당이 다시 의회를 장악하게 되었고, 그들은 거의 모든 후속 조치를 막고 있다.

정치권력에서 이러한 유형의 광범위한 요동은 급격한 정책 발안으로 이어지게 되고, 이는 더 이상 특이한 일도 아니다. 존 피식 등이 언급한 바와 같이 큰 조직의 포괄적인 정책 결정은 작금의 시대에 매우 유행하고 있다.[27] 최근 몇 년 동안 조세정책의 변화(조지 W. 부시 대통령 정권하의 부자세 대폭 인하)와 금융규제(오바마 정권하의 도드-프랭크법), 기후변화(탄소 배출 감축에 관한 중국과의 역사적인 합의), 오바마 정권하에서의 부유층에 대한 높은 소득세 인상('재정 절벽' 협상의 일환) 등이 있었다. 포괄적인 이민정책 개혁을 위한 입법 노력은 당파적 알력 때문에 실패했지만, 오바마는 법정에서 도전을 받으면서도 행정명령을 통해 주요 개혁을 시행하는 것으로 응수했다.

글로벌 차원에서와 같이 미국 국내에서도 다양한 세력이 광범위하게 국내 변화를 가능케 하고 있다. 미국 사회가 허우적대고 있다는 인식이 널리 공감대를 이루고 있고, 이로 인해 정치 전반에 걸쳐 더욱 실질적인 조치가 필요하다는 요구가 나타나고 있다. 좌익이든 우익이든 정치가들은 사소한 조치에 연연하기보다는 테러 방지를 명분으로 한 모슬렘의 미국 입국 금지, 사회보장제 민영화, 국세청 철폐, 북대서양조약기구NATO 개혁 또는 심지어 폐기, 국제 무역협정 탈퇴, 모든 학생에 대한 지역대학 수업료 면제 등과 같이 광범위하게 의견이 갈리는 사안에 관해 주장하고 있다.

미국 역사에 자주 나타났던 연립정부는 그 속성상 급진주의를 억제했고, 흥정과 타협, 협상을 장려했다. 옛 모델은 정당 경쟁의 일차적 대상으로 '중위 투표자median voter'를 상정했다. 다수의 여론이 정치 중심에 모여 있고, 소수의 사람들이 각각 좌측과 우측에 흩어져 있는 종 모양의 곡선을 닮았다고 보는 생각이다. 이런 상황에서 사람들의 마음을 끄는 정치 전략은 명확했다. 후보자들은 중산층을 겨냥해서 운용 가능한 것으로 보이는 온건한 조치를 제안하고, 국가를 통치하고 법률안을 통과시키기 위해서는 다른 정당과 타협해야 했다. 그 과정은 정치의 속도를 지연시켰고, 점진주의는 정책 변화를 정확히 표현하는 말이 되었다.

그러나 최근 몇 년 동안 상황이 변했다. 종전에는 중도 유권자 확보를 위해 싸우던 선거활동이 이제는 양쪽 당 모두 극우 또는 극좌의 유권자 확보를 위한 것이 되었다. 후보자들은 낮은 투표율과 양극화된 유권자를 고려해서 종종 좌익 또는 우익의 유권자들을 동원하는 것이 더 타당하다는 결론을 내리고 있다. 많은 후보자와 정당 정치가들은 현상 유지를 확인하는 복잡하고 미묘한 제안보다는 흥분을 불러일으키는 격렬한 당파적 호소를 선호하고 있다. 선거활동의 엄청난 비용 때문에 정치활동에 갈수록 중요성이 높아지고 있는 정치 자금 기부자 역시 전반적인 유권자보다도 더 극단적인 견해를 가지고 있어서 그들이 지지하는 후보자는 더욱 극단적 입장을 취하지 않을 수 없다.

〈그림 1-1〉은 1951년과 2013년 사이에 중도 유권자들이 하원 선거에서 민주당과 공화당에 투표한 비율을 보여준다. 초창기에는 각 정당 지지자의 거의 60%가 '온건한' 입장을 취하는 경향이 있었다. 그러나 2013년에 가서는 온건파 민주당 지지자 비율이 13%로 떨어지고, 공화당 내에서는 온건파 지지자가 거의 완전히 사라졌다.[28]

상원과 많은 주정부 의회에서 정당 노선을 거스르거나 양당 타협을 지지하려 하는 사람은 대의에 대한 배반자로 간주되고 있다. 이

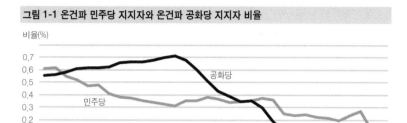

그림 1-1 온건파 민주당 지지자와 온건파 공화당 지지자 비율

비율(%)

공화당

민주당

1951 1955 1959 1963 1967 1971 1975 1979 1983 1987 1991 1995 1999 2003 2007 2011

자료: Keith Poole, "The Polarization of the Congressional Parties," March 21, 2015.

는 특히 2010년 '티파티Tea Party'라는 보수주의 운동이 일어난 이후 공화당 지지자 사이에서 두드러졌다. 보수주의자들은 여러 인지된 병폐 중에서도 특히 급격히 증가하고 있는 정부 부채와 늘어난 공공 지출에 대해 분노했고, 과거로부터 미래를 '되찾고' 소중한 가치를 되돌리기 위해 조직화되었다. 그러나 2016년 대통령 후보 지명 과정에서 사회주의자 버니 샌더스가 놀랍게도 강력한 지지를 받은 것에서 나타난 바와 같이, 민주당 측에서도 온건파가 붕괴되고 있음이 드러났다.

결과적으로 양당에서는 유력한 정치가들이 급진적인 개혁안과 반대당으로부터 격렬한 저항을 부르는 정책안을 내놓게 되었다. 입법의원들은 금융자산이 감소하는 유권자들의 분개에 힘입거나 그들의 정부에 대한 부정적인 태도에 자극을 받아 '크게 생각하고자' 하며, 공공정책에 급진적인 변화를 만들어내려고 한다.[29] 연구 결과를 보더라도 경제 혼란과 정치적 극단주의 사이에는 밀접한 관계가 있다. 의회 투표 패턴과 지역 실업 발생을 조사한 바에 의하면, "교역으로 피해를 가장 많이 입은 분야에서 정치적으로 훨씬 더 극우나 극좌로

기울 가능성이 컸다”.[30]

게다가 뉴스 미디어의 변화는 정치 분야에서 큰 변화를 가져왔다. 극히 일부 예외적인 경우는 있지만, 뉴스 미디어들은 서로 경쟁하는 '여론 증폭기'로 분열되어 진지한 언론의 가치보다는 시장조사에 기초해서 사람들이 듣고자 하는 것을 보도하고 있다. 또한 많은 개인들, 특히 젊은 층은 일상의 정보를 주요 미디어에 더 이상 의존하지 않는다. 대신 그들은 소셜 미디어와 디지털 플랫폼을 통해서 뉴스를 보거나, 그들 자신이 뉴스로 인지하는 바를 듣는다. 그 결과 미디어 제도는 너무나도 자주 사람들을 통합시키는 것이 아니라 분열로 밀어 넣고 있다. 공개토론은 사실보다 의견에 기초해서 결론을 맺고, 국가가 직면한 도전에 대해서는 어떤 합의점에 도달하는 경우가 매우 적다.

극단주의는 극단주의를 부른다

오늘날 세계는 국내정책과 대외정책이 때로는 서로 방해하는 방향으로 상호작용을 한다. 세상 사람들은 이제 더 이상 격리되어 있거나 외딴 지역에 단절되어 있지 않다. 시시각각 전달되는 소식을 통해 사람들은 지구 반대편에서 일어난 일이든 아니면 자기가 속한 인종이나 민족, 성性, 종교적 신념, 사회 계급의 일원을 대상으로 하는 것이든 간에 불의와 불공정을 볼 수 있다. 한곳에서 무슨 일이 발생하면 멀리 떨어진 곳에서도 정치적 동요가 벌어질 수 있다.

인터넷의 등장으로 사람들은 기하급수적으로 많은 정보에 접근할 수 있게 되었으며, 옳은 정보뿐만 아니라 그릇된 정보나 호도하는 주장을 퍼트림으로써 긴장을 조장하기도 쉬워졌다. 1440년 구텐베르크의 금속활자 발명과 유사하게 디지털 기술은 현재의 권력관계를 심각하게 뒤흔들고 있다. 사회학자 폴 스타Paul Starr는 대량생산을 통해 출판 비용을 줄임으로써 인쇄술이 종교개혁을 촉발시켰으며, 가톨릭 교회를 약화시켰고, 종교분쟁을 가중시켰으며, 15~16세기 유럽 전역에 걸쳐 여러 내전을 일으키는 요인이 되었다고 말한다.[31]

인터넷이나 소셜 미디어와 같은 현대 기술을 통해 동시대의 사건들은 전 세계에 파문을 일으키고 사람들의 인상에 영향을 미칠 수 있다. 오늘날 많은 나라에는 서로 다른 여러 인종이 섞여 있고, 그들의 종교와 민족성, 정치적 견해도 서로 다르다. 이 만화경같이 다양한 성향 속에서 한곳의 사람은 비슷한 성향의 개인들이 다른 곳에서는 어떻게 취급받고 있는지 주의를 기울이고 있다. 이러한 상황에서 사람들은 실제 일어나고 있거나 인지된 불의에 대해 분개하기 쉽다.

이와 관련해서 한 지독한 사례가 2016년 미국 대선 캠페인 중에 발생했다. 2015년 12월에 IS의 사주를 받은 테러범들이 캘리포니아 샌버너디노에서 14명의 무고한 민간인을 살해하자, 공화당 후보인 도널드 트럼프는 미국이 모슬렘의 입국을 금지해야 한다고 주장했다(플로리다 올랜도의 한 게이 나이트클럽에서 무차별 살해 사건이 발생했을 때도 그는 이러한 주장을 반복했다). 이에 동아프리카의 테러단체 알샤밥은 트럼프 후보의 이 배타적이고 편협한 발언을 이용해서 미국이 이슬람과 전쟁을 수행하고 있다는 근거로 삼고 전사들을 모집했다.[32]

2016년 3월 브뤼셀에서 폭탄 테러를 일으킨 IS는 공화당의 억만장자 후보 트럼프의 말을 인용한 비디오를 만들어서 대학살의 규모를 부풀려 선전하는 데 이용했다. 이 비디오에서 트럼프는 "브뤼셀은 훌륭한 도시의 하나이고, 20년 전에는 세계에서 가장 아름다운 도시 중 하나였으며, 안전한 곳이었다. 그러나 이제는 호러쇼horror show, 완전히 호러쇼다"라고 말하고 있다.[33]

〈페이스 더 네이션Face the Nation〉이라는 CBS 텔레비전쇼에서 사회자 존 디커슨John Dickerson은 트럼프에게 모슬렘에 대한 그의 도발적인 태도에 대해 물었다. 그 대통령 후보는 미국은 약해져 왔고, 군사작전에서 불합리한 제한을 가하고 있다는 말로 응수했다. "그들은 사람들의 목을 자르고 집에 돌아가서는 아무렇지도 않은 것처럼 이야기한다. 그들은 우리가 물고문이 세상에서 가장 나쁜 짓인 것처럼 이야기하는 걸 듣고 있으며, 그러고는 100명을 익사시키고 50명을 참수한다. 그들은 우리가 좀 약한 편이라고 생각하는 것 같다. … 우리는 규칙에 따라 행동하지만, 그들은 규칙이 없다. 상황이 그렇다면 우리가 이기기는 매우 힘들다"라고 트럼프는 주장했다.[34]

때로는 한곳에서의 선행이 다른 곳에서의 유사한 선행을 유도하는 선순환이 있을 수도 있지만, 악행이 다른 곳에서 독설을 불러일으키는 경우도 있다. 특히 극단주의와 폭력은 사회적, 국제적 협력을 위한 샘물에 독을 푸는 것이어서 과도한 반응을 불러일으키기 쉽다. 온라인 미디어를 통해 잘못된 정보나 확인되지 않은 소문을 퍼트리기는 놀랍도록 쉬우며, 특히 사람들의 정보원이 그 속성상 제한되어 있고 사회제도가 양극화되어 있을 경우에는 더 그렇다.[35]

미국기업연구소American Enterprise Institute 회장 아서 브룩스Arthur Brooks는 "동기 귀인 비대칭動機 歸因 非對稱, motive attribution asymmetry"이 존재한다고 언급했다. 즉 "어떤 논쟁에서 각 측의 지지자들은 자

기 그룹의 공격적인 태도는 사랑에서 비롯되고, 반면에 반대 측은 증오에 빠져 있다고 여기는" 것이다. 그는 "수백만 미국인이 자기편 사람들은 기본적으로 자비로우나 상대방은 사악하고 이해할 수 없다고 믿는다"라고 주장한다.[36] 이러한 비대칭은 국내적으로든 국제적으로든 필연적으로 상대방에 대한 태도를 경직시킨다.

이러한 상황에서 정치 지도자들은 자기네들의 극단적인 조치를 정당화하기 위해 다른 곳의 과도함을 지적한다. 그들은 실제 또는 가상의 적을 비난하고, 정치적 지지를 견고히 하기 위해 자신들만의 강력한 응답을 내놓는다. 국방비에 더 많은 예산을 투입하거나 적들의 동향을 감시하고, 심지어는 전쟁에 참여해야 할 필요성을 설명하기 위해 과격파의 공격도 이용할 수 있다. 브룩스가 "피해의식 문화"라 부르는 것도 상대방의 견해를 이해하기 어렵게 하거나 적들도 합리적이고 타당한 입장을 가질 수 있다는 사실을 볼 수 없게 한다. 극단주의와 (종교적) 열성으로 가득 찬 이 세계에는 감정이입과 관용이 너무 부족하다.

오늘날 이 세상에서 극단적인 정치적 입장을 취한다고 해서 제재를 당하는 경우는 거의 없다. 일부 사람들은 급진적인 아이디어를 격이 다르고 대담하며 예지력이 있다고 치켜세우고 있다. 지지 기반을 다지는 것은 이제 일반적인 전술이 되었다. 정치 지도자들은 지지층에서도 가장 분노에 차고 가장 목소리가 큰 사람을 겨냥한 전략을 쓴다. 이것이 핵심 지지자를 확보하는 방법이다. 정치학자 제이컵 해커와 폴 피어슨의 말에 따르자면 '지지 기반 확보 경쟁'은 이제 많은 나라에서 유력한 정치 전략이 되었다.[37]

일각에서는 정치적 양극화로 민주주의 제도가 교착 상태에 빠질 수 있기 때문에 대규모 치유책을 채택하기 어렵다고 주장한다. 그러나 최근 몇십 년 동안의 경험에 비추어볼 때 입법조치를 취하지 않는 것 또한 동요를 불러오고, 지도자들로 하여금 새로운 해결책을 생각하도록 유도한다. 아이러니하게도 정치적 마비 상태에 이르면 광범위하게 영향을 미치는 혁명적인 사고 발상이 나온다. 양극화가 심해지면 대중들의 변화에 대한 욕구가 가중되며, 때로는 단순히 변화를 위한 변화를 원하게 된다. 과거에는 신빙성 없는 것으로 여겨지기도 했던 급진적인 생각들이 지금은 진지한 토론의 대상이 되고 있다. 이는 2016년 퀴니피악 대학교Quinnipiac University가 실시한 설문조사에도 나타난 것으로서, 미국 유권자의 3분의 2가 "옛 방식은 더 이상 잘 맞지 않으며 우리는 급진적인 변화가 필요하다"라는 말에 동의했다고 밝혔다.[38]

양극화는 다른 방식으로도 변화를 가속화하고 있다. 정당들은 정권 장악을 위해 싸우다가 권력을 잡게 되면 그들이 무슨 일을 하기에는 너무 시간이 적다고 생각한다. 교착 상태에 빠진 시대에 사람들은 조급하게 어떤 조치가 취해지기를 기다린다. 콜로라도의 공화당 출신 상원의원 코리 가드너Cory Gardner는 다음과 같이 설명하고 있다. "유권자들의 성향이 갈수록 조급해지고 있다. 미국 대중은 더 이상 배를 돌릴 시간을 주지 않는다. 그들은 2년 이내 무언가가 이루어지기를 원한다. 2년 이내 우리가 실적을 내지 않는다면 2016년에 똑같은 선거 파동이 밀려올 것이다."[39]

조급함으로 인해 정치가들은 상대 세력과 대립하게 되고, 대대적인 개혁을 외치며, 정치적으로 유리한 위치를 점한 경우에는 짧은 시간에 나라 전체를 변화시킬 것으로 생각되는 광범위한 정책을 시도하게 된다.[40] 아무런 변화도 일으키지 않거나 소규모 변화를 만들어 내는 것보다는 정치적 교착 상태와 양극화가 오히려 대규모 정책 결정을 시도하도록 자극한다. 지도자들은 단지 몇 개월 또는 1년 정도만 정부를 장악하고 정책을 수행할 위치에 선다. 그들이 아무런 행동도 취하지 않으면 다른 사람이 그렇게 하고, 그렇게 함으로써 자기네들보다 우월한 입장에 서게 될 수 있다. 가수 밥 딜런은 어느 연설에서 다음과 같이 언급했다. "시간은 항시 변한다. 정말 변한다. 그러니 당신은 뒤따라올 것, 당신이 전혀 예상치 못했던 것에 대해 항상 준비하고 있어야 한다."[41]

이 책의 구상

이 책에서 필자의 접근 방식은 메가체인지의 영역과 속성을 보여주기 위해 일련의 사례 연구를 이용하는 것이다. 필자는 얼마나 대규모의 변화가 일어나고 있는지, 그리고 이것이 어떻게 정치와 정책에 영향을 미치는지 보여주기 위해 국제적인 문제와 미국의 정치, 다른 나라의 정치 상황에서 여러 사례를 뽑아 포함시켰다. 글로벌 시대에 세계는 서로 깊숙이 연관되어 있고, 지역적으로 발생한 일도 다른 많은 지역에서 반향을 불러일으킬 수 있다.

2장에서 우리는 글로벌화와 9·11 테러, 아랍의 봄 봉기, 러시아의 크림반도 침공, 2015년 프랑스의 샤를리 에브도Charlie Hebdo 잡지사 사건과 파리 테러, 영국의 유럽연합 탈퇴 국민투표 등과 같은 국제적인 사건에서 메가체인지 사례를 살펴볼 것이다. 처음에는 많은 나라에 혜택이 돌아가는 것으로 여겨진 국제협력과 무역협정이 강조되었던 한 시대가 종교와 경제, 정치를 두고 나타난 세계적인 갈등과 극심한 충돌, 분쟁의 시기로 끝나고 있다. 글로벌화에 대한 희망은 국제적인 테러와 군사적 침략의 두려움과 걱정을 자아내왔고, 글로벌화가 바람직한 방향인지 여부에 대해서도 회의적인 반응이 나오고 있다.

3장은 커다란 변화를 겪어오고 있는 미국 국내의 여러 정책과 동향에 관한 사례 연구를 실었다. 여기서는 종교적인 부흥, 레이건 혁명, 오마바케어, 동성결혼, 마리화나 합법화, 소득 불평등, 트럼프주의, 국경 통제 등을 살펴볼 것이다. 지난 수십 년 동안 미국은 정치적 보수주의 시기에서 사회자유주의와 국수주의적 정서가 복잡하게 뒤섞인 시기로 옮겨 왔다. 여러 분야에서 여론과 공공정책에 커다란 변화가 있었다. 테러는 많은 미국인들에게 더욱 거친 반발을 불러왔고, 그에 따른 미국의 후속 정책은 외국의 여론을 격앙시켰다.

4장에서는 메가체인지를 겪고 있는 온건파 반동, 이른바 테르미도르의 반동의 사례를 검토해볼 것이다. 변화의 시기에 운동과 반운동은 자주 좌우로 크게 요동치는 모습을 보인다. 필자는 1960년대 자유화 운동이 어떻게 보수주의적 반향을 불러일으켰는지 살펴보고, 흡연에 대한 태도 변화와 HIV/에이즈AIDS 바이러스에 대한 대중 정서의 변화, 가톨릭 교회의 요한 바오로 2세 교황과 베네딕토 14세 교황에서 프란치스코 교황으로의 양위, 대쿠바 외교정책에 대한 시각 변화 등을 검토해볼 것이다.

5장에서는 커다란 변화를 겪고 있는 종교적 열성이 가져오는 복잡한 문제점들에 대해 검토한다. 종교적인 강렬함은 국내외에서 메가체인지를 유발하는 요인 중 하나이다. 필자는 유대교와 이슬람교, 기독교의 근본주의가 어떻게 국제문제와 국내정책에 영향을 미치는지 살펴볼 것이다. 이 신앙들은 각기 내부적으로뿐 아니라 다른 신앙과 관계에서도 가치 충돌을 일으키고 있다. 종교에서의 의견 불일치는 오늘날 여러 문제에 커다란 영향을 미치고, 극단적인 행동을 자극하고 있으며, 서로 얽히고설킨 세상에서 필요한 관용과 상호 이해의 정신을 말살하고 있다.

6장에서는 이 메가체인지 시대에 우리가 개인적, 사회적, 국가적 도전을 다룰 방도를 찾아야 한다는 점을 주장하고자 한다. 변화가 갈수록 빠르게 그리고 큰 규모로 이루어지고 있는 것에 맞춰나가기 위해서는 제도적인 업무 처리 방식과 거버넌스 전략에 근본적인 조정이 필요하다. 우리의 전통적 정치 과정 다수는 느린 검토와 점진적인 변화에 맞추어져 있다. 극단주의 성향이 높아지고 포괄적인 정책 결정이 일반적인 오늘날, 급변하는 상황에 대응하기 위해 우리의 제도를 바꿔야 할 필요가 있다.

7장에서는 메가체인지를 다루는 전략을 탐구해보았다. 시야를 넓히고, 대규모 변화에 대처하는 것을 도와주는 지주支柱를 찾아내며, 조그만 변화가 시간이 지나면서 엄청난 영향을 미칠 수 있다는 것을 이해하고, 큰 변화의 도박성을 증대시키는 승자독식의 사고방식을 종식할 필요가 있다. 시민사회가 과격화되지 않도록 하는 법을 배우지 않으면 현재의 여러 문제를 해결하기란 어려울 것이다.

8장에서는 미래의 메가체인지를 위한 여러 정치적, 경제적, 실존주의적 가능성을 검토해봄으로써 이 책의 결론을 내리고자 한다. 여기에는 핵폭탄을 가지려는 이란 또는 비국가 테러단체, 상당 비율의 일자리를 차지하고 있는 로봇, 해안을 침수시키는 지구 온난화, 우경화의 길을 걸으면서 민주주의를 해치고 있는 유럽, 우주에 두루 존재하는 것으로 밝혀진 미생물체 등을 포함하고 있다. 이러한 시나리오 각각이 대규모 변화의 높은 가능성을 보여준다. 우리는 이러한 일들을 사전에 예측하고, 완전한 위기로 발전하기 이전에 어떻게 대처할지 알아내야 한다.

제2장
—
충격적인 국제관계 사건들

＊

지속성은 변화보다 분석하기가 간단하다. 현재의 패턴을 미래에 투사하는 것은 복잡하지 않고 명백하다. 약간의 조정 가능성을 고려하면서 현재 상황이 어떠한지 분석하고, 그에 맞춰서 추론하는 것 외에는 별다른 통찰력이 필요치 않다.

그러나 현상現狀 모델은 최근 몇 년 동안 국제적으로 발생한 엄청난 변화를 설명하지 못한다. 초강대국 관계와 글로벌 통상문제에서부터 비국가 행위자의 테러와 독성의 발현까지 여러 전선에서 지각변동이 있었다. 제어되지 않은 공간이 나타나 국제질서를 불안정하게 하고, 상당한 혼란과 무질서를 만들어내고 있다.

변화의 모델을 보면 세계적인 변화에 많은 원인이 있다는 것이 분명하다. 경제 혼란, 군사적 충돌, 종교 갈등, 거버넌스의 실패와 같은 요인들은 국제관계에 커다란 변화를 가져왔다. 한 지역에서 발생한 사건이 다른 지역에서 반향을 불러일으킬 수 있다.[1] 오래전 기상학자 에드워드 로렌즈가 "브라질에서 한 나비의 날갯짓이 텍사스에는 토네이도를 촉발한다"라고 말한 것은 이와 관련한 통찰력이라 할 것이다.[2] 승수효과와 상호작용, 복합효과를 분석해서, 그는 소규모 사건이 전 세계적인 차원에서는 광범위한 파급효과를 미칠 수 있다고 밝혔다.[3]

이 장에서 필자는 글로벌화의 영향과 아랍의 봄, 러시아의 크림반도 침공과 합병, 미국과 유럽에서의 테러 공격, 흔히 브렉시트Brexit라고 부르는 영국의 유럽연합 탈퇴를 유권자들에게 물은 영국의 국민투표 등을 포함한 주요 국제관계 변동 사례를 검토하고자 한다. 이러한 사례들은 빠르게 진행되어 국내적으로뿐 아니라 국제적으로 광범위하게 영향을 미쳤다. 지난 몇십 년 동안 세계는 글로벌화와 교역 증가로 더 성숙한 국제평화와 번영을 맞으리라는 희망에서 두려움과 혼란, 무질서로 얼룩진 환경으로 변해왔다.

글로벌화

베를린장벽이 쓰러지고 러시아, 동유럽, 중앙아시아 등지의 공산주의 국가들이 연이어 종말을 고하자 새로운 세상이 열리는 듯 보였다. 미국과 소련 간의 양극체제는 1990년대 잠시 서방, 특히 미국이 주도하는 시대로 나아갔다. 갈등이 아니라 자유무역과 투자 자유화 협정, 국제통상, 국가 간의 더 나은 이해理解에 기초하여 새로운 질서가 자리 잡을 것이라는 희망이 널리 퍼졌다.[4]

이러한 모든 변화를 뒷받침해준 것은 경제적으로나 정치적, 문화적으로 진보하기 위해 국가들 간의 협력을 권장하는 세계관이었다. 그 아이디어는 무역을 개선하고, 자본과 투자 조건을 표준화하며, 국제분쟁을 줄이고, 더 나은 국제관계로 이끌 수 있는 협정을 각국 정부가 협상할 수 있다는 것이다.

프랜시스 후쿠야마Francis Fukuyama는 이러한 새로운 시대의 도래를 환영한 이들 중 한 사람으로서, 이데올로기 경쟁과 관련된 국제분쟁이 현저히 줄어드는 것을 의미하는 '역사의 종말'을 대담하게 선포하기도 했다.[5] 이와 같은 관점에서 사람들은 자본주의와 공산주의 간의 치열한 분규로 황폐해진 세계가 아닌, 이질적인 경제적, 정치적 이익을 조정할 수 있는 범세계적인 질서가 나타날 것으로 전망했다.

같은 시기에 여러 국가들이 국제교역과 통상을 개선할 주요 협정을 협상했다. 무역 분야에서 가장 중요한 협정 중 하나는 북미자유무역협정NAFTA으로서, 미국은 1993년 이 협정에 비준했다. 이 협정은 캐나다 및 멕시코와의 교역 확대를 위해 3개국 간의 주요 관세장벽과 무역제한 조치를 철폐함으로써 기업들이 자국의 국경을 넘어 더 쉽게 상품과 서비스를 수출할 수 있게 했다.

전 세계에 걸쳐 체결된 여러 무역협정 중 최초였던 북미자유무역협정에 이어 2001년 중국의 세계무역기구WTO 가입이 이루어졌다. 중국이 자국 경제를 개방하고 다른 나라와의 교역과 통상을 확대하는 데 합의한 것이다. 대중국 투자가 제한적으로 일부 허용되었고, 국내시장이 상당 수준 개방되었으며, 관세는 낮춰졌다. 그 결과 중국의 대외 교역량은 급속하게 증가했다. 몇 년 지나지 않아 중국은 세계 최대의 제조국가가 되어 전 세계에 상품을 수출했고, 그렇게 함으로써 경제력을 갖추었다.

1995년 세계무역기구 설립과 서비스교역에 관한 일반협정GATS 제정을 규정하는 2개의 국제협정이 발효되어 여러 나라에 걸쳐 관세장벽 감축과 보호무역주의 철폐가 모색되었다. 비즈니스 자산을 보유한 대형 공기업이 있는 국가에서는 공기업 민영화가 권장되었고, 민간 분야를 확대하는 정책이 채택되었다.

국제적으로 미국은 공통된 대외정책을 만들어가기 위한 다자간 노력을 주도했다. 예를 들어 1995년 보스니아의 세르비아인들이 사라예보에서 약 7000명의 이슬람교도를 학살함으로써 내전 일촉즉발로 치닫자 미국이 소집한 북대서양조약기구 연합군은 벨그라드를 폭격하고 평화협정을 체결토록 강요함으로써 전쟁을 종식시켰고 보스니아와 헤르체고비나를 위한 다민족 정치체제를 수립했다.

1990년대 말에는 유럽연합이 국경 통제를 철폐하고, 회원국 대부분이 유로화를 공동 통화로 채택했다. 이는 역내 여행과 교역을 용이하게 하고 국경을 넘나드는 이동을 촉진하는 조치였다. 전에는 군사적, 경제적 경쟁자였던 국가들이 이제는 서로 협력하고, 경제 개발 및 정부 규제, 대외정책 등에 공동 정책을 채택하기로 약속했다. 이러한 조치들의 부정적인 측면은 2008년 글로벌 재정 위기 이후가 되어서야 나타나기 시작했는데, 이때 유럽연합은 그리스 등 파산 위기에 처한 여러 나라에 긴급구제금융을 시행하지 않을 수 없었다.

모든 사람이 글로벌화가 유익한 것이라고 확신하지는 않았다. 일부 비평가는 자유무역이 공정하지 않으며 개도국보다는 선진국에 이로운 것이라고 불만을 나타냈다. 이와 반대로 주장하는 사람도 있었는데, 이들은 다국적기업이 노동자 임금이 가장 낮은 지역을 찾아가는 '하향식 경쟁'을 하기 때문에 교역량 증가가 미국 등 선진국의 제조업을 위축시켰다고 본다. 주요 무역회담이 열리는 곳에서는 길거리 시위가 벌어졌고, 국제적 불평등을 악화하는 교역과 통상에서 다국적기업과 투자가들이 불공정하게 유리한 위치에 있다는 비난들이 나왔다.

그러나 세계 지도자들은 일시적으로 불협화음이 있을지라도 글로벌화로 이루어진 평화와 번영은 국제분쟁을 잠재울 것이며, 대부분 사람들을 밝은 미래로 안내할 것이라고 주장했다. 사람들은 중국과 미국처럼 과거에는 적이었던 국가들이 서로에게 도움이 되는 공동 기반을 찾고 합의점에 도달할 것을 희망했다. 1990년대에는 갈수록 커지는 지구 온난화 위협에 대처할 제한적인 합의에 도달한 것을 포함해서 국제문제에서 얼마간의 진전이 있었다. 그러나 글로벌화가 가져온 좋은 감정은 결국 불화로 이어졌는데, 특히 국제 테러범들이 서방 체제의 중추 시설에 끔찍한 공격을 획책한 이후에는 더욱 그러했다.

9·11 테러

새로운 국제질서는 2001년 9월 11일 오전 8시 46분에 비행기 한 대가 뉴욕 세계무역센터 타워 건물 중 하나를 들이박았을 때 커다란 충격을 입었다. 처음에는 이것이 있을 수 없는 매우 희한한 사고로 생각되었다. 그러나 또 다른 비행기가 오전 9시 3분에 둘째 타워에 충돌하고, 셋째 비행기가 9시 37분 워싱턴의 펜타곤(국방성)에 부딪쳤으며, 넷째 비행기가 펜실베이니아 들판에 불시착하자 어떤 사람이나 단체가 미국의 경제 및 정치권력의 대표적인 상징이라고 할 있는 곳을 조직적으로 공격했음이 분명해졌다. 이러한 공격은 여론과 공공정책에 심각한 파급 효과를 불러올 것이 명백했다.[6]

두 시간이 채 지나지 않아 무역센터 쌍둥이 빌딩은 둘 다 붕괴했다. 3000명 가까운 사람이 죽고 6000명가량이 부상을 당했다. 일반인들이 탄 제트여객기를 19명의 납치범이 주요 건물을 공격하는 기막힌 수단으로 사용한 것은 엄청나게 충격적인 사건으로서, 공포 그 자체였을 뿐 아니라 세상이 돌이킬 수 없는 방향으로 변했다는 사실을 알려주는 생생한 징후였다. 나라 밖에서 온 테러범이 미국을 공격해서 비무장 민간인들에 대해 엄청난 사망사고를 일으킬 수 있다는 생각에 온 미국이 크게 경악했다.

중동이나 아시아 일부 지역, 아프리카 등지에서 이미 일반화되어 있던 국제 테러로부터 미국이나 서유럽도 더 이상 동떨어져 있지 않다는 현실이 드러났다. 9·11 테러는 냉전시대 초기와 유사하게 서방 세계로 하여금 더욱 군국주의적인 자세를 취하도록 후퇴시켰다. 미국은 아프가니스탄과 이라크에서 두 건의 전쟁을 일으키고, 국내 감시와 반테러 활동에 대해 훨씬 더 적극적인 정책을 취했으며, 자국에 해를 끼칠 책략을 꾸미고 있다고 의심되는 외국인을 격리하기 위해 쿠바 해안 관타나모만에 수용소를 설립했다.[7]

더 나아가 9·11 테러는 미국의 여론을 경직시키게 되었다. 얼마만큼이나 테러의 희생자가 될 수 있다고 생각하느냐는 질문에 대해 9·11 테러 이전인 2000년에는 응답자의 24% 정도가 우려를 나타낸 반면에 9·11 테러 이후인 2001년에는 59%가 테러의 희생자가 될 수 있다고 답변했다(〈그림 2-1〉 참조). 이 수치는 그 이후 15년 동안에도

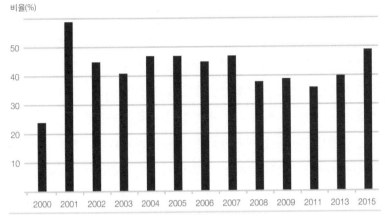

그림 2-1 2000~2015년 기간 중 미국 대중의 테러에 대한 우려

비율(%)

자료: Gallup Poll, "Terrorism in the United States," June 2-7, 2015.

40% 이상을 기록했다.[8]

9·11 테러가 있고 10년 지난 후 실시한 갤럽 설문조사에 의하면 응답자 58%가 미국인들이 지금껏 발생한 사건들로 인해 항구적으로 생활양식을 바꾼 것으로 믿는다고 답변했다. 행동이 어떻게 바뀌었느냐는 질문에 응답자의 38%는 외국여행을 가고 싶은 마음이 떨어졌으며, 27%는 대규모 행사에 참석하는 것이 꺼려지고, 24%는 비행기 타고 싶은 마음이 줄어들었으며, 20%는 마천루 건물에 올라가고 싶은 마음이 덜 든다고 답변했다.[9]

마찬가지로 유럽과 아시아, 아프리카에서도 테러에 대한 대중의 우려가 크게 증가했다. 조지 W. 부시 대통령은 이러한 여론 변화의 가장 큰 수혜자였을 것이다. 그의 직무수행 지지도는 9·11 테러 직전인 2001년 9월에 단지 51%에 불과하던 것이 한 달 뒤에는 그의 강력한 대응으로 90%까지 치솟았다. 이러한 지지도는 9·11 테러 발생후 반년이 지난 2002년 3월까지 이어져 계속 80% 이상을 유지했고, 2004년 대선 승리에도 기여했다.[10]

높은 정치적 지지도에 더해 민주당 의원들이 국민 단결의 시기에 비판적인 의견을 제시하는 것을 꺼리게 되자 부시 대통령은 다른 때라면 엄청난 논란을 불러일으켰을 수많은 정책 변경을 입법화할 수 있었다. 상원은 재빨리 사전 통보 없이 미국의 가정과 기업체에 대한 수색영장을 허용하는 '애국자법USA PATRIOT Act'을 인준했다. 이 법은 금융기관과 통신회사가 비밀리에 정부에 금융거래나 온라인 행동에 관한 정보를 제공할 수 있도록 했다. 또한 정보기관이 사람들의 통화 일시와 통화 지속 시간까지도 드러내는 메타데이터를 입수할 수 있도록 했다.[11]

프라이버시와 인권 옹호자들은 결국 정부의 감시에 반대하고 나섰다. 그들은 이러한 조치가 지나치며 테러 공격을 중단시키는 데 효과적이지 않다고 주장했다. 그들은 국가가 시민적 자유를 보호하는 자세를 취하도록 유도하고자 했다. 마침내 9·11 테러의 영향이 사라지자, 곧이어 반테러 대응책 중 일부를 되돌리기 위한 주장이 커졌다. 2015년 상원은 통화 메타데이터의 수집을 중단하기로 표결하고, 일부 유형의 감시를 제한하는 법들을 통과시켰다.

그러나 2015년 말 캘리포니아 샌버너디노에서 젊은 모슬렘 부부가 총탄을 발사해 14명을 살해한 사건이 발생한 후 도널드 트럼프와 같은 미국의 지도자들은 테러에 대해 더욱 강경한 조치를 밀어붙였다. 미국은 개인의 안전을 보호하기 위한 강력한 조치를 지지하는 방향으로 되돌아갔으며, 새로운 감시 제도를 촉구하는 소리가 전국에 울려 퍼졌다.

9·11 테러 대응 조치 때와 비슷하게 이러한 움직임은 외국에서 많은 우려를 불러일으켰다. 모슬렘들은 미국이 이슬람에 대해 전쟁을 일으키는 것은 아닌지 걱정했다. 정부 감시의 확대와 아프가니스탄 및 이라크, 파키스탄, 소말리아 등지에서 테러 세력을 공격하기 위해 무인 드론을 갈수록 더 많이 이용하는 것은 미국의 대외정책에 대한 타국의 우려를 증폭시키고 있다. 미국이 테러범 용의자와 함께 무고한 민간인까지 죽이는 살인 행위를 거듭하면서 촉발된 분노가 국제관계를 망치고, 지배체제를 혼란스럽게 하며, 미국과 유럽을 표적으로 한 반격으로 이어질 수 있다.

아랍의 봄 봉기

수 세기 동안 중동과 북아프리카의 많은 나라가 식민지 지배자나 봉건적 족벌 또는 족장, 왕 등에 의해 통치되었다. 20세기 중반부터 시작해서 이 지역의 일부 독재정권은 석유를 판매한 수익을 자금줄로 하고 있었으며, 정권을 몰아내는 것은 거의 불가능해 보였다.

그러나 독재통치 아래에서 대중의 불만이 상당히 쌓여가고 있었다. 소수의 가진 자와 절대다수의 가지지 못한 자 사이의 큰 분열이 이 지역의 많은 나라에 존재했다. 그리고 이들 국가는 매우 높은 젊은 층 실업률로 어려움을 겪고 있었다. 여성들은 교육과 기본권에 기회가 거의 없었다. 전통적인 종교 신념을 따르는 사람들은 이 지역 여러 정권의 세속적인 방식을 달갑지 않게 여겼고, 반면에 이 지역에서 가장 부유한 사우디아라비아는 완전히 이슬람 근본주의 관례를 강요하는 단일 대가족에 의해 통치되고 있었다. 이 지역 전반에 깊게 뿌리 내리고 있는 정부 부패는 이러한 정부와 정치적으로 연관이 있는 사람만이 성공할 수 있다는 것을 의미했다.

몇몇 용감한 이들이 통치자에게 공개적으로 반대의사를 밝혔으나, 수감되거나 추방 또는 살해당할 뿐이었다. 그런데 2010년 12월 모하메드 부아지지Mohamed Bouazizi라는 튀니지의 노점상이 과일을 압수당한 데 항의해서 분신자살하는 사건이 발생했다. 2주일 후 그의 죽음은 엄청난 관심을 받게 되었고, 이 지역 전역에 바이러스처럼 소식이 퍼져 나갔다.[12]

반정부 활동가들은 반체제 인사들의 어려운 상황을 널리 알리기 위해 트위터나 페이스북과 같은 디지털 플랫폼을 이용했다. 이 새로운 커뮤니케이션 수단을 통해 분노의 목소리가 지역은 물론 전 세계에 폭발적으로 확산될 수 있었다.[13] 독재는 그릇된 것이며, 싸워야 한다고 비평가들은 주장했다.

통칭하여 아랍의 봄이라고 알려진 대규모 시위들이 이 지역 각국에서 폭발하듯 터져 나왔다.[14] 민중의 반란으로 튀니지와 이집트, 리비아의 강고했던 지배자들이 전복되었고, 시리아와 예멘에서는 내전으로 발전했다. 이집트의 무바라크는 구속되어 2011년에 재판을 받았으며(비록 몇 년 뒤에 풀려났지만), 같은 해에 리비아의 카다피가 살해당하는 등, 몇 년 전만 하더라도 상상할 수 없는 일들이 발생했다.

그러나 오래지 않아 풀뿌리혁명은 예상치 못한 우회의 길을 걷게 되었다. 아랍의 봄 항거는 독재정권을 몰락시켰지만, 튀니지를 제외하고는 결국 혼란 아니면 새로운 형태의 군사독재정권으로 발전했는데, 특히 아랍 국가 중에서도 가장 인구가 많은 이집트에서 이러한 일이 발생했다. 무바라크가 권좌에서 쫓겨난 직후 2012년 이집트에서는 대중의 지지를 놓고 다툰 여러 후보자와 정당 사이에 민주선거가 치러졌다. 자유정의당 무함마드 무르시Mohamed Morsi가 51.7%의 득표로 대통령으로 선출되었다. 그는 모슬렘형제단Muslim Brotherhood의 지명자로서 이 나라에서 처음으로 민주적으로 선출된 국가 수장이 되었다.[15]

그러나 무르시 정권은 오래가지 못했다. 이듬해 그는 군부에 의해 축출되어 여론조작용 재판을 받았고, 시위자들을 고문했다는 이유로 20년 징역형을 선고받았다. 그의 이슬람교도 정당은 불법화되고 다른 지도자들도 체포되었다. 체포된 거의 모든 사람이 결국 수감되었으며 일부는 사형을 선고받았다.[16] 육군 장군이었던 압둘팟타흐 시시Abdel Fattah el-Sisi가 대통령이 되고, 무력을 가진 군부가 다시 정부를 장악했다.

리비아는 카다피가 (전적인 원인은 아니지만 미국의 군사 개입의 결과로) 사망하자 완전히 혼란 상태로 빠져들어서 많은 지역에 통치력이 미치지 않는 실패한 국가로 전락했다. 벵가지에 소재한 미국 외교공관은 불탔고, 대사는 연기로 질식사했다. 2명의 군 지도자가 서로 다른 지역을 수중에 넣고 재정력과 정치력을 장악하기 위해 다투었다. 리비아가 불안정해지자 전 지역에 엄청난 영향이 닥쳤다.[17] 유럽으로 도망치는 수많은 이민자가 물밀듯 했고, 심지어 카다피의 군수창에서 나온 무기들이 인근국으로 흘러들어 가 또 다른 분쟁을 자극했다.

지지부진하게 끌어온 시리아 내전은 특히 이 지역뿐 아니라 유럽 내에도 비극적인 결과를 가져왔다. 바샤르 알아사드Bashar al-Assad 대통령에 충성하는 파와 반대하는 파 사이의 해결되지 않은 무력 충돌은 이제 5년 이상 계속되고 있으며, 유엔UN에 의하면 2016년 초까지 25만 명 이상이 죽었고, 이 나라를 완전히 떠난 480만 명가량을 포함해서 인구의 절반 이상이 자기 집을 떠나 피난길에 올랐다. 어떻게든 유럽으로 가려는 시리아 난민들의 고난은 2015년 내내 전 세계인의 이목을 끌었고, 유럽에서는 반이민 정책을 주장하는 극우파 정당들이 득세하기에까지 이르렀다. 시리아 여러 지역에서 권력 공백 상태가 나타나고 인근 이라크에서도 불안정한 상태가 이어지자 알카에다를 승계한 IS가 양국의 많은 지역을 장악하게 되었다.

아랍의 봄 이후 상황이 이렇게 극적으로 반전한 것을 두고 많은 사람들은 왜 풀뿌리 저항이 실패로 돌아갔고 반동적 독재와 분쟁이 나타났는지 궁금해했다. 작가 이반 크라스테프Ivan Krastev는 보수적인 군부의 반발은 사회 양극화와 이에 따른 대중의 정치적 안정에 대한 열망에 기인한다고 주장한다.[18] 이러한 정서를 바탕으로 여러 나라에서 새로이 독재자가 태어나고, 지역정치를 장악한 것이다.[19] 평화와 민주주의를 꽃피우지 못한 아랍의 봄은 일부 지역에서는 혼란과 무질서, 다른 지역에서는 내전으로 이어진 새로운 독재정권과 군부 통치를 낳고 말았다.

러시아의 크림반도 침공

갑작스럽고 놀라운 변화가 일어난 곳은 중동 지역만이 아니었다. 서방 지도자들은 2014년 러시아가 크림반도를 침공하고 이를 복속시키자 대단히 놀라지 않을 수 없었다. 이 반도는 1954년 구소련에 의해 우크라이나에 양도되었으며, 그 누구도 러시아 푸틴 대통령이 뻔뻔스럽게 우크라이나의 주권을 침해하리라고 예상하지 못했다.

처음에 러시아 대통령은 러시아 군대가 야전 작전에 참여했음을 부인했다. 러시아 군대는 국적을 숨기기 위해 러시아 휘장을 내걸지 않았으나, 여기에 속을 바보는 없었다. 서방은 러시아 군대가 크림반도와 결국에는 우크라이나의 동부로 이동했다는 정황이 있는 여러 감시 영상을 제시했다. 2015년 미국의 군 장교들은 "1만 2000명 규모의 러시아 군대가 인근국에서 '활동 중'"이라고 추정했다.[20]

러시아는 국내에서 군인 4만 5000명을 동원해 전국적인 군사훈련을 실시했다. 러시아 북방함대는 2014년 전면 경계태세에 들어갔고, 푸틴 대통령은 군사력과 전투력 향상을 위해 향후 10년에 걸쳐 3400억 달러의 지출을 약속했다. 불길하게도 2014년에 러시아 군용기가 예고 없이 서유럽의 영공을 넘어선 사례는 100건이 넘었는데, 이는 2013년에 비해 3배나 되는 숫자였다.[21]

서방 지도자들은 이 새로운 현상現狀을 바꿀 수 없다는 것을 깨달았다. 그들은 여러 국제포럼에서 러시아의 행동을 비난하고, 러시아와 러시아의 주요 지도자들에 대해(그러나 정작 푸틴 본인은 제외하고) 경제제재조치를 취했다. 그러나 전반적으로 상징적인 것에 불과한 이러한 행동은 현장의 정치 현실을 바꾸지 못했다. 유럽 각국은 러시아 제재와 관련해 경제적인 이해관계가 서로 달랐다. 즉 많은 나라가 러시아의 천연가스에 크게 의존하고 있었고, 이로 인해 러시아에 대해 통일된 전선을 유지하기가 곤란해지고 말았다.

푸틴은 서방의 지도자들이 유약하고 산만하다는 점을 간파한 것으로 보였고, 서방 민주주의가 독재정권에 비해 느리고 신중하다는 사실을 이용할 줄 알았다. 유럽연합이 유로화 위기 사태를 다루는 데서 나타난 바와 같이, 서방 지도자들은 합의점을 찾고 어떤 결정을 내리기가 얼마나 어려운지를 종종 보여주었다. 서방이 러시아 제국 재건 시도를 저지할 수 있는 유의미한 조치를 취하지 않으리라고 푸틴이 믿은 데는 그럴 만한 이유가 있었던 것이다. 그는 자신의 뻔뻔한 침략에 맞서기 위해 미국이나 유럽 어느 쪽도 군대를 파견하거나 다른 어떤 의미 있는 행동을 하지 않을 것이라고 정확히 판단했다.

결국 크림반도 장악은 푸틴에게 국제적인 위험을 감수할 만큼 가치가 있었다. 러시아 해군에 필수적인 우수한 심해항(수심이 깊은 항구)을 확보한다는 것을 넘어서서 흑해 해저에는 수십억 갤런의 석유가 매장되어 있다.[22] 크림반도로 영토를 확장한다는 것은 흑해 여러 지역에 걸쳐 있는 자연자산에 대한 러시아의 권리 주장을 확대하는 것이었다. 이 유전은 러시아 독재자에게 엄청난 노다지였고, 서방 국가들의 단기적인 경제적, 정치적 제재로 치르는 비용을 넘어 장기적으로는 더 많은 보상을 받게 될 것임을 의미한다.

크림반도 점령으로 푸틴의 국제적 지위는 약화되었지만, 국내에서의 장악력은 더욱 강해졌다. 러시아 국내 여론조사에 따르면 푸틴의 국정 지지율은 처음에는 86%에 달했다(2016년 저유가 시기에 61%로 떨어지기는 했다).[23] 달콤한 소식에 고무되어 국영 뉴스 미디어와 평범한 러시아 국민 다수는 푸틴의 거국적인 행동에 환호를 보냈고, 국력을 확장하려는 그의 노력에 찬동했다. 경제가 둔화되고 석유 수익이 줄어들어 루블화 통화가치가 떨어짐에도 국내에서 푸틴의 정치적 지지도는 굳건하게 유지되고 있다.

샤를리 에브도 살인 사건과 파리 테러 공격

사이드Said와 셰리프 쿠아치Cherif Kouachi 형제가 2015년 1월 이슬람 풍자만화로 널리 알려진 샤를리 에브도Charlie Hebdo라는 프랑스 풍자 잡지사를 공격하는 사건이 발생하자 여기에 전 세계의 이목이 쏠렸다. 이 형제는 죽은 듯이 잠복해 있다가 파리의 잡지사 사무실에 잠입하여 10여 명의 작가와 편집자 등 직원들을 살해했다.[24] 경찰이 범죄자들을 찾는 데는 며칠이 걸렸으나, 이 놀라운 이야기는 전 세계 사람들의 마음에 깊은 충격을 남겼다.

살인자들은 테러단체 지도자들이 오랫동안 강변해왔고 서방 사람들이 두려워했던 바를 보여주었다. 즉 서방에 살고 있는 극단주의자들이 자기 스스로든 아니면 테러단체의 명령을 받아서든 이슬람 세계에 대해 모욕적으로 여겨지는 행동에 보복하기 위해 민간인을 공격할 수 있다는 것이다. 그들의 관점에서 보면 이러한 사건은 자신의 동조자들이 '불신자들'에게 반격을 가하고 상해를 입힐 수 있다는 것을 만방에 보여주는 것이었다.

이 공격은 프랑스뿐 아니라 전 서방국에 즉각적이고 강력한 반응을 불러일으켰다. 거의 즉각적으로 "내가 샤를리다Je suis Charlie"라는 구호가 들불처럼 퍼져갔다. 많은 이들이 테러에 대한 반대 의사를 표명하고 살해당한 사람들과의 유대를 보여주기 위한 방법으로 이 구호를 지지했다. 또한 많은 사람들에게 이 구호는 급진적인 이슬람에 대한 혐오감을 보여주는 것이기도 했다.

프랑스 정부 역시 행동에 나섰다. 의회는 압도적 과반수로 해외에서의 감시 권한을 허용하는 첩보 수집 법안을 통과시켰다. 정부 관료들은 테러 활동 증거를 수집하기 위해 전화를 도청하고 가정의 인터넷 사용을 감시할 수 있게 되었다. 그들은 또한 정보 수집의 방법으로 기업체와 민간 주거지에 몰래 카메라와 녹음기를 설치할 수 있게 되었다.[25]

2015년 암스테르담에서 파리로 향하던 고속열차 안에서 시도된 테러 공격이 실패로 돌아간 이후 정치 지도자들은 승객의 안전을 위해 더 엄격한 조치가 필요한지 검토했다. 철도차량을 순찰할 무장 경비원이 필요하다는 제안이 나왔고, 승객들이 열차에 무기를 가지고 탑승할 수 없게 할 금속탐지기 검색도 제안되었다.[26]

큰 테러를 겪은 다른 나라들과 마찬가지로 프랑스 국내정치에 커다란 변화가 일어났다. 정치 본류에서 떨어져 주변에만 머물러 있던 극우파들이 새로이 지지를 얻게 된 것이다. 국민전선Front National은 오랫동안 프랑스의 문화와 정체성을 해치는 이민자들에 대해 경고해왔다. 샤를리 에브도 테러 사건의 여파로 이 극우정당은 여론조사에서 지지도가 급상승했고, 더욱 유명해지면서 이슬람 테러범들을 비난했다. 당 지도자 중 한 사람인 다비드 라슐린David Rachline은 "번개처럼 빠르게 일어나고 있는 급진적 근본주의 이슬람과 걷잡을 수 없는 이민의 물결 사이에 어떤 관련성이 있는지에 대해 더는 의심할 수 없음이 분명하다. … 최근 유럽에서 테러범은 모두 모슬렘이다"라고 경고했다.[27]

이러한 움직임은 유럽 다른 지역에서도 마찬가지이다. 독일의 반反이민 정당인 '독일을 위한 대안AfD: Alternative für Deutschland'(독일대안당)의 지도자인 알렉산더 가울란트Alexander Gauland는 이슬람이 독일 문화를 위협한다고 주장했다. 샤를리 에브도 테러 사건 이후 그는 "이 같은 유혈 사태는 이슬람교의 위협에 대한 우려를 무시하거나 웃어넘기려는 사람은 누구든지 간에 바보라는 사실을 보여주는 것이다"라고 말했다.[28]

그의 날카로운 언변은 2014년 독일의 여론조사 결과와도 일치하는 것이었다. 이슬람이 "서방세계와 양립할 수 없는 것인지" 여부를 묻는 설문에 비모슬렘 독일인의 61%가 "그렇다"라고 답변했다.[29] 이런 정서는 문화적, 종교적 인식이 여러 유럽 국가에서 얼마나 크게 변했는지를 보여주는 것이다.

테러에 대한 일반인들의 태도는 2015년 11월 파리 테러와 2016년 3월 브뤼셀의 폭탄 테러, 2016년 7월 니스의 트럭 테러 이후 더욱 경직되었다. 파리 테러에서는 공연장과 경기장, 레스토랑 등 여섯 곳에서 벌어진 조직적인 공격으로 130명이 살해되었다. 프랑수아 올랑드Francois Hollande 프랑스 대통령은 이러한 맹공격을 "테러 군대, 지하드(성전) 군대, 다에시DAESH(IS의 다른 이름)가 프랑스를 상대로 저지른 하나의 전쟁 행위"라고 표현했다.[30] 브뤼셀 테러에서는 31명이 사망하고 230명이 넘는 사람들이 부상당했다. 테러 전문가인 릭 콜사트Rik Coolsaet는 다음과 같이 말한다. "이는 지난해 11월 테러 이후 유럽의 모든 대도시가 두려워하는 시나리오다. 테러 경험이 있는 외국인 전투원들이 들어와 유럽 현지의 동조자들과 힘을 합쳐 이 같은 행동을 벌이는 것이다. 쉬운 목표물이 너무나 많이 있으며, 이 모두의 안전을 지킬 수는 없다."[31]

미국 9·11 테러 때와 같이, 전 세계 사람들은 폭력의 뻔뻔함에 놀랐으며, 소규모 공격자들이 서방 사회에 수많은 테러를 가할 능력이 있다는 데에 경악을 금치 못했다. 프랑스의 한 목격자는 "그들은 누구에게도 기회를 주지 않았다"라고 개탄했다.[32] 파리에서 테러범들은 식사를 하거나 음악을 즐기고 있던 수많은 무고한 사람을 죽이기 위해 자동화기를 사용했다. 브뤼셀에서는 범인들이 인파가 몰려 있는 공항이나 지하철역에서 최대한의 피해를 입히기 위해 자살폭탄을 사용했다.

반복되는 폭력에 프랑스와 벨기에는 국가비상사태를 선포하고 테러 용의자 수백 명을 검거했다. 비상권한을 이용해서 경찰은 영장 없이 사람들을 체포하고 혐의자들을 가택에 연금했으며, 대규모 모임을 금지하고 검문검색을 실시했다.[33] 프랑스는 테러의 후유증을 해결하기 위해 3개월 동안 이 같은 광범위한 권한을 허용했다.

프랑스군도 시리아 라카에 있는 IS 거점을 공격했다. 프랑스는 IS의 지배력을 혼란스럽게 하고 또 다른 테러를 일으킬 능력을 약화시키기 위해 IS '칼리프 국가'가 자체 선포한 수도의 여러 지역에 폭격을 가했다. 반격에 적극적으로 참여하고자 하는 남녀 프랑스인들이 크게 늘어 테러 이후 몇 주 동안에 입대 신청자가 5배나 증가하기도 했다.[34]

2005년 자국 내 테러범들에게 대중교통에 대한 폭탄 공격을 당한 바 있는 영국에서도 2016년 이후 대중의 우려가 증가했으며, 영국 내 이슬람교도를 대상으로 한 설문조사는 동성애와 여성의 권리에 대해 부정적인 태도가 있음을 보여주었다. 예를 들어 이 설문조사에 의하면 52%의 모슬렘이 동성애는 불법이어야 한다고 믿고 있다. 게다가 39%는 "아내는 항상 남편에게 복종해야 한다"라고 답변했으며, 응답자의 4분의 1은 "영국의 법제도를 이슬람법으로 대체하는 것이 좋다"라고 답변했다.[35] 비모슬렘을 대상으로 한 유사한 설문조사는 없었지만, 이러한 수치는 영국 사회의 세속적인 구성원을 대상으로 한 경우보다 훨씬 더 높으리라고 보아도 무방할 것이다.

이슬람의 영향을 받은 테러와 일부 모슬렘과 비모슬렘 사이에 지속되어온 오랜 문화적 분열은 국가의 안보와 모슬렘의 유럽 사회 융화와 관련해 새로운 문제들을 야기했다. 이러한 문제들은 2016년 내내 훨씬 더 긴박하고 정치적으로 민감한 사안이 되었는데, 그해에 시리아와 북아프리카, 아프가니스탄 등지로부터 100만 명이 넘는 난민이 유럽 국경으로 쇄도했기 때문이다. 곧 뒤집힐 듯한 보트를 타고 지중해를 건너오다 익사하는 난민들의 어려운 상황은 국제적 관심을 끌었지만, 유럽 지도자들에게는 엄청난 압박이기도 했다. 그 반응은 나라마다 달라서 앙겔라 메르켈 독일 총리는 기꺼이 난민 수십만 명을 받아들이겠다고 했고, 오스트리아와 헝가리 등 시민과 지도자들이 난민 수에 놀라 경계를 나타냈던 다른 나라에서는 더 강경한 태도를 취했다. 밀려오는 난민의 물결로 야기된 긴장은 유럽 대부분 국가의 정치를 불안정하게 할 것이다.

영국의 유럽연합 탈퇴

엄청난, 그리고 여러 측면에서 놀랍기도 한 메가체인지의 충격이 2016년 6월 23일에 일어났다. 바로 영국의 유권자들이 유럽연합EU 탈퇴를 묻는 국민투표에서 찬성표를 던진 것이다. EU는 유럽경제공동체EEC와 같은 그 이전의 협력기구가 발전한 것으로서 마스트리흐트조약에 의해 1993년에 설립되었다. EU의 기본 개념은 여러 유럽 국가들이 관세와 여권 검열, 통화 및 전체적인 경제 발전을 통합함으로써 단일시장으로 나아간다는 것이었다. 북대서양조약기구NATO를 통해 설립된 안보협정과 더불어 유럽의 통합은 수 세기 동안 유럽을 괴롭혔던 극단적인 국가주의를 약화시킬 것이라는 희망이 되었다.

처음에는 통합이 잘 되어가는 듯 보였다. 걱정과 우려를 줄이기 위해 EU는 다양한 측면에서 일련의 단계적이고 점진적인 조치를 취했다. 예를 들어 여권 검열은 1995년 EU의 셍겐조약 가입국 사이에서 철폐되었고, 통화는 2002년 유로화라는 형식으로 통합되었다. 2020년까지는 유럽 국가들이 인터넷 정책을 통합하는 디지털 단일시장을 향해 나아간다는 계획을 세웠다.[36]

그러나 여러 진행 국면에서 유럽 통합 회의론자들이 이러한 정책 변화의 가치에 의문을 제기하고 나섰다. 그들은 각국의 정체성이 상실되고 있으며, 일부 국가는 발전이 지체되고 있다고 우려했다. 어떤 지역에서는 제조업 분야 일자리가 줄어들고 있으며, 이는 소득 정체 및 부채 증가와 함께 유럽 통합의 가치에 대한 대중들의 불만을 가중시켰다.

한 가지 심각한 조짐이 그리스의 부채와 관련한 금융위기로 나타났다. 일정 기간 누적되어온 지중해 국가들의 국가부채는 3230억 유로에 달하게 되었다.[37] 대침체의 여파에 직면해서 2012년에는 부채 일부에 대해 디폴트(채무불이행)가 선언되었고, 2015년에는 국제통화기금IMF에 대한 대출상환이 불가능해졌다. 얼마 동안은 그리스가 붕괴하고 이로 인해 다른 남유럽 국가의 경제까지 무너질 것처럼 보였다. 그렇지만 마지막 순간 그리스가 예산 통제를 강화하고 더 이상의 디폴트를 피할 일련의 재정조치를 취하는 데 합의함으로써 위기를 일단 모면했다.

　그러나 새로운 혼란이 뒤따랐는데, 북아프리카와 중동에서의 내전과 소요 사태를 피해 유럽에서 안식처를 찾으려는 난민의 물결이 이어진 것이다. EU 통계청 정보에 의하면 2015년에 126만 명이 유럽으로 망명하기를 원했다.[38] 특히 시리아, 리비아, 이라크, 아프가니스탄에서의 폭력 사태에 직면한 난민들이 독일, 헝가리, 스웨덴, 프랑스 등에서 더 나은 미래를 찾으려 했다. 이들 중 약 3분의 1이 시리아에서 왔고, 나머지는 아프가니스탄이나 코소보, 알바니아, 파키스탄, 에리트레아, 나이지리아에서 온 사람들이었다.

　수많은 이민자는 유럽 현지인들 사이에 국가 주권, 경제 전망, 문화적 통합, 개인 안전 등과 관련해 우려를 증폭시켰다. 새로운 이민자 중 다수가 모슬렘으로서, 종교적, 문화적 배경이 다르다. 이들이 서방 사회에 융화되고 종교적 관용과 문화적 다원주의와 같은 기본 가치를 받아들일 것인가? 테러가 늘어나지는 않을 것인가? 많은 사람이 통합이 올바른 행동 방향이라고 확신하지 못하고 있다.

　먼저 헝가리와 폴란드에서, 나중에는 네덜란드와 노르웨이 등지에서 국수주의 세력들이 유럽의 개방된 국경을 넘어 대규모 이민자가 들어오는 상황에 대해 경고했다. 그들은 새 이민자들을 믿을 수 없으며, 전체적으로 경제나 사회에는 큰 도움이 되지 않으면서 정부의 혜택에 의존하게 될 것이라고 주장했다. 문화적 관용과 같은 서유럽의 전통적 가치를 받아들이기보다는, 갈수록 많은 정치 지도자들이 자국으로 이민자들이 들어오지 못하도록 장벽을 치고 입국을 제한해야 할 때라고 주장했다. 유럽인들은 이민자를 테러범이고 부랑자이며 아무짝에도 쓸모없는 놈들이자 일자리를 빼앗아갈지도 모르는 사람들로 치부하고 있는 것이다. 이런 국수주의 관점에서 보면 개방된 국경과 이민의 경제적, 정치적, 문화적 위험은 얻을 수 있는 어떠한 이익보다도 막중하다.

영국에서는 EU와의 관계를 검토하면서 이러한 우려가 극에 달했다. 데이비드 캐머런 총리는 자기네 보수당 내에서 오래 지속되어온 알력을 잠재우고자 하는 바람으로 이 문제를 해결하기 위한 국민투표를 요구했다. 그는 EU에 남아 있음으로 해서 오는 이득이 상당하다고 주장했지만, 전 런던 시장 보리스 존슨Boris Johnson 등 보수당 내 다른 지도자들이 이러한 주장에 이의를 제기했다. 존슨 시장은 전에는 영국의 EU 회원국 자격을 지지했으나, 2016년 초 돌연 EU 반대자 측에 합류해서 영국은 더 엄격한 국경 통제를 시행해야 하고, 이민이 너무 급속하게 늘고 있으며, 영국은 경제적으로 자기 스스로 움직이는 편이 더 낫다고 주장했다. 그들은 주권의 핵심은 자국의 운명을 통제할 수 있는 데 있다고 주장했다.

영국 국민들은 투표장에서 52 대 48로 EU 탈퇴에 찬성표를 던졌다.[39] 한 나라의 국책이 놀랍게도 하루아침에 반전되자 영국 파운드화는 급락했고, 전 세계 금융시장은 혼란에 빠졌으며, 국민투표가 현상現狀을 재확인하는 데 그치기를 희망했고 그렇게 되리라 믿었던 지도자들은 큰 충격을 받았다. 또한 이 투표는 스코틀랜드가 영국에서 분리독립하게 될 것이라는 전망을 다시 한 번 보여주는 것이었는데, 스코틀랜드 유권자는 절대다수가 EU 내 잔류를 지지했기 때문이다. 여론조사는 아슬아슬한 표결을 예견했지만, 진정으로 이러한 혼란을 예상했던 경제계나 정치계 인사들은 거의 없었기에, 다수 유권자가 EU 탈퇴에 투표권을 던지자 이들은 깊은 충격에 빠졌다.

리스본조약 50조에 의하면 영국과 EU는 2년까지 탈퇴 조건을 협상할 수 있다. 국민투표 결과를 무시하거나 뒤엎을 수는 없는지, 영국이 어떻게든 EU 밖에서 새로운 지위를 협상할 수 있을 것인지, EU를 탈퇴하지만 회원국으로 가졌던 혜택의 일부를 여전히 누릴 수 있을 것인지, 영국의 탈퇴가 장기적으로 EU 자체에 어떠한 의미가 있는지 등에 대해서 복잡한 여러 의문점이 남아 있다. 미래 항로를 찾아나서는 지도자들 앞에는 적어도 수개월, 아마 수년 동안 불확실성이 남아 있을 것이다.

영국이 투표의 후유증을 논의하고 있는 동안 다른 유럽 국가의 국수주의 성향의 정치 지도자들은 자기 나라에서도 EU 정책 관련 국민투표를 해야 한다고 주장했다. 예를 들어 프랑스의 국민전선의 마린 르펜 당수는 영국의 움직임에 찬사를 보내고, "나는 전 유럽에 걸쳐 브렉시트와 같은 EU 탈퇴 움직임이 가급적 많이 발안되어 나오기를 희망한다. 우리가 알다시피 EU의 종말을 향한 움직임이 시작되었다"라고 말했다.[40] 비슷한 논평들이 덴마크와 네덜란드, 핀란드, 오스트리아 등의 국수주의적 정치인들에게서도 나왔다. 이런 모든 논의에도 영국 국민투표가 유럽의 와해를 알리는 첫 번째 도미노 패인지 여부는 아무도 확신할 수 없다.

놀라운 결과들

놀라운 대사건들이 세계 역사를 걸쳐 두루 발생했다. 장기간의 전쟁이 있었고, 경제적 혼란과 대규모 정치 혁명이 있었다. 이러한 사건들은 르네상스와 종교개혁에서 산업혁명과 그 너머에 이르기까지 수많은 시대를 장식했다. 대변화는 여러 역사적 시기에 정부와 사회, 국제관계를 바꾸어놓았고, 사람들의 생활양식과 사회관계를 변화시켰다.

그러나 작금의 국제문제는 여느 때와 달리 매우 혼란스럽고 사실상 변덕스럽다. 권력관계가 변했고, 실패한 국가가 빠르게 늘고 있으며, 비국가 행위자들이 여러 나라에서 폭력을 저지르고 있고, 테러로 대중의 불안감이 커지면서 강력한 대응조치를 요구하는 목소리가 높아가고 있다. 매우 안정적인 것으로 여겨졌던 EU와 같은 지역블록들도 이제는 압력을 받고 있고, 심지어 와해될 가능성도 있다.

여기에 왜 우리가 지금 메가체인지 시대에 접어들었는지 그 이유가 있다. 지난날 변화를 억제했던 많은 세력이 이제는 약화되었다. 급진주의와 극단주의가 급속히 확산되며 국제관계를 광범위하게 바꾸어놓았다. 양극체제의 세계는 새로운 강대국들의 등장으로 다극체제로 변했다. 전통적인 국제규범은 낡아 쇠했고, 글로벌화와 국경을 넘나드는 노동력, 상품 및 서비스의 자유이동에 기초한 기존 경제체제는 커다란 도전을 받고 있다.

이 장에서 지적한 바와 같이, 지도자들과 노동자들은 몇십 년 전에는 글로벌화를 통해 무역과 통상의 증가가 이루어지면 전 세계적으로 평화와 확대된 번영이 이루어지리라 믿었다. 새로운 패러다임이 거의 모든 사람에게 혜택을 가져다주고 개선된 경제적, 정치적 통합을 촉진하게 될 것이라는 관점에서 나온 견해였다. 이 같은 인식으로 다양한 무역협정과 국제조약이 협상되고 추진되었다.

그러나 뒤이어 나타난 테러, 전쟁, 보호주의 정서 등으로 글로벌화가 반드시 신성불가침의 것이 아님이 증명되었다. 이러한 신조의 부정적인 측면, 특히 제조업 분야 일자리가 서방 선진국에서 임금이 낮은 중국이나 다른 국가로 옮겨 가게 된 것은 많은 서방 국가로 하여금 개방적인 자유무역으로부터 얻은 바가 무엇인지 의구심을 갖게 했다. 미국의 9·11 테러와 유럽의 유사한 테러사건들은 러시아의 노골적인 침략과 함께 서방 정책 결정자를 움직였고, 일반 대중 사이에 불안감을 고조시켰다. 말과 행동이 모두 더욱 거칠어졌고, 무역협정을 개정하거나 폐지해야 하며 공공자원을 국가안보를 위해 배당해야 한다는 목소리가 나오게 되었다.

안정적이면서도 안전한 것으로 여겨지던 것들이 이제는 국내 및 국제적인 논쟁거리가 되었다. 외국인들의 테러는 국내적으로 반테러 정서를 고조시켰고, 아웃사이더로 인식되는 모슬렘과 같은 이방인들과의 긴장을 악화시켰다. 즉각적으로 정보가 전달되는 글로벌 커뮤니케이션 시대에 단호한 언어들은 국제적으로 빠르게 퍼져 나가고 있다. 예를 들어 서방인들은 테러 공격을 걱정하고 자국 내에서 잘 융합하지 못하는 모슬렘을 두려워하는 반면, 모슬렘들은 세간의 이목을 끌고 있는 미국의 모슬렘 입국 금지 움직임 등 서방의 대이슬람 전쟁을 우려한다. 외국의 극단주의는 국내의 극단주의를 자극하고, 또 그 반대의 일도 일어나고 있다.

여러 곳에서 명확히 드러나고 있는 분노와 불안은 글로벌화가 전 세계를 전적으로 긍정적인 방향으로 변화시킬 것이라는 몇십 년 전의 낙관적인 희망을 무참히 무너뜨리고 있다. 범세계적인 평화와 번영의 시대를 누리는 대신, 많은 나라의 시민들은 자기네의 경제적인 부富가 글로벌 무역협정으로 침해당하지는 않을까 걱정하고 있으며,

외국인 테러범이나 국내에서 활동하는 광기 어린 '외로운 늑대'가 테러를 일으키지 않을까 두려워하고 있다.

비교적 짧은 시간에 한때 글로벌화를 두고 가졌던 좋은 느낌들이 세계 많은 지역에서 불협화음과 거친 충돌로 악화되었다. 국제질서가 빠르게 와해되는 것을 보면, 안정은 과대평가된 것이고 변화는 급속히 나타날 수 있음을 알게 된다. 단지 어느 한 시점에서 안정적이고 지속적인 것으로 보인다는 사실이 현재 상황이 무한정 그대로 있을 것임을 의미하지는 않는다. ≪워싱턴 포스트≫의 칼럼니스트 디온느E. J. Dionne가 지적한 바와 같이, 지속성은 변화보다 항상 그 영향력이 더 클 것이라고 믿게끔 하는 현상지속관념presentism의 덫을 피해야 한다.[41]

제3장

—

미국 국내정책의 변화

*

미국 여론은 비교적 안정적인 것으로 여겨진다. 정치학자인 벤저민 페이지Benjamin Page와 로버트 서피로Robert Shapiro는 공저 『합리적인 대중The Rational Public』에서 전체적인 시민 견해는 짧은 시간에 급격히 변하지 않는다고 밝혔다.[1] 공공문제에 대한 사람들의 의견은 경제, 전쟁, 평화 같은 근본적인 문제와 관련한 개인의 관념과 함께, 특정 정당에 대한 공감대와 이데올로기에 깊이 뿌리를 내리고 있다. 이 때문에 사람들의 관점은 사회적, 경제적, 정치적 상황에 기초해서 서서히 발전한다.

그러나 최근 몇십 년 동안 미국의 여론과 개인적인 태도, 공공정책에 커다란 변동이 발생한 사례가 있다. 여러 이슈와 정당들의 부침浮沈에 중요한 변화들이 일어났다. 어떤 경우에는 풀뿌리에서부터 요동쳐 일어났고, 어떤 경우에는 위에서부터 아래로 밀려 내려왔다.

이 장에서는 미국에서 일어난 중요한 여론 변화와 정책 변화의 몇

몇 사례를 살펴보고자 한다. 종교적 열기 부흥, 레이건 혁명, 마리화나 합법화, 동성결혼, 오바마케어, 소득 불평등, 트럼프주의, 국경 안보에 대한 우려 등의 문제를 다룰 것이다.

이러한 사건들은 얼마나 큰 규모로 변화가 일어나고 있는지, 얼마나 극적으로 국내 문제에 영향을 미치는지를 보여준다. 비교적 짧은 기간에 미국의 정책은 종교적, 정치적 보수주의로부터 안보와 테러, 국제문제에 관한 국수주의적 우려와 생활양식 문제에 관한 사회적 자유주의가 함께하는 방향으로 변해왔다.

종교적 열기의 부흥

필자가 1960년대 오하이오 주 남서부 시골에서 자랄 때 생활은 단조롭고 느렸다. 필자가 자란 조그만 농업공동체에서는 노인들이 장성한 자녀의 옆집에서 살면서 닻처럼 가족의 삶을 단단히 붙들어주고 있었다. 사람들은 그 지역 교회에 다녔고, 앞 세대를 이끌었던 종교적, 정치적 신념을 똑같이 배웠다.

그러나 1960년대와 1970년대에 변화의 조짐이 나타났다. 나라 곳곳에서 갖가지 정치적, 사회적 조정과 변화가 일어났다. 그중에는 환경주의 발흥, 여성인권 운동, 시민권 운동, 연방정부 입법에 대응하는 주정부 권한의 점진적 강화, 몇몇 주와 지방에서의 급증한 납세 거부 운동 등이 포함되어 있다.

서로 충돌하는 교리를 가진 교파 간의 갈등이 1970년대 필자가 살던 작은 마을에도 크게 나타났다. 그때 필자가 살던 지방의 장로회

교회 사람들은 미국의 교파를 대표하는 통합기구인 전국장로회가 앤 절라 데이비스Angela Davis를 위한 법률 지원 기금으로 1만 달러를 낸 사실을 알아냈다. 이는 여러 도시 지역의 자유주의 및 전국을 휩쓴 사회운동에 발맞춰 일어난 일이었다. 인종차별주의와 성차별, 전반 적인 보수주의에 싸우기 위한 진보적인 노력이 필자의 조그만 지역 공동체와 바이블벨트(미국 중남부의 기독교 성향이 강한 지역) 전역에서 나 타난 반혁명을 촉발하게 되었다.[2]

캘리포니아의 젊은 흑인 여성 철학도였던 앤절라 데이비스는 살 인과 납치 공모 혐의로 기소된 후 자유주의를 주장하는 미국인 공동 체에서 논란 대상인 인물이었다. 그녀는 '블랙파워black power' 활동 가로서 '블랙팬서Black Panthers'란 단체를 조직한 멤버 중 한 사람이 었다. 조너선 잭슨이라는 그녀의 친구는 캘리포니아 솔다드 교도소 경비원을 살해한 이른바 '솔다드 3인' 중 한 사람인 자신의 형 조지를 도우려 사건을 일으켰다. 1970년 8월 7일 마린카운티 법정에서 탈 옥을 기도한 것이다.[3]

실패로 돌아간 이 사건에서 벌어진 총격전으로 당시 재판 중이던 조지 잭슨과 판사 해럴드 헤일리 등 여러 사람이 죽었다. 헤일리 판 사를 저격할 때 사용된 조너선 잭슨의 총은 데이비스라는 이름으로 등록되었던 것으로 나타났으며, 따라서 FBI는 그녀를 지명수배자 명 단에 올렸다. 그녀는 단순한 제삼자였으나, 이렇게 지명수배된 것을 알게 되었다. 두 달 동안은 붙잡히지 않았으나, 결국 그녀는 체포당 해 수감되었다.

전국의 사회정의 활동가들은 정부가 그녀에 대해 불법적인 앙갚 음을 한 것이라고 비난했다. 그녀는 공산주의자를 자처한 사람으로서, 1년 전에 로널드 레이건 주지사에 의해 캘리포니아 대학 로스앤젤레스의 교수직에서 파면당했다. 그녀는 인종과 계급, 성차별 등과 관련된 단체에서 활동하고 있었다. 가수 존 레넌과 오노 요코는 법정 총격 사건 교사 혐의를 받는 그녀의 무죄를 촉구하는 의미에서 〈앤절라〉라는 노래를 작곡해 불렀다. 여러 사람들 눈에 그녀는 한 사람의 정치적 재소자였다.[4]

통합장로교회에는 보수주의 성향의 신도가 많았지만, 뉴욕 본부는 인종이나 성性 문제에 확실하게 자유주의 노선을 취하고 있었다. 183차 총회에서 교회와 인종에 관한 이사회는 앤절라 데이비스에 대한 법률 지원을 위해 마린카운티 흑인보호기금에 자금을 지원했음을 내비쳤다. 사회 활동가들에 의하면, "흑인 장로교 교인들은 앤절라 데이비스 사태를 두고 당시에는 흑인 여성이 공정한 재판을 받을 수 있는 권리가 미국에서 아직 보장되지 않았다고 주장했다. 그들은 앤절라 데이비스 역시 신의 자녀로서, 인종차별주의 미국에 살고 있는 흑인 여성으로 보고 대응했다".[5]

교회의 돈이 앤절라 데이비스의 법률 지원에 제공되었다는 이야기가 필자가 살던 오하이오 주의 조그만 마을 페어헤이븐(이 마을은 분주한 날이라 해봐야 고작 몇백 명 정도의 주민들만 모이는 조그만 곳이다)에 들려오자, 마을 신자들 사이에 흑인 공산주의자에 대한 자금 지원을 두고 큰 소동이 벌어졌다. 주민 모두가 백인인 조그만 지역공동체 페어헤이븐은 인종 간 상호이해에 대해 그다지 주의를 기울이지 않은 곳이었다. 또한 자칭 공산주의자라는 것도 필자의 고향에서는 큰 장점이되지 못했다.

보수주의적인 신자들은 무슨 일을 해야 할지 토의했다. 그때 거론

된 대응 방안에는 자금 지원 결정에 분노를 표명하거나 전국장로회가 할당하는 연회비를 납부하지 않는 것, 전국 조직에서 분리독립하는 것 등이 있었다. 전국장로회가 지방의 교회와 토지를 소유하고 있었기 때문에 후자의 방안은 매우 과격한 것이었다. 분리독립은 지방 신도들이 전국장로회로부터 자기네 교회를 다시 사들여야 하는 것을 의미했다.

몇 개월간의 협의 끝에 우리 마을 신자회 원로들을 전국장로회로부터 분리독립하기로 표결했다. 마을 공동체는 성소를 다시 사들였으며, '페어헤이븐 공동체교회'가 되어 어떠한 교파에도 속하지 않은 채 자신의 운명을 스스로 결정하게 되었다.

몇 년 후 전국적으로 보수파 활동가들 사이에 낙태와 동성애, 진화론 교육에 반대하는 운동이 벌어졌을 때 이러한 결정이 얼마나 큰 도움이 되었는지는 당시에는 알 수 없었다. 그러나 전국적인 단체의 구속으로부터 자유롭게 되자 이 지역 교회 신자들은 정치적으로 더욱 능동적인 능력을 갖게 되었다.

그 후 몇십 년에 걸쳐 어느 교파에도 속하지 않는 지역 교회들이 중서부와 남부, 서부 지방에 널리 퍼져 나갔고, 강력한 변화의 동인이 되었다. 어느 교파에도 속하지 않은 지방 교회의 수가 1970년에는 10개에 불과하던 것이 2011년에는 1600개 이상으로 늘어나게 된다.[6] 이러한 많은 교회들은 특히 남부와 서부에서 도시화가 진행되었던 지역에서는 매주 수천 명의 신자를 끌어들이게 된다. 이들은 지역사회와 공동체 정책에 중요한 힘이 되어갔고, 때로는 지배적인 세력이 되었다.

관료주의적인 관리감독에서 자유로워진 이 교회들은 자기네들만을 위한 성직자를 채용하고, 자기네들만의 종교적, 정치적 노선을 따르게 되었다. 동부 해안 지방의 자유주의 교회 조직자들은 더 이상 지역 신자들에게 무엇은 하고 무엇은 하지 말라고 이야기할 수 없게 되었다. 지역사회에 기반한 교회들은 동부 해안에서 일반적인 자유주의적 견해가 아니라 그 지방의 가치에 맞는 입장을 취했다. 종교 신자들은 정치적으로 훨씬 더 활동적으로 되어갔고, 결국에는 보수주의적인 지도자가 미국 연방정부를 장악하도록 도움을 주었다.

레이건 혁명

공화주의자들은 1980년 보수적인 종교 및 정치 활동가를 동원해서 대통령직을 차지하고 상원에서 다수 의석을 장악하는 데 성공, 미국 전체를 놀라게 했다. 유권자들은 민주당 지미 카터 대통령 치하에서의 두 자릿수 실업률과 높은 인플레에 불만을 품고 우익의 로널드 레이건과 다른 후보자들에게 돌아섰고, 국내정책 및 대외정책에 엄청난 변화의 시대를 시작하게 했다.

취임 첫해에 레이건 대통령은 미국이 해결해야 할 가장 큰 "문제"는 큰 정부라고 정의하고, 의회를 압박해서 전면적인 세금 인하 법안을 제정토록 하면서 반정부 혁명에 불을 댕겼다. 정책을 근본적으로 바꿀 최선의 방법은 재정수입을 감축하는 것이라는 상정하에 레이건 대통령은 의회가 3년에 걸쳐 세금을 23% 인하하고, 최고 세율도 70%에서 50%로 낮추도록 했다. 그는 또한 상속세를 낮추어 사람들이 축적한 재산을 상속인에게 더 많이 넘겨줄 수 있도록 했다.

또한 세금을 대폭 낮춤으로써 공화당 정부는 국내정책에 대한 정부 지출을 줄이도록 했다. 큰 정부를 좋지 않게 생각한 보수주의 성향의 민주당파와 손을 잡고 공화당은 주요 예산 관련 법안을 통과시키려 했다. 레이건 대통령의 첫 번째 임기 동안 국방 예산을 제외한 나머지 예산은 제2차 세계대전 이후 최대 폭인 9.7%나 감소했다.[7] 무엇보다 주택과 도시개발, 운송, 교육 등의 분야에서 예산이 크게 감축되었다.

동시에 레이건은 국방비를 증액하면서 소련에 대해 강력한 입장을 취했다. 그는 소련이 자유가 부족하고 집단주의를 강조하는 것에 대해 도전장을 내밀었고, 러시아 지도자들은 국민에게 더 많은 자유를 부여할 필요가 있다고 주장했다. 그는 미국 국민에게 소련의 팽창주의에 맞설 것임을 약속했다.

이러한 입장을 뒷받침하기 위해 레이건은 미사일 방어체제를 포함해서 신세대 무기체계를 강조하면서 국방비 지출을 크게 늘렸는데, 이 미사일 방어체제를 두고 비평가들은 "스타워즈"라며 비웃었다. 레이건은 자신이 미국의 이익이 위태롭다고 판단하는 경우에는 개입할 것이라는 점을 세계 지도자들에게 분명히 밝혔다. 예를 들어 그는 좌익으로 여겨지는 정권을 타도하기 위해 카리브해의 조그만 섬나라 그레나다에 군대를 파견했다. 이렇게 힘을 과시한 것은 카리브 연안과 라틴아메리카 다른 나라들에게 미국은 자국 영향권에 있는 지역에 대해서는 언제든지 개입할 것이라는 강력한 메시지를 보낸 것이었다. 미국은 또한 니카라과의 좌익 산디니스타Sandinista 정권에 맞서 싸우는 우익 게릴라를 지원했고, 좌익 게릴라와 싸우는 엘살바도르의 우익 정부를 지원했으며, 오랜 내전을 종식하기 위해 레바논에 해병대를 주둔시켰으나 실패하기도 했다.

그 후 조지 허버트 워커 부시 대통령과 뉴트 깅리치 하원의장, 조지 W. 부시 대통령 등과 같은 공화당 지도자들이 정도의 차이는 있지만 레이건의 어젠다를 이어갔다. 세금을 낮추고, 핵심 국내문제, 특히 가난한 사람들에게 일차적으로 혜택이 돌아가는 사회보장 계획에서 연방정부의 역할을 줄이는 것이 그들의 주요 정책이었다. 1972년과 2008년 사이의 대통령 선거에서 공화당 후보자들은 3명 중 2명의 비율로 승리했고, 주 의회에서 다수를 장악했으며, 미국 전역에 걸쳐 정치적 쟁점을 지배했다. 그들의 정치관은 거의 40년 동안 공공정책 토론을 이끌어갔고, 공화당이 미국 정치 안건들을 주도해갈 수 있도록 하는 데 도움이 되었다.

비슷한 시기에 정부의 역할을 제한한다는 보수주의적 사고가 다른 나라에서도 우세해졌다. 마거릿 대처 총리의 영국, 헬무트 콜 행정부와 그 후임자들의 독일 등지의 보수주의 정부들이 여기에 포함된다. 여러 서방 국가에서 강력한 보수주의 지도자들이 등장하자 국내문제 및 국제관계가 우경화로 기울었다. 사회복지 프로그램은 삭제되고, 세금은 줄었으며, 정부 규제는 많은 분야에서 완화되었다. 자유주의 성향의 시사해설자들은 사회복지 혜택과 정부 프로그램이 '하향식 경쟁'에 빠진 데 대해 불만을 표시했다. 그들은 서방 민주주의 국가에서 보수주의적 움직임이 빈곤층을 도탄으로 내몰고 불평등을 악화시킬 것을 우려하고 있다.

마리화나 합법화

1982년 레이건 행정부는 광범위한 불법 마약에 단호한 입장을 취한 이른바 '마약과의 전쟁'을 시작했다. 이 운동을 이끈 유명한 구호가 퍼스트레이디였던 낸시 레이건에게서 나왔다. 캘리포니아 오클랜드에서 4학년 학생으로부터 누군가 마약을 권하면 뭐라 대답해야할지 질문을 받고, 그녀는 "단지 '싫어'라고만 해요Just say no"라고 답변했다.[8] 이 말을 들은 대통령과 다른 지도자들은 불법적인 마약의 소지와 판매에 대한 제재를 강화하는 주정부 및 연방정부 입법 활동의 선봉장으로 퍼스트레이디를 내세웠다.

1994년 빌 클린턴 대통령과 공화당 의회는 이러한 입장에서 다양한 마약 범죄에 대해 형사 처벌을 강화했다. 클린턴 대통령은 "갱들과 마약이 우리의 길거리를 집어삼켰다"라며, 연방범죄의 형량을 더욱 높이고, 사형제도를 확대하며, 주정부와 지방정부가 법집행관을 추가로 고용하고 교도소를 신축할 수 있도록 수십억 달러의 연방예산을 편성하는 법안에 서명했다.[9]

연방정부 차원의 이러한 접근 방식은 캘리포니아 외 10여 개 주에서 시행한 '삼진아웃제'를 기반으로 했다. 최소 2회 이상 법규를 크게 위반해 유죄 판결을 받은 사람을 의미하는 '상습 범죄자'는 25년 이상의 징역형을 선고받을 수 있다. 난폭한 범법자를 격리해 사회를 더 안전하게 만든다는 명분이었다.

정책 변화 결과 교도소에 들어가는 사람들이 급격히 많아지고, 이른바 '형벌의 주'로 알려진 주들이 크게 늘어났다.[10] 얼마 가지 않아 미국은 선진국 가운데 수감률이 가장 높은 나라가 되었으며, 전 세계적으로도 이 비율이 가장 높은 국가 중 한 곳이 되었다. 로런 글레이즈Lauren Glaze와 에린 허버먼Erinn Herberman, 게리 웜슬리Gary Walmsley의 연구 결과에 의하면 미국은 인구 10만 명당 710명을 교도소에 수감했으며, 이는 멕시코의 210명, 영국의 147명, 캐나다의 118명, 독일의 79명, 일본의 51명을 크게 넘어서는 수다. 전체적으로 미국에는 약 700만 명이 교정시설에 수용되어 있다.[11] 연방교도국에 의하면 수감자의 거의 절반(47%)이 마약사범이다.[12]

인구당 수감 비율이 높다는 것은 재정적, 인적, 사회적 비용 부담이 막대하다는 뜻이다. 주정부와 지방정부는 이 모든 수감자를 수용한 교도소에 자금을 대기 위해 허우적거리고 있으며 과잉 수용 교도소는 일부 주(특히 캘리포니아주)에서 심각한 문제가 되고 있다. 교육, 보건, 주택, 기반시설 등에 대한 지출 확대가 절실한 시기에 중요한 재원이 교도소로 흘러가는 것이다. 많은 주에서 최근 몇 년간 교정시설에 소요되는 예산 비중이 급격히 늘고 있다.[13]

〈그림 3-1〉은 1982년에서 2010년까지 주정부 교도소의 예산 지출을 보여준다. 이 기간 초기에는 주정부의 연간 교정 예산이 150억 달러였으나, 2010년에 가서는 이 금액이 거의 500억 달러로 3배가 넘었다. 같은 기간 수감된 인원은 37만 1522명에서 131만 6858명으로 늘어났다. 주정부 교도소의 재소자가 400%나 증가한 것이다.[14]

교도소에서 나온 사람들은 예외 없이 새로운 살길을 찾아 몸부림친다. 그러나 즉각적으로 신원조회가 가능한 시대에 전과자가 일자리를 찾기란 매우 어렵다. 구직신청서는 대부분 전과 여부를 묻고 있으며, 그 항목에 어떤 기록이 있으면 돈벌이가 되는 일자리를 구할 자격이 박탈된다. 전과자들의 높은 실업률은 재범률을 높이고, 경제적

그림 3-1 1982~2010년 미국 주정부 교도소 운영 예산

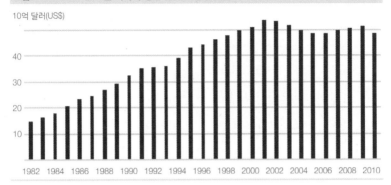

10억 달러(US$)

자료: Tracey Kyckelhahn, "State Corrections Expenditures, FY 1982-2010," U.S. Department of
Justice Bureau of Justice Statistics, April 30, 2014.

자립을 어렵게 하며, 가정생활을 파탄 낸다. 전과자가 된다는 것은
출소 후에도 오랫동안 경제적 어려움을 겪게 됨을 의미한다.

다수 전과자는 투표권을 상실하게 되고, 따라서 자신의 생활에 영
향을 미치는 정책 결정에 참여할 수 없게 된다. 정치체제가 그들의
선택을 제한하는 결정들을 내리더라도 전과자들은 시민생활의 핵심
분야에 참여하거나 사회적 협의에 영향을 행사할 수가 없다. 비폭력
범법자에 대해서까지 징벌적 조치만 가하려는 정치인들에게 반대표
를 던질 수가 없는 것이다.

마찬가지로 교도소 수감과 관련한 사회적 영향도 크다. 교도소 수
감자를 인종별로 분석하면 커다란 차이가 있다. 시카고 대학교 경제
학자인 데릭 닐Derek Neal과 아민 릭Armin Rick에 의하면 고등학교를
중퇴한 20~34세 흑인 남성의 거의 28%가 교도소에 있는데, 이러한
숫자는 같은 조건의 백인 남성이 교도소에 있는 비율 7%보다 훨씬
높다.[15]

게다가 브루스 웨스턴Bruce Western과 크리스토퍼 와일드먼Christopher Wildeman의 데이터를 기초로 한 분석에 의하면, "고등학교를 졸업하지 못한 흑인 미국인이 30대 중반에 교도소에 갈 위험성은 70%에 이른다".[16] 이 충격적인 숫자들은 전과 기록을 가진 사람들이 직면한 우울한 미래를 단적으로 보여준다. 이제는 많은 사람이 범죄에 강경 대응을 고수하던 종전 정책이 너무 지나치며, 사회적으로나 정치적으로 그리고 예산 측면에서도 바람직하지 못한 결과를 가져왔다고 느끼게 되었다.

인구당 수감 비율이 높고 비폭력 범법자들의 마약 소지 판결은 결국 마리화나 사용을 처벌 대상에서 제외하고 나중에는 합법화하는 대항 운동을 자극했다. 이 분야에 주도적으로 자금을 댄 사람으로 억만장자였던 고故 피터 루이스Peter Lewis가 있다. 프로그레시브 보험사Progressive Insurance의 CEO였던 그는 심각한 감염으로 다리를 절단해야 했다. 수술에서 회복하면서 진통을 완화하기 위해 마리화나를 이용했고, 마리화나가 의학적 가치가 있다는 것을 알게 되었다. 마약 사용과 관련한 엄격한 형사 처벌을 우려해서, 그리고 뉴질랜드에서 마약 소지 혐의로 체포되어 그는 마리화나 합법화를 지지하는 데 수백만 달러를 지출했다.[17]

부유한 개인에게는 변화를 주도할 방법이 있다는 듯, 그는 마리화나의 의학적 사용을 허용하는 매사추세츠 투표 캠페인에 50만 달러 이상을 부담했고, 캘리포니아에서의 유사한 투표 캠페인에도 수십만 달러를 지출했다. 지난 20여 년에 걸쳐 그가 마리화나의 소지와 사용을 처벌 대상에서 제외하고 더 나아가 합법화하기 위한 운동에 지출한 금액이 4000만~6000만 달러에 달하는 것으로 추정된다.[18]

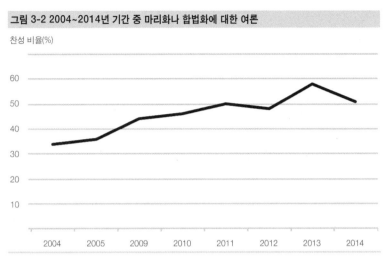

그림 3-2 2004~2014년 기간 중 마리화나 합법화에 대한 여론

찬성 비율(%)

자료: Lydia Saad, "Majority Continues to Support Pot Legalization in U.S.," Gallup Poll, November 6, 2014.

　루이스는 자기 생각을 매우 성공적으로 옹호했다. 콜로라도와 워싱턴은 이러한 개혁을 빨리 채택한 주가 되었다. 성공적인 투표 캠페인으로 두 주는 각각 2012년 마리화나의 사용과 판매를 합법화했고, 미국에서 처음으로 합법적인 거래 시장을 열었다. 그 뒤를 이어 알래스카와 오리건, 워싱턴 D.C.에서도 합법화 캠페인이 성공적으로 이루어졌다.[19]

　〈그림 3-2〉는 여론조사에서 마리화나 합법화에 찬성한 사람의 비율이 지난 10년 동안 급격히 변했다는 것을 보여준다. 2004년 갤럽 여론조사에 의하면 미국인들 가운데 34%만이 합법화에 찬성했으나, 2014년에 가서는 58%까지 증가했다. 보수주의자들은 31%로 가장 낮은 찬성률을 보였지만, 자유주의자의 73%와 중도파의 58%가 찬성 입장을 보였다.[20]

여론조사는 또한 지역과 나이에 따라 큰 차이가 있음을 보여준다. 동부와 서부 사람들은 마리화나 합법화를 지지하는 성향이 가장 높았고, 그다음을 남부(47%)와 중서부(45%)가 잇고 있다. 세대 간 차이도 뚜렷이 나타났다. 즉 18~33세 사이에서는 64%가 합법화를 지지한 반면, 55세 이상에서는 41%만이 찬성 의견을 밝혔다.[21]

지역과 세대에 따라 차이가 있기는 하지만, 전반적인 추세는 확실한 것으로 보였다. 갈수록 많은 사람이 마리화나 소지에 대해 이제는 심각한 범죄가 아니라고 생각하거나 전혀 범죄가 아니라고 여기고 있다. 놀랍게도 사람들은 합법화와 경범죄자 석방을 지지하는 방향으로 크게 움직였다.

브루킹스 연구소 소속 학자인 필립 월라크Philip Wallach와 존 허댁 John Hudak은 정책이 어떻게 변했는지 분석했다. 주민투표에 기초해서 그들은 "1억 4800만 명 이상의 미국인이 이제는 마리화나의 의학적 사용을 허용하는 주에 살고 있다"라고 밝혔다.[22] 마리화나 비범죄화와 합법화는 이제 더 이상 동떨어진 사안이 아니라 주요 정책 변화의 전면에 부각되고 있다.

경제적 영향도 상당하다. 콜로라도 재무국이 작성한 2015년도 마리화나에 관한 보고서에 의하면 소매 면허 833건과 의료 면허 1417건이 콜로라도 주에서 발급되었으며, 의료용 마리화나 10만 9578파운드와 소매용 화초 3만 8660파운드가 판매되었다.[23] 게다가 200만 개에 가까운 마리화나를 함유한 먹는 의약품과 280만 개의 소매 허용 식품이 구매되었다. 마리화나의 판매에서 나오는 세입은 2014년 1~10월에 모두 4090만 달러에 달했고, 급속하게 증가하는 추세에 있다.[24] 1년 안에 마리화나는 콜로라도에서 중요한 비즈니스가 되었으며, 미국의 다른 주들도 이 같은 정책을 따라 할 것인지를 검토하고 있다.

동성결혼

1996년 빌 클린턴 대통령은 의회가 통과시킨 결혼보호법에 서명했다. 남녀 사이의 결혼만 인정하며, 각 주는 다른 주에서 통과된 동성결혼법에 구속되지 않는다고 규정한 법안이다. 이 법은 또한 동성결혼 배우자는 이성결혼 부부에게 제공되는 연방정부 차원의 혜택을 받을 자격이 없다는 점을 명확히 했다.[25]

이 법은 확실히 당시 여론의 대세였다. 공화당은 하원과 상원에서 모두 다수를 장악하고 이 법안의 통과를 주도했다. 군 복무 중인 동성애자에 관해 '묻지도 말지도 않는다don't ask, don't tell'는 클린턴의 정책을 둘러싼 논란과 보수파 활동가들의 압력으로 이 법안은 압도적 다수의 찬성으로 양원을 통과했다. 클린턴은 대통령 선거 몇 주전에 아무도 없는 곳에서 이 법안에 서명했고, 어떠한 카메라도 그의 서명을 촬영하도록 허용하지 않았다.

당시에는 〈그림 3-3〉에서 보는 바와 같이 대중들이 전반적으로 동성결혼을 탐탁지 않게 생각했다. 1996년 갤럽 설문조사 자료에 의하면 미국인들의 27%만이 동성결혼에 찬성했다.[26] 많은 사람들, 특히 남부와 중서부 주들의 많은 사람들은 일반적으로 동성애자 권리나 특히 동성결혼에 대해 관심이 없었다. 어떤 경우에는 이러한 개인들은 동성애자에 대해 종교적, 도덕적인 입장에서 반대를 표명했고, 전

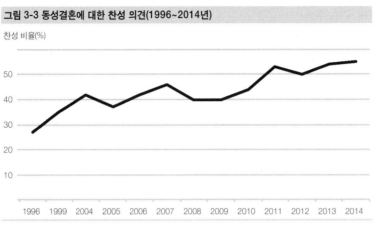

그림 3-3 동성결혼에 대한 찬성 의견(1996~2014년)

찬성 비율(%)

1996 1999 2004 2005 2006 2007 2008 2009 2010 2011 2012 2013 2014

자료: Gallup Poll, "Same-Sex Marriage Support Reaches New High at 55%," May 21, 2014.

통적인 가치관을 지닌 나이 든 사람들은 동성애에 관해 불편하게 생각했다.

그러나 시간이 지나면서 대중의 태도는 변하기 시작했다. 동성결혼 지지율이 1999년에는 35%에 지나지 않던 것이 2004년에는 42%, 2007년에는 46%, 2011년에는 53%, 2014년에는 55%로 계속 증가했다. 1990년대 말에는 동성결혼에 대해 전반적으로 적대시하던 태도가 20년 뒤에는 훨씬 더 관용적이고 수용적인 태도로 변했다.

동성결혼에 대한 지지도가 급증한 데에는 여러 이유가 있다. 여론조사에 의하면 이 문제에 대한 시각은 연령대별로 큰 차이가 있는 것으로 나타난다. 고령층 시민들은 단지 42%만이 동성결혼에 대해 찬성한 반면, 18~29세 젊은이들은 78%가 찬성했고, 30~49세는 54%가 동조 입장을 보였다.[27] 고령층이 점차 무대에서 지나감에 따라 그들의 자리를 사회문제에 더 자유분방한 견해를 지닌 더 젊은 사람들이 차지하고 있다.

또한 정당과 지역에 따라서도 동성결혼에 대한 시각은 큰 차이를 보였다. 공화당 지지자는 30%만이 동성결혼을 지지한 데 반해, 독립파는 58%, 민주당 지지자는 74%가 동성결혼에 찬성했다. 또한 남부 사람들은 동성결혼에 대해 덜 호의적인(48%) 반면, 중서부(53%)와 서부(58%) 또는 동부(67%)에서는 좀 더 우호적이었다.[28]

대중문화도 변한다. 〈모던 패밀리Modern Family〉, 〈글리Glee〉, 〈로 앤드 오더Law and Order〉 같은 텔레비전쇼에 동성애자가 나오고, 〈브로크백 마운틴Brokeback Mountain〉, 〈크라잉 게임The Crying Game〉, 〈밀크Milk〉, 〈디 아워스The Hours〉와 같이 동성애를 주제로 하거나 동성애자 등장인물이 나오는 대중영화도 있다.[29] 한때 어두운 구석이나 알려지지 않은 곳에 머물러 있던 것들이 이제는 주류가 되어서 이성애자들도 동성애자를 자신과 비슷한 열망과 걱정, 문제를 지닌 현실 속의 사람으로 보게 되었다.

예상한 대로 동성애에 대한 대중의 시각이 바뀌게 된 데에는 돈이라는 또 다른 요소가 있다. 분석가들은 동성애자들의 구매력을 일컫는 이른바 '핑크 머니 파워pink money power'가 2012년 기준 총 2조 달러에 달한다고 추정한다. '동성애자 부모와 가족, 친구들'이란 단체의 이사인 조디 허커비Jody Huckaby는 "이 경제적인 영향력과 제품 충성도는 계속 늘어갈 것이다. 우리는 비즈니스계에 이를 알리고 기업들이 경쟁하도록 돕고자 한다"라고 밝혔다.[30]

지난 몇 년 사이에 동성애에 대한 일반인의 시각이 급격하게 변한 것과 함께 주 차원의 공공정책에도 엄청난 변화가 있었다. 미 대법원이 결혼보호법을 폐기하자 2015년까지 동성결혼을 합법화한 주가 36개에 이르고, 다른 주들도 이를 합법화하는 방향으로 나아가고 있다.[31] 오바마 대통령은 이러한 방향으로 전환되는 추세를 두고 일반적으로 미국은 점진적인 변화를 선호한다는 점과 대조해서 다음과 같이 언급했다. "이러한 여정에서 진보는 때로는 두 걸음 앞으로 갔다 한 걸음 거꾸로 가기도 하지만, 헌신적인 시민들의 꾸준한 노력으로 조금씩 이루어져 갑니다. 그러다가 때로 오늘과 같이, 이 느리고 꾸준한 노력이 벼락처럼 들이닥친 정의로 보상받기도 합니다."[32]

물론 미국의 모든 주가 이러한 상황 변화를 좋아하는 것은 아니었다. 노스캐롤라이나와 인디애나, 아칸소와 같은 주는 성적性的 지향과 관련된 차별 금지 조항을 약화하는 법안을 통과시키거나 성전환자는 어떤 화장실을 이용해야 하는가와 같은 사안에 대해 법안을 통과시킬 때 전국적인 관심을 끌기도 했다.[33] 사회적 규범의 변화를 달갑지 않게 여기는 복음주의 성향의 지역 유권자들의 압력에 직면해서, 이러한 주들은 이와 관련된 조항을 누락시키거나 이러한 규칙을 지키고 싶지 않은 사람들을 위해 '양심적 거부'라는 예외조항을 두었다. 이런 법안은 전통적인 가치관을 지닌 사람들이 동성애자와 성전환자의 권리를 보장하는 광범위한 움직임에서 한 발짝 비켜설 수 있는 길이 되었다.

오바마케어

2008년 미국인들은 지난 30년 이상의 종교적, 정치적 보수주의 성향을 고려할 때 있을 것 같지 않은 일을 했다. 역사상 처음으로 미국인들은 진보적 어젠다를 내세운 흑인 대통령을 선출했다. 이러한 급작스러운 변화는 증권시장의 붕괴와 조지 W. 부시 대통령의 대이라크 개입주의 정책 실패로 인해 경제가 휘청거렸기에 가능했는데, 특히 이라크전쟁은 진보와 보수의 정치 성향을 떠나 유권자 전반이 부시 정권으로부터 멀어지게 했다. 대침체 이후 주식 투자자들은 자산의 절반 이상을 손해 보았고 실업률은 두 자릿수로 치솟았다.

이 같은 경제 혼란기에 미국은 버락 오바마 대통령을 선출함으로써 좌향의 길을 택했고, 하원과 상원에서 민주당 의원들이 상당한 다수를 차지하지 했다. 당의 노선에 따라 의회는 2009년 경제 촉진을 위해 미국 경제회복 및 재투자법을 통과시켰고, 2010년에는 환자보호 및 부담적정보험법을 통과시켰다. 후자는 후에 이를 반대하는 자들과 지지하는 자들에 의해 '오바마케어Obamacare'로 알려진 것으로서, 사람들로 하여금 건강보험에 가입하게 하고, 건강보험에 가입할 수 없는 사람들에게는 사설보험에 가입할 수 있도록 보조금을 지급하는 것을 주요 내용으로 하고 있다. 민주당은 또한 2008년 금융위기의 책임이 있는 것으로 널리 인식되었던 월스트리트 기업들에 대한 감시와 통제를 확대하기 위해 '도드-프랭크 법'(발의한 크리스토퍼 도드Chritopher Dodd 상원의원과 바니 프랭크Barney Frank 하원의원의 이름을 땀)으로 알려진 광범위한 법을 제정했다.

수십 년 동안 미국의 대통령과 정치인들은 건강보험 개혁에 대해 이야기해왔다. 건강보험에 가입하지 못한 미국인들은 18%에 이르렀고, 민주당 지도자들은 보편적인 보험을 추진했다. 해리 트루먼부터 린든 존슨, 지미 카터, 빌 클린턴 시절에 이르기까지 모든(또는 거의 모든) 미국인을 커버할 수 있는 건강보험이 제안되어왔다.

그러나 지난 모든 노력은 실패로 돌아갔다. 정치인들은 변화를 방해하고 더 근본적인 대안이 제정되는 것을 막는 불확실성과 점진주의를 극복할 수 없었다. 현상 유지를 희망하는 이익집단들은 전면적인 변화를 방해하고 대신에 소규모의 점진적인 변화를 옹호했다. 광범위한 정책 결정은 아무런 성과도 올리지 못했다.

그러나 오바마 대통령은 체계적인 개혁을 입법화한 지도자였다. 그의 입법은 거의 모든 사람에게 혜택이 돌아가는 보건의료 제공과 건강보험 운영방식의 변경을 모색하는 것이었다. 보건의료를 현대화하고 이 과정에 새로운 차원의 기술을 전면적으로 도입하기 위해 자금이 지원되었다. 기본 아이디어는 보건의료와 의료산업의 관행을 개선하면 효율성을 제고하고 개인의 만족도를 높일 수 있다는 것이었다. 더 많은 사람이 건강보험에 가입함으로써 보험 가입자는 물론 사회 전반에 혜택이 돌아가는 결과를 가져온다는 것이다. 오바마 입법안이 통과되기 위해서는 하원과 상원에서 민주당의 압도적인 다수가 필요했으나, 오바마는 역사적 랜드마크가 된 법안을 통과시킬 수 있었다.[34]

이 법은 진보와 보수를 가릴 것 없이 전반적으로 강력한 반응을 불러일으켰다.[35] 자유주의자들은 이 법안이 상원을 통과하기 위해 필요한 타협안이 어떻게 이루어질지 우려하기는 했지만, 비보험자를 보호하기 위한 노력에 찬사를 보냈다. 병원들은 새로운 비즈니스 모델에 대해 걱정했고, 새로운 환자들이 병원을 많이 찾음으로써 과거 빈민 치료로 발생한 손실을 보상할 수 있을지에 대해서도 우려했다. 일부 의사는 전자의료기록을 유지해야 한다는 새로운 조건에 투덜거렸고, 환자와의 관계에 미칠 수도 있는 영향에 우려를 나타냈다.

그러나 가장 격렬한 반응은 정치적 보수주의자들로부터 나왔다.

이들은 미국 건강보험을 정부가 급진적으로 장악했다고 평가했다. 의회에서 토론되고 있는 중에도 티파티로 알려진 풀뿌리운동이 일어나 오바마의 계획과 심지어는 전체적인 대통령직 유효성에까지 이의를 제기했다.[36] 보수주의자 억만장자인 해럴드 시먼스Harold Simmons는 정부의 역할을 확대했다는 이유로 오바마를 "살아 있는 미국인 중 가장 위험한 사람"이라고 불렀다.[37]

오바마의 건강보험 승리는 2010년 중간선거에서 악령이 되어 되돌아왔다. 티파티가 큰 승리를 거두어 공화당이 63석을 차지하고 하원을 장악한 것이다. 민주당 낸시 펠로시Nancy Pelosi는 의장직을 공화당 존 보너John Boehner에게 넘겨주었고, 오바마 대통령이 상원에서 정치적 어젠다를 추진하기가 사실상 불가능해졌다. 갤럽 조사에 의하면 당시 전체 미국인의 32%와 공화당 지지자의 61%가 자신을 티파티 지지자로 생각한다고 답변했다.[38]

오바마는 2012년 재선에 성공했지만 그의 정당은 2014년 중간선거에서 큰 손실을 입었다. 공화당은 하원에서는 13석을, 상원에서는 9석을 얻었다. 상원에서의 공화당 의석 확대는 몇십 년 만의 가장 큰 정당 구도 개편으로, 공화당은 다시 상원을 장악하게 되었다.

이로써 공화당은 상원과 하원에서 모두 다수당이 되었다. 오바마는 대통령 임기 마지막 2년간 공화당이 장악한 의회를 통해 어떠한 실질적인 법률도 통과시킬 수 없었다. 그의 정책을 추진하기 위해서는 행정명령을 발령하는 것 외에는 다른 수단이 없는 상황이었다. 민주당으로서는 2009~2010년 연방정부를 지배했던 좋은 시절이 지나가버린 것이다.

소득 불평등

미국 최상위 부자들의 총자산은 ≪포브스Forbes≫의 억만장자 리스트에 보도된 바와 같이 지난 10여 년 동안 2배 이상으로 늘었다.[39] 10년 전에는 상위 400인의 개인들이 1조 달러가량을 주물렀으나, 이제 그들의 부富는 2조 달러 이상으로 늘어났다.[40] 경제학자인 마르코 카게티Marco Cagetti와 마리아크리스티나 드나르디Mariacristina De Nardi는 1%의 미국인이 미국 전체 부의 3분의 1가량을 소유하고 있음을 알려준다.[41]

경제학자인 토마 피케티Thomas Piketty와 엠마누엘 사에즈Emmanuel Saez는 지난 세기 동안에 소득 집중이 얼마나 심화되었는지 상세히 기록하고 있다. 〈그림 3-4〉는 1913~2012년 사이 상위 1% 소득자가 축적한 과세 전 소득의 몫을 보여주는 것이다.[42] 대공황의 시발점이 된 주식시장 붕괴 전년인 1928년에는 상위 1%의 소득자들이 미국의 전체 소득의 21.1%를 벌어들였다. 그 후에 50년에 걸쳐 이 비율은 1976년 8.3%까지 떨어졌고, 그러고 나서 2007년에는 21.5%까지 올랐다. 대침체기 이후 2011년에는 그 비율이 18.8%로 줄었다가 2012년에는 다시 19.6%로 늘어났다.[43] 이러한 숫자들은 오늘날 소득 집중이 1920년대와 유사하며 제2차 세계대전 전후戰後 시대보다도 2배 이상 증가했음을 보여준다.

보다 자세한 통계를 보면, 과세 후 대부분 노동자의 소득은 1979~2009년 기간 중 정체 상태였으나, 상위 1% 집단의 소득은 급격히 증가했음을 알 수 있다. 노동자들을 4개 그룹으로 나누어 과세 후 실질 소득 변화율 기록을 보면, 조사 대상 기간 30년 동안 상위 1%의 소

그림 3-4 1913~2012년 기간 중 소득 불평등

세전 소득 상위 1퍼센트 비율(%)

자료: Thomas Piketty and Emmanuel Saez, "Income Inequality in the United States, 1913-1998," Quarterly Journal of Economics, Vol. 118 (2003), pp. 1-39. 1999~2008년 기간의 수치는 엠마누엘 사에즈의 웹페이지(http://emlab.berkeley.edu/users/saez) 참조.

득은 155% 증가했고, 그다음 19%의 소득은 58% 늘어났으며, 그 아래 중산층 60%의 소득은 45% 증가했고, 맨 하위 20%의 소득은 37% 증가했다.[44] 그리고 『21세기 자본Capital in the Twenty-First Century』의 저자인 토마 피케티의 주장이 옳다면 돈은 앞으로 더욱더 집중될 것이다. 그는 지난 200년에 걸쳐 여러 나라의 데이터를 살펴보면 자본의 가치 상승이 경제 전반, 특히 임금 상승을 앞지르고 있다고 주장하고 있다. 이는 이미 많은 금융자산을 가진 사람들에게 혜택이 돌아가고 전반적인 부의 집중이 더 심화함을 의미한다.[45]

소득 격차를 측정하는 또 다른 방법으로 지니계수가 있는데, 이는

1912년 이탈리아의 사회학자 코라도 지니Corrado Gini가 개발한 경제 측정지표로서 여러 국가의 경제적 불평등을 보여주는 데 이용되었다. 지니계수는 0부터 1까지 나타나는데, 0은 모든 사람이 똑같은 소득을 번다는 것이고, 1은 한 사람이 모든 소득을 다 가져간다는 것이다. 1950년 미국의 지니계수는 약 0.38이었으며 1970년에는 0.35로 떨어졌으나 2010년에는 0.45로 늘어났는데, 이는 지난 60년에 걸쳐 소득 불평등이 상당히 크게 확대되었음을 보여주는 것이다.[46]

소득 분배가 얼마나 중요한지 보여주는 징표로서 소득 불평등이 심화하면서 여러 사회집단 간 격차가 확대되고 있는 점을 들 수 있다. 예를 들어 지난 25년에 걸쳐 백인과 흑인 간 부의 격차는 거의 3배로 증가했다. 1984년 백인과 흑인 가계의 재산 차이는 8만 5000달러였으나, 2009년에는 23만 6500달러로 확대되었다. 주택 보유와 교육 수준, 자산 상속에서의 격차는 대부분 이러한 차이에서 비롯된다. 연구자들에 의하면 "백인의 주택 보유율은 흑인보다 28%나 높다".[47] 하버드 대학교의 제니퍼 혹실드Jennifer Hochschild 교수 등이 지적한 바에 의하면, 정책 결정자들은 이러한 추세가 사회통합과 정치적 대표성에 미치는 영향을 심각하게 숙고할 필요가 있다.[48]

부의 집중 현상은 단지 미국에서만 일어나는 것이 아니라 전 세계의 많은 나라들에서도 나타나고 있다. 토마 피케티와 가브리엘 주크먼Gabriel Zucman의 연구 결과에 따르면 오스트리아, 캐나다, 프랑스, 독일, 영국, 이탈리아, 일본, 미국 등 8개 선진국에서 부富는 소득보다 훨씬 빠르게 증가한 것으로 나타났다. 그들은 "이러한 나라에서의 소득 대비 부의 증가율은 1970년 200~300% 범위에서 2010년에는 400~600% 범위로 증가했음"을 발견했는데, 이는 해당 기간에 부

의 집중이 2배로 이루어졌음을 의미한다.[49]

불평등한 현실은 많은 나라에서 큰 관심을 모았다. 미국에서는 사회민주주의자인 버니 샌더스가 2016년 대통령 후보 경선 과정에서 미국의 억만장자와 소득 불평등을 공격하면서 상당히 많은 유권자들의 관심을 이끌어냈다. 그는 경제적 혜택이 노동자 계급이 아니라 최상위 부유층에게 부당하게 흘러들어 가고 있으며, 이는 예전보다 경제성장이 둔화되는 원인의 하나라고 주장했다. 샌더스는 중산층이 자기 스스로 더 나은 미래를 만들어나갈 수 있도록 대학 등록금을 무료로 하고, 한 가정에서 한 사람만 보험료를 납부하는 건강보험제도를 도입하는 등, 더 많은 정부 차원의 지원 계획이 중산층에게 제공되어야 한다고 주장했다.

전 세계적으로 본다면 2008년에 상위 1% 소득자가 전 세계 부의 40.1%를 소유하고 있으며, 이는 미국에서 상위 1% 소득자가 미국 전체 부의 3분의 1 이상을 소유하고 있는 것보다 많은 비율이라고 유엔 세계개발경제연구소World Institute for Development Economic Research는 밝혔다.[50] 전반적으로 지난 2세기에 걸쳐 전 세계 소득의 지니계수는 크게 증가해왔다. 세계은행의 경제학자 브란코 밀라노비치Branko Milanovic에 의하면 소득 불평등은 1820년에 0.43였는데 1850년에는 0.53, 1870년에는 0.56으로 증가했으며, 이러한 추세는 20세기에 들어서도 지속되어서 1913년 0.61에서 1929년에는 0.62로 증가했고, 1960년에는 0.64, 1980년에는 0.66, 2002년에는 0.71로 계속 늘어났다.[51]

트럼프주의와 국경 통제

최근 몇 년 동안 미국 국경을 통해 사람들이 자유롭게 들어오는 것과 관련해 일자리, 국가 주권, 테러, 문화적 가치 훼손 등을 우려하는 미국인들의 반발이 일고 있다. 미국 내에서 '미등록'(또는 '불법') 이민자를 막기 위해 멕시코와 접한 남쪽 국경을 따라 장벽을 세우자는 요구가 제기되어왔다. 공화당 대통령 후보 시절 도널드 트럼프에 의해 널리 알려지게 된 이 발언은 미국의 국경 안보에 대한 우려와 영토 보전에 대한 커가는 두려움을 드러내는 것이다. 미국이 외국으로부터 위협받는 시기에 자국의 국경을 보호할 수 없다면, 미국인이라는 것이 무슨 의미가 있으며, 어떻게 한 국가로서 적을 상대할 수 있을 것인가에 대한 논쟁이 일고 있는 것이다.

정책 문제에서의 우경화가 금융위기 이후에 나타난 것이 이례적인 일은 아니다. 경제학자 마누엘 풍케Manuel Funke와 모리츠 슐라리크Moritz Schularick, 크리스토프 트레베슈Christoph Trebesch가 지난 140년 동안 발생한 금융위기들을 분석한 바로는, "정부의 다수파가 위축되고 양극화가 심해짐에 따라 정책의 불안정성이 크게 높아진다. 위기 뒤에 유권자들은 특히 극우적인 정치 구호에 끌리는 것으로 보이며, 종종 소수자와 외국인을 탓하기도 한다". 이 학자들은 이어서 "금융위기 이후에는 극우 정당의 득표율이 30%나 증가한다"라고 지적했다.[52]

보수파 지도자들은 경제 침체와 국경 안보 문제를 멕시코 이민자, 중국과의 불공정한 교역, 중산층 노동자들의 부富 감소와 연계시키고 있다. 그들의 논리를 따르자면, 국경 문제는 서방 국가들을 괴롭

히는 더 일반적인 문제들의 징후다. 이민자들이 통제 없이 들어오는 것은 국가의 정체성과 국내 치안, 국가 전체의 경제적 복지와 관련된 문제들을 야기한다. 국경 통행 인구를 제대로 통제하지 못하면 자국의 미래를 이끌 국가의 능력이 줄어들게 된다고 그들은 보고 있다.

국경 안보에 대한 우려는 유럽에서도 큰 정치적 문제가 되고 있다. 많은 국가가 시리아, 북아프리카, 아프가니스탄 난민 위기를 타파하기 위해 고심하면서 이민자들을 단속하고 국경 안보를 강화하고 있다. 헝가리와 오스트리아, 마케도니아는 울타리나 벽을 설치해 국경을 차단했다. 덴마크 등 다른 국가들은 자국에 들어와 가족과 재결합할 수 있는 자격에 관한 규정을 강화했다.

미국에서는 트럼프가 이민에 대한 강경 노선과 반대자에 대한 거친 말투로 대중적인 지지를 얻었다. 특히 2015년 캘리포니아 샌버너디노와 2016년 플로리다 올랜도에서의 테러 공격 이후 그의 인기는 높아갔다. 국경 문제에 강경한 자세를 보이며 모슬렘에 대한 공격적인 표현을 내뱉는 이 공화당 대통령 후보에게 대중들이 큰 지지를 보낸 것을 보고 전문가들은 놀라지 않을 수 없었다.

선거운동 기간 내내 뉴스는 트럼프의 손안에서 놀아났다. 평론가 노먼 온스타인Norman Ornstein에 의하면 "거의 모든 트럼프 선거운동 대회가 실시간으로 보도되었다. 트럼프의 충격적인 말과 행동은 모두 큰 관심을 받았다".[53] 쉴 새 없이 터져 나오는 것 같은 언론보도는 2016년 대선 전 몇 달 동안 뉴스를 지배했다. 이때 언론보도를 분석한 바에 의하면 트럼프는 다른 어떤 경쟁자보다도 신문 기사와 텔레비전 방송에서 훨씬 많은 지면과 시간을 차지했다.

일부 유권자에 대한 트럼프의 호소력을 분석한 사회과학자들은 그들 간에 분명히 어떤 권위주의적인 성향이 있음을 발견했다. 트럼프를 좋아한 사람들은 그가 많은 문제에서 견지한 거칠고 비타협적인 태도를 좋아했다. 연구원인 매슈 맥윌리엄스Matthew MacWilliams는 여론조사 자료를 분석하면서, "권위주의적인 사람들은 복종한다. 그들은 강한 지도자들에게 모여들고 따른다. 그리고 특히 그들이 위협을 느낄 때에는 아웃사이더들에게 공격적으로 대응한다"라고 결론 내렸다.54

추가로 다른 나라의 여론조사 자료를 보더라도 우익 정치인 지지와 자유무역 및 글로벌화로 야기된 경제적 불안 사이에 어떤 관련이 있는 것으로 나타났다. 여론조사 정보를 심층 분석하여 미국 국가경제연구소National Bureau of Economic Research에 제출한 보고서에서 연구자들은 "교역이 가져온 경제적 혼란은 많은 사람을 지난 20년에 걸쳐 우익 극단주의자로 몰아갔다"라고 언급했다. 메가체인지의 요인을 설명하는 어떤 해석과 상통하는 한 주장에서, 연구자들은 글로벌화로 나타난 경제 요인들 때문에 유권자들이 과격해졌고 "극우정당의 지지도를 크게 상승"시키는 결과가 뒤따랐다고 판단했다.55

일부 전문가는 더 나아가 트럼프가 미국에서 파시즘을 촉발하는 계기가 되고 있다고까지 말한다. 작가인 에즈라 클라인Ezra Klein은 트럼프 선거운동에 스며든 '폭력의 이데올로기'에 대해 공개적으로 우려를 표명했다. 트럼프 반대 시위자들이 협박과 구타를 당하는데도 후보자인 트럼프 자신은 오히려 추종자들을 자극하며 말했다. "반대자들을 사정없이 두들기세요. 소송 비용은 내가 대신 지불할 것임을 약속합니다."56 지지자들과 반대자들 간의 극심한 대립을 고려하면 트럼프 유세장 곳곳에서 폭력이 발발했다는 것은 크게 놀라운 사실

이 아니다. 트럼프 반대자들은 여러 행사장에서 끌려 나가면서 얻어 맞고 야유를 받았다.[57]

브루킹스 연구소 수석 연구원인 로버트 케이건Robert Kagan은 트럼 프가 인종적, 민족적 증오감과 함께 억센 기질을 위험스럽게 뒤섞어 보여준다고 주장한다. "그가 내놓는 것은 고집스러운 태도, 거친 힘 과 남자다움을 과시하는 분위기, 그가 주장하고 그의 추종자들이 믿 는 미국의 나약함과 무능을 낳은 민주적인 문화의 섬세함을 공공연 하게 무시하는 행위들이다. 앞뒤가 맞지 않고 모순적인 그의 발언에 는 한 가지 공통점이 있다. 즉 약간의 두려움, 증오, 분노와 뒤섞인 분 개와 무시의 감정을 불러일으키고, 이를 이용한다는 것이다. 그가 공 개석상에서 하는 이야기들은 모슬렘, 히스패닉, 여성, 중국인, 멕시 코인, 유럽인, 아랍인, 이민자, 난민 등 광범위한 '타인'을 공격하고 조롱하는 내용으로 채워져 있는데, 이러한 타인들을 그는 위험스러 운 것이나 조롱의 대상으로 표현하고 있다."[58]

사회적, 경제적으로 상당히 큰 변화가 일어나는 시기에는 불만 요 소가 많다. 중산층 노동자들은 외국의 노동자들에게 일감을 '아웃소 싱'하는 다국적기업과 평균임금 이하로도 기꺼이 일하려는 이민자들 때문에 자신의 일자리가 위협받는다고 느끼고 있다. 외국으로부터 느껴지는 위협과 국내에서 갈수록 치열해지는 일자리 경쟁이 복합 되면서 극단적으로 국수주의적인 정치인이 지지를 받는 주요 동인 이 되고 있는 것으로 보인다. 오늘날 유권자들의 분노와 불안은 지 난 수년간 어느 때보다도 높으며, 이민자와 난민, 국경 안보에 대해 거칠게 이야기하는 자칭 '강한' 지도자의 등장과 밀접한 관련이 있어 보인다.

유럽과 미국에서 공히 테러와 정치적 우경화 간에는 상당히 밀접한 관계가 있다. 트럼프도 테러 공격으로 발생한 불안과 자신의 추종자들 간에는 관련성이 있다고 스스로 지적한 바 있다. 그는 자신의 선거 지원에 관해 협의하면서 "파리에서 사고가 났다. … 갑자기 여론조사 숫자가 치솟았다"라고 말하기도 했다.[59] 억만장자 후보자는 유권자들이 곤궁에 처했다고 느끼면 위협이라고 느껴지는 것, 특히 모슬렘과 이민자들에 대한 원색적인 말과 공격적인 정책을 좋아하게 될 가능성이 높아진다는 것을 이해하고 있었다. 그의 날카로운 언변은 지난 수십 년 동안 진행되었던 것보다 더 많이 마초 정치와 자유가 제한된 민주주의로 몰고 갔다.[60]

미국 국내의 빠른 변화 속도

지난 몇십 년 동안 미국은 국내 여론과 공공정책에 큰 변화를 겪었다. 종교와 세금, 정부 지출, 마리화나 사용, 동성결혼, 건강보험, 소득 불평등, 국경 통제 등에 관한 여론에 커다란 변화가 있었고, 이러한 주제 가운데 일부는 아직도 실제 정책에서 중요한 안건이다.

어떤 경우에는 선거가 기폭제가 되어 공공정책이 변했다. 예를 들어 1980년과 1994년, 2000년의 선거는 특히 미국을 우경화하는 데 결정적인 역할을 한 반면, 2008년 선거는 일시적으로 국민들의 생활을 좌경화했다. 다른 경우에는 미국 사회 전반에 스며든 풀뿌리 변화 때문에 공공정책이 변했다. 구체적인 예로서 동성결혼과 마리화나의 합법화와 같은 변화는 선거보다는 미국 사회 전반에 걸친 광범위한 변화에 의해 이루어졌다. 국경 안보에 대한 우려는 국수주의적 정치인들과 테러, 범죄, 외국에서 발생한 질병의 위험성에 대한 언론 보도에 의해 주도되었다. 때로는 국제적인 상황이 국내정책 결정에 반영되고 미국에 대한 위협을 부각하기도 했다.

최근 몇십 년간을 전체적으로 볼 때 다양한 변화가 다각적인 방향으로 일어났다. 1980년대에는 1960년대와 1970년대의 변화에 대한 사회적 반작용이 레이건 혁명의 일환으로 일어나 정치적 변화와 함께 미국을 보수주의적인 방향으로 움직이게 했다. 그러나 이러한 변화는 동성결혼과 마리화나 합법화에서 보듯이 자유주의적인 방향으로 문화를 이끈 사회적 변화를 막지 못했다. 그러나 최근 몇 년 동안 다수 유권자는 글로벌화와 국경 안보, 국내외에서의 분명히 드러나는 위협을 우려하게 되었고, 이러한 우려는 미국의 일부 현안을 더욱 국수적인 시각으로 바라보게 했다. 이러한 정서가 광범위한 이민법 개혁을 가로막았으며, 의회가 국가안보와 국경보호를 위해 예산을 증액하게 했다.

여러 면에서 급격한 변화는 이제 미국 정치에 새롭고 지속적인 현상이 되었는데, 이는 특정 정책에 대한 입장이 보수주의에서 자유주의로, 그리고 다시 국수주의로 변해갈 때도 나타났다. 다각적인 변화야말로 정녕 최근 몇 년간의 특징이라 할 만하다. 한 방향으로의 변화는 반대자들을 집결시키고, 반동의 씨앗을 뿌린다. 이는 어떻게 미국이 다양한 양상의 대규모 변화를 겪고 있는지를 설명해준다. 어떠한 단일한 사회적, 정치적 세력도 장기간 주도권을 쥐기는 어렵다.

제4장
—
테르미도르의 반동

*

1794년, 프랑스의 혁명 지도자 막시밀리앙 로베스피에르가 체포되어 참모들과 함께 처형당했다. 정확히 1년 전에 이 자코뱅당 정치인들은 루이 16세를 단두대로 보냈고, 노예제를 철폐했으며, 프랑스에서 봉건적 특권을 종식시켰다. 포퓰리즘과 민주주의를 향한 열망에 젖어 공안위원회를 구성한 그와 추종자들은 '공포정치'를 시작했고, 결국 폐위된 왕의 지지자 수천 명을 처형했다.[1]

그러나 도를 넘는 정치는 반혁명의 불씨가 되어 끝내 종말을 불러오고 말았다. 왕을 처형하고 얼마 지나지 않아 그들 중 20여 명이 반대파에 의해 재판도 거치지 않은 채 즉결로 죽음을 당했다. 국민공회 소속 지도자들이 정부의 통제권을 장악하고, 나중에 테르미도르 공회Thermidorian Convention라고 부르게 된 체제가 시작되었다. 역사학자들은 혁명을 급격하게 다른 방향으로 돌려버린 이 반反쿠데타를 '테르미도르의 반동Thermidorian Reaction'이라고 부른다.[2]

혁명 와중의 프랑스에서 나타난 이 커다란 혼란의 시기에 걸맞게 테르미도르 공회는 나폴레옹 보나파르트가 군사 쿠데타로 정권을 장악하기까지 5년밖에 지속되지 않았다. 쿠데타와 반쿠데타를 지나 군사독재로 이어진 이 시기는 메가체인지의 시대가 종종 예측하지 못한 길로 접어드는 반혁명의 불씨를 뿌린다는 것을 보여준다. 혁명은 그 자체 성격상 원만하고 일관성 있는 방향으로 나아가는 경우가 거의 없다.

이 장에서 필자는 더 최근의 테르미도르의 반동이라고 부를 만한 여러 사례를 살펴보고자 한다. 보수주의자의 반동을 유발한 1960년대의 자유주의 항거, 흡연에 대한 시각 변화, HIV/에이즈AIDS에 대한 정서 변화, 요한 바오로 2세와 베네딕토 16세 교황에서 프란치스코 교황으로 바뀐 가톨릭 교회, 미국의 쿠바와의 외교관계 수립 등을 다룰 것이다. 이를 통해, 메가체인지 시대에는 한쪽에서 다른 한쪽으로 요동치는 현상이 나타날 수 있다는 것을 보여주려 한다. 급격한 변화가 있는 시기에도 혁명은 미완의 것이 되고 때로는 스스로 종말을 향해 가는 씨앗을 품고 있다.

1960년대 항거가 반동을 낳기까지

제2차 세계대전 이후 미국은 전쟁 승리가 가져온 유리한 여건을 잘 누렸다. 국내적으로는 경제가 빠르게 성장해서 중산층이 번성했다. 정치는 좌우 이데올로기에서 중립을 취하면서 대부분 그런대로 제 기능을 발휘했고, 흥정과 타협, 협상을 통해 대부분의 변화는 점진적으로 이루어졌다.

그러나 1960년대부터 시작해서 그 이후로 큰 변화의 탄력이 가속화되었다. 시민권 운동이 급격히 고조되기 시작했다. 마틴 루서 킹 주니어 목사는 1963년 워싱턴 D.C.에서 한 "나에게는 꿈이 있습니다"라는 연설로 커다란 관심을 끌었다. 흑인도 정의를 누릴 수 있고 백인과 같은 기회를 가질 수 있는 땅을 만들자고 외치면서 킹 목사는 희망을 주는 언변으로 언론으로부터 극찬을 받았다. 대중 시위로 발발된 미디어와 대중의 관심은 그 이후 몇 년간 시민권과 투표권에 관한 주요 입법의 기초를 놓는 데 밑거름이 되었다.[3]

1960년대 말에는 베트남전쟁에 반대하는 운동이 일어났고, 풀뿌리 운동가들은 강력한 반전운동을 조직했다. 특히 젊은이들은 왜 미국이 지구 반대편에서 일어나는 전쟁에 수만 명의 군대를 파견해야 하는지 이해하지 못했다. 이러한 갈등은 정부가 도덕과 선한 정치적 판단을 모른다는 사실을 나타내는 또 하나의 징조에 지나지 않았다.

군사적 긴장이 고조되는 데 맞서기 위해 청년들은 워싱턴 시가지에서 행진했고, 대학 캠퍼스에서 지역적인 항의 시위를 조직했으며, 대학 행정기관 건물을 점거하고, 대중적인 반전 의식 고조를 도모했다.[4] 그들은 곧바로 전쟁을 끝내게 하는 데는 성공하지 못했지만, 고등교육에 커다란 변화를 이끌어냈다. 더 많은 자유를 원하는 학생들과 직면해서 많은 대학이 '부모 같은 입장에서' 개인의 행동을 구속하던 것을 그만두고, 남녀 공용 기숙사를 지었으며, 교육과정 조건도 자율화했다.[5]

같은 시기에 여성들도 갈수록 자신들이 당하는 불공평한 대우에 반기를 들기 시작했다. 글로리아 스타이넘Gloria Steinem과 벨라 앱저 그Bella Abzug, 베티 프리던Betty Friedan과 같은 지도자들은 남녀 불평 등에 대해 공공연하고 강력하게 반대했다. 그들은 남녀 차별과 편견에 불만을 갖고 차별반대 법률의 입법화를 위해 싸웠다. 수십 년 전 여성 참정권 운동가들과 같이 그들은 반대파들의 조롱을 참아내야 했고, '여성해방'이라는 대의를 위해서 정치적인 지지를 구축하고자 고군분투했다.

1972년 그들은 의회가 양성평등 헌법 수정안에 동의토록 하는 데 성공했다. 양성평등권이라는 전체적인 목적 아래 제안된 헌법 수정안은 고용과 임금에서부터 화장실에 이르기까지 모든 사항에 대해 요란스러운 논쟁을 불러일으켰다. 수정안은 35개 주에서 비준받았지만, 4분의 3 이상의 주(38개 주)가 찬성해야 한다는 한계를 넘지 못해 부결되었다.[6]

이러한 각각의 사회운동은 사회적 소수자, 청년, 여성들에게 어느 정도 성공적인 결과를 가져다주었다. 지지자들은 새로운 법률과 제도 개혁에 압력을 가하고 태도와 행동 변화를 이끌 수 있었다. 사회적, 정치적 과정이 개방되었고, 소외층이 출세할 기회가 생겼다.

그러나 1960년대 시위는 향후 수십 년간 지속된 문화적, 정치적 반작용을 불러일으켰다. 전형적인 테르미도르의 반동으로서 반체제 문화가 일어나 주류를 위협하고, 사회를 과거로 회귀시키려는 노력으로 이어졌다. 1960년대는 '침묵하는 다수'라 부르는 대중들을 동원해 매우 다양한 분야에서 여러 안건을 밀어붙인 리처드 닉슨 같은 정치인과 함께 막을 내렸다.[7]

지금도 그렇지만 당시 보수주의자들은 1960년대 저항운동과 관련해서 생활양식이 변하는 것을 우려했다. 그들은 젊은이들 사이의 마약 사용과 혼음이 장기적인 사회 건전성을 위협한다고 보았다. 그들은 또한 여성의 평등권과 인종적 소수자의 시민권을 지지하지 않는 사회의 한 측에서 사회적, 정치적 변화를 추진하는 사회운동가적인 연방정부를 불안한 눈으로 바라보았다. 역사학자 스티븐 프로시로Stephen Prothero에 의하면 "문화전쟁이라는 것은 보수주의적인 프로젝트로서, 구질서의 상실과 새로운 질서의 등장을 우려하는 사람들에 의해 시작되고 수행되는 것이다".[8]

거리 시위와 도시 폭동, 문화적 자유화에 대한 불확실성으로부터 오는 반발을 인식하고 닉슨이나 로널드 레이건과 같은 정치가들은 나라가 옳지 않은 방향으로 움직이고 있으며 미국은 혼란과 격동의 시기에 직면해서 질서와 안정이 필요하다고 주장했다. 이러한 지도자들은 각기 자신이 1960년대의 지나친 변화로부터 나라를 지키는 보호자임을 자처했다.[9]

이와 유사한 주장들이 정치 대화를 크게 바꾸어놓았다. 수십 년간 공화당은 자주 연방 차원에서, 그리고 갈수록 점차 다수의 주 차원에서도 주요 선거관리 기관을 통제하려 했다. 사회적 보수주의와 정부 권한 제한을 지향하는 그들의 메시지는 많은 유권자에게 반향을 불러일으키며 미국 시민의 담론을 지배했다. 1960년대 정서와 함께 사회의 여러 측면, 특히 생활양식의 선택 문제에서 자유화가 지속적으로 이루어지는 동안 보수적인 정치 지도자들은 감세, 정부 규제 및 낭비의 감축, '복지정책 악용'과 과도하게 정부 지원에 의존한다고 지적받는 이들에 대한 강력한 단속 등을 약속하면 큰 성공을 거둔다는 것을 알게 되었다. 1960년대의 진보적 경향성에도 불구하고 이러한 선출직 공직자들은 국가정책을 더 보수적인 방향으로 이끌었다.

수십 년 뒤에 한 전국적인 설문조사는 1960년대 문화적 변화로 촉발된 당파적 의견 차이가 깊다는 사실을 보여주었다. 오늘날 미국 문화와 1950년대 미국 문화 중 어느 것이 더 나은지 여부를 물은 2013년 설문조사에서 민주당 지지자의 59%가 오늘날 미국 문화가 낫다고 답변한 반면, 공화당 지지자와 티파티 지지자의 경우는 각각 31%와 22%만이 오늘날 미국 문화가 더 낫다고 응답했다.[10] 문화적 변화의 시대에 걸맞게 이러한 변화에 대해 다양한 관점을 가진 사람들이 다양한 평가를 내리고 있다.

흡연 반대 의견과 정책

1960년대까지 줄곧 흡연은 미국에서 널리 인정되었고, 공공정책도 사람들이 어디든 원하는 곳에서 담배를 피울 수 있도록 허용했다. 비행기 기내, 직장, 바, 레스토랑에서도 흡연이 가능했다. 텔레비전이나 영화에서 등장인물이 담배를 피우는 것도 흔하게 볼 수 있었고, 흡연자는 '쿨'하고 세련된 사람인 양 여겨졌다. 공공장소에서 담뱃불을 붙이는 것은 전혀 이상한 행동이 아니었다. 담배회사들은 여성의 흡연을 권장하기 위해 '슬림'한 담배들을 시장에 내놓기도 했다.

그러나 흡연과 관련해서 건강상 위험요소가 있다는 과학적 연구가 나오자 사정이 달라지기 시작했다. 1964년 처음으로 미국 공중위생국 보고서에서 흡연과 다양한 질병 사이에 어떤 연관성이 있다는 주장이 나왔다. 보고서에서 루서 테리Luther Terry는 담배 연기 속의 화학물질에 노출되면 암과 심장질환의 위험성이 높아지고, 따라서 흡

연자나 주위 사람들에게 치명적일 수 있다고 주장했다.[11]

건강에 위험하다는 증거가 갈수록 늘어나자 미 의회는 궐련 라벨링과 광고에 관한 1965년 연방법을 통과시켰다. 이 법은 궐련 포장에 건강 경고문을 집어넣고, 건강과 흡연에 관한 연간 보고서를 작성하며, 궐련의 방송 광고를 금지하는 것 등을 규정했다.[12] 1988년에는 연방항공법을 개정해서 비행시간이 2시간 이내인 국내선 항공기 내에서의 흡연을 불법으로 규정했다. 12년 뒤에 제정된 연방법은 미국과 외국 공항을 오가는 모든 항공기 내에서까지 흡연 금지를 확대했다.[13]

1980년대 말 주요 도시에서 시작해 점차적으로 전국에 걸쳐 여러 주와 지방들이 직장과 레스토랑, 바 등에 비흡연자의 건강 보호를 위해 흡연을 금지했다. 또한 이 중 많은 곳이 관내 담배 광고와 판매, 특히 18세 미만의 아동들에 대한 광고와 판매에 제한을 가했다.[14] 뉴욕과 매사추세츠 니드햄 등 약 100개 도시와 하와이 주는 담배를 살 수 있는 최소 나이를 21세로 높였다.[15]

이러한 정책 변화와 함께 대중의 행동과 시민들의 의견에도 큰 변화가 있었다. 〈그림 4-1〉에서 보는 바와 같이 갤럽 조사에 담배를 피우고 있다고 답변한 미국인의 비중이 1955년 45%로 정점을 이루었다가 2014년에는 21%로 떨어졌다.[16] 이 같은 흡연자 감소는 여러 해에 걸쳐 일어난 개인 보건행동 변화 가운데 가장 큰 것 중 하나였다. 일반적으로 개인적인 행위를 바꾸는 것은 어려운 일이고, 특히 중독성 있는 행위는 더욱 그렇다. 그러나 흡연의 경우에는 건강에 대한 우려와 주변의 압력에 공공정책 등이 더해져 실제 개인의 행동에 변화가 일어나게 되었다.

그림 4-1 1944~2014년 미국의 흡연자 추세

비율(%)

자료: Gallup Poll, "Tobacco and Smoking," April 8, 2015.

이러한 개인의 행동 변화는 흡연에 대한 대중의 선호가 크게 변화한 상황에 동반된 것이기도 하고, 영향을 받은 것이라고도 할 수 있다. 흡연 인구 비율이 가장 높았을 때에도 다수 미국인은 담배를 피우지 않았기 때문에 비흡연자들의 영향력이 컸다는 것은 놀라운 일이 아니다. 예를 들어 공공장소에서의 흡연은 불법으로 금지되어야 한다고 답변한 사람의 비율은 2003년 31%에서 2014년에는 56%로 높아졌다(〈그림 4-2〉 참조). 이는 공공장소 금연 정책에 강경한 입장을 취한 사람들의 비율이 거의 2배가 되었음을 보여준다.

이러한 미국의 금연 정책 중 다수는 다른 나라에서도 점차 일반화되고 있다. 아직도 흡연 문화가 강하게 자리 잡고 있는 중국과 러시아 같은 국가에서는 흡연 제한 정책을 시행하기가 어려운 상황이기는 하지만 유럽의 많은 나라와 라틴아메리카, 오스트레일리아와 뉴질랜드, 카리브 연안 국가, 아시아와 아프리카 일부 국가에서는 흡연을 단속하고 있다. 흡연이 미화되고 있고 현지 대기업이 담배 사업

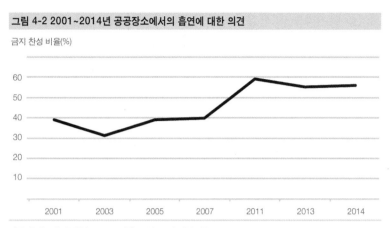

그림 4-2 2001~2014년 공공장소에서의 흡연에 대한 의견

금지 찬성 비율(%)

자료: Gallup Poll, "Tobacco and Smoking," April 8, 2015.

을 하고 있는 프랑스와 인도네시아 같은 나라에서도 흡연 제한이 입법화되었다.[17] 이러한 움직임에는 직장과 레스토랑, 공공장소에서의 흡연 제한이 포함되어 있다. 심지어 오랫동안 흡연 문화의 천국이라고 여겨졌던 파리의 레스토랑과 카페에서도 흡연구역이 사라졌다.

인간면역결핍바이러스와 에이즈

1980년대 초 후천면역결핍증(에이즈AIDS)으로 알려지게 된 인간면역결핍바이러스HIV는 일차적으로 동성애자에게 감염되는 것으로 널리 여겨져서 사회 전체적으로는 하찮고도 위협적이지 않은 것으로 인식되었다. 이는 소외계층의 질병이었기에 연방정부는 그 병의 규명에는 물론이고 치료와 예방에는 더더욱 예산을 지출하지 않았다. 치명적인 전염병이 드러날 때에도 레이건 행정부는 이 새로운 건강

위기를 대처하는 데 사실상 아무것도 하지 않았다.

그러나 1984년, 혈우병을 앓고 있던 인디애나 주 작은 마을의 소년 라이언 화이트가 수혈 중에 이 병에 감염되는 일이 일어났다. 다른 학생들에게 감염될 가능성이 매우 낮음에도 불구하고 코코모 시 교외의 중학교가 그를 수업에 나오지 못하게 하자 이 소년에게 전국적인 관심이 집중되었다. 이 질병이 어떻게 전파되는지에 관해 알려진 바가 거의 없었던 탓에 지역사회는 소년이 다른 학생들과 교실에 함께 앉아 있는 것을 격하게 반대했다.

학교의 부당한 조치는 전국 언론에 엄청나게 보도되었고, 이 병이 어떻게 확산하고 어떤 사람들에게 발병하고 있는지에 대해 상당한 대화가 이루어지도록 자극했다. 우연히 뉴스의 소용돌이에 휘말린 아무것도 모르는 어느 소년을 통해서 전국적인 토론을 촉발했고, 이 병에 대한 사람들의 이해를 넓혔다. 이 사건은 대대적인 교육의 계기가 되어 에이즈 감염과 치료에 대한 사람들의 이해를 근본적으로 바꾸어놓았다.

농구선수 매직 존슨, 배우 록 허드슨, 테니스 스타 아서 애시 등 유명 인사들이 HIV에 감염된 것이 알려지자 더 많은 대화가 오가고 더 많은 연방정부 예산이 투입되었다. 1981년 연방정부는 HIV 연구를 위해 약 2억 달러의 예산 지원안을 내놓았다. 예산은 1980년대에 지속적으로 증가해 1989년도에는 13억 달러에 달했다.[18]

인디애나 주 작은 마을 학생에 대한 언론보도가 쏟아져 나온 뒤 거의 6년이 지나 그가 사망한 1990년, 미국 의회는 소년의 이름을 딴 라이언 화이트 보건법Ryan White Care Act를 통과시켰다. 이 질병을 앓는 사람들을 위해 추가 예산을 지원하는 법안이었다. 〈그림 4-3〉에

그림 4-3 1981~2009년 HIV/에이즈 관련 연방정부 예산

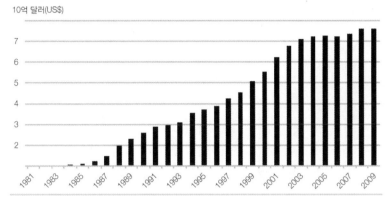

10억 달러(US$)

자료: Judith Johnson, "AIDS Funding for Federal Government Programs: FY1981-FY2009," April 23, 2008, Congressional Research Service.

서 보는 바와 같이 1995년 연방 예산은 27억 달러에 달했고, 2000년에는 45억 달러, 2005년에는 63억 달러, 2009년에는 66억 달러로 계속 증액되었다.[19]

정부 예산을 쏟아붓자 질병을 다루는 방향이 근본적으로 바뀌었다. 동성애 인권운동 활동가 래리 크레이머Larry Kramer에 의하면 "라이언 화이트는 이 질병의 얼굴을 바꾸어놓았고, 누구보다도 사람들을 움직였다는 데서 더 큰 의미가 있다".[20] 그의 개인적인 용기와 고통은 공공정책의 변화를 이끌었고, 이 질병에 대한 이해도를 높였다.

흥미로운 것은 연방 예산이 증액되면서 에이즈에 대한 대중의 관심이 줄어들었다는 것이다. 〈그림 4-4〉는 미국이 직면한 가장 긴급한 건강 문제로 에이즈를 언급한 미국인들의 비율을 보여준다. 1987년에는 그 비율이 68%에 달했으나, 1990년에는 49%, 2002년에는 17%, 2011년에는 7%로 낮아졌다.[21]

긴급하다고 인식하는 비율(%)

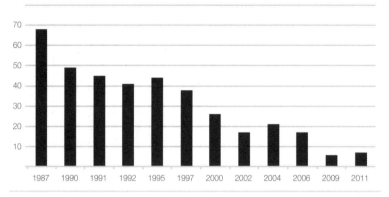

자료: Kaiser Family Foundation, "HIV/AIDS at 30: A Public Opinion Perspective," June 2011, p. 3.

이렇게 관심도가 낮아진 것에 대한 한 가지 설명은 시간이 지남에
따라 일반 대중이 이 질병에 대해서 더 많이 알게 되었고, 그에 따라
HIV/에이즈를 앓는 사람들을 더 편히 대할 수 있게 되었다는 것이다.
1997년 갤럽 설문조사에서 HIV/에이즈에 걸린 사람과 함께 일하는
것을 편하게 생각하느냐는 질문에 대해 단지 32%만이 그렇다고 답
변했다. 그러나 2011년에는 거의 절반(49%)이 편하게 생각한다고 답
변함으로써 이 질병에 대한 사람들의 반응이 크게 개선되었음을 보
여주었다.[22]

여론과 연방정부 예산 양 측면에서 HIV/에이즈에 대한 대중들의
반응은 작은 시작이 얼마나 큰 변화를 이끌어낼 수 있는지 보여준다.
개인의 이야기가 더 큰 문제를 압축하는 것이라면, 특히 그것이 감동
적인 내용이라면, 특정 개인의 차원을 넘어 큰 변화가 이루어질 수 있
다. 언론보도는 어떤 측면을 극화하고 사람들이 현실을 인식하는 방

식에 영향을 미칠 수 있다. 일련의 휴먼스토리가 때로는 이야기를 바꾸고 역사의 방향을 바꾸는 데 강력한 힘을 발휘할 수 있다.

요한 바오로 2세와 베네딕토 16세 그리고 프란치스코 교황

테르미도르의 반동은 정치 영역뿐 아니라 시민사회에서도 전개된다. 예를 들어 1950년대 말에서 1960년대 초 가톨릭 교회는 전 세계에서 일어난 사회적 변화에 맞춰 관행을 현대화하려고 노력했다. 교회 지도자들은 요한 23세 지도하에 제2차 바티칸공의회를 열어 종교적 관행을 좀 더 현재의 생활에 일치하게 만들 길을 모색했다.[23] 공의회에서 중요한 결정이 많이 내려졌는데, 특히 라틴어로만 미사를 집전하는 것에 반대하여 자국어 미사를 허용했다. 또한 신 앞에서의 평등과 만인의 인권이 중요함을 다시 강조하고 관계가 깨져 버린 다른 신앙과 화해를 추구했다.

그러나 노력은 일시적인 것으로 그쳐 지속적인 보수화 경향에 묻히고 말았다. 요한 바오로 2세와 베네딕토 16세 같은 후임 교황들은 더 이상의 개혁에 반대했고, 교리의 순수성을 강조하는 방향으로 교회를 급격히 후퇴시켰다. 그들은 낙태, 피임, 이혼, 동성애, 혼전 성관계 등 세속화 전반에 강경한 입장을 고수했다. 폴란드 출신인 요한 바오로 2세는 공산주의에 대해서도 비타협적 입장이었다. 제2차 세계대전 이후 독재정권 아래에서 고통스러운 생활을 감내했던 그는 공산주의에 반대하는 설교를 하며 자유가 더욱 신장되기를 옹호했다. 또한 그도 낙태에 대한 서구의 자유주의적인 입장과 갈수록 늘어나는 안락사가 생명의 존엄성을 위배하는 것이라고 주장했다. 많은 가톨릭 신자가 여성 사제 서품과 동성애에 관한 교회의 관행을 자유화하기를 원했지만, 요한 바오로 2세는 이러한 노력에 전적으로 반대하면서 교회가 오랫동안 견지해온 정책을 지지했다.[24]

베네딕토 16세는 전임자들을 따르는 교리 집행자였으며, 2005년 교황이 되자 교리 문제에 관해 교회를 계속해서 보수적인 방향으로 밀어붙였다. 도덕적 상대주의와 세속화를 매도했고, 교회의 관행이 비록 현대인들의 견해와 충돌한다고 할지라도 교회는 계속해서 도덕을 인도하는 불빛으로 남아 있어야 한다고 주장했다. 심지어 그는 예배에서 라틴어가 지니는 가치에 대해서 언급하기도 했는데, 이는 이미 1960년대 초에 교회가 대부분 내려놓은 것이었다.

그러나 베네딕토 교황의 임기는 잘 마무리되지 않았다. 재정 관리 부실에 대한 불만과 어린 소년들을 대상으로 한 사제들의 성적 학대 고발 사건을 적절히 처리하지 않은 데 대해 격렬하게 비난받으면서 교회는 큰 혼란에 빠졌다. 비판자들은 베네딕토 교황이 충분히 강경한 행동을 취하지 않았으며 어떤 경우에는 그가 위반 사건을 눈감아 주기도 했다고 주장했다. 이러한 비난 속에 2013년 베네딕토 교황은 건강이 악화해 교황으로서 의무를 다할 수 없다는 이유를 들어 자진 사퇴를 발표했다. 이는 이례적인 일로서, 그는 자발적으로 교황직을 떠난 몇 안 되는 교황 중 한 사람이 되었다.

베네딕토 교황 사임 후 추기경단은 아르헨티나의 호르헤 마리오 베르고글리오Jorge Mario Bergoglio를 새로운 지도자로 선출했다. 그는 아시시의 프란치스코 성인의 이름을 따서 프란치스코라는 교황명을 택했다. 바티칸은행의 재정 관리에 불만을 느끼고 있었으며 개도국

성직자들이 로마가톨릭 지도자 그룹에 충분히 참여하지 못한 점을 우려했던 새 교황은 교회의 관행을 자유화하고 사회적, 경제적 참여를 확대하는 방향으로 나아갔다.[25] 그는 성직자가 저지른 성적 학대를 비난하고, 가난하고 어려운 사람을 돌보는 목자로서의 역할을 강조했다. 전임 교황들과는 반대로 그는 진보적인 사제들을 만났고, 탄압받는 사람들 편에서 강경한 입장을 취하다 1980년 엘살바도르에서 살해당한 자유주의적 교회 지도자 오스카르 로메로Oscar Romero 대주교를 시복(諡福, 교회 내 공적 공경의 대상인 복자福者로 선포함)했다.[26]

프란치스코 교황은 사회적으로 혜택받지 못하는 사람들의 처지에 민감했으며, 교회는 사람들이 교리의 모든 면을 받아들이는지 여부를 떠나 만인을 돌보는 목자의 역할에 더 초점을 맞추어야 한다고 말했다. 이로 인해 그는 동성애와 여성의 교회 내 역할에 관해서도 더 포용적인 발언을 했다. 또한 자신이 교황직을 떠난 뒤에도 이러한 접근 방식이 지속되도록 많은 추기경을 새로 임명했는데, 대부분이 개도국 출신이었다. 그는 이러한 움직임을 통해 차기 교황과 미래의 교리적 결정이 사회정의와 참여라는 원칙에 근거하도록 보장할 수 있기를 희망하는 것으로 보인다.

프란치스코 교황은 사회적, 경제적 변화와 관련해서도 교회 내부에서 새로운 토론을 하도록 촉구했다. 2014년 가족문제에 관한 종교회의에서 그는 '두려움 없이' 공개적으로 이야기해달라고 요청했다. ≪워싱턴포스트≫의 칼럼니스트인 마이클 거슨Michael Gerson은 교황에 대해 이렇게 말한다. "(교황은) 비록 엉망인 상태라 할지라도 어떤 선善을 알아볼 수 있도록, 있는 그 자리에서 사람들을 만나고, 그리고 그 사람들을 더 나은 바로 부르고자 하는 어떤 목자적인 열정을 가지고 있다. 더 나은 바란 안정적인 제도권의 일원이 되는 것이 아니며, 도덕적 종교의 위안을 말하는 것도 아니다. 그것은 예수와의 관계를 말하며, 그로부터 다른 모든 것이 나온다."[27]

2015년 프란치스코 교황은 기후변화와 환경 악화, 사회정의에 관한, 널리 읽힌 회칙을 발표했다. 신학자인 존 지지울라스John Zizioulas는 교황의 기자회견장에서, "생태학적인 위기는 본질적으로 영적인 문제이다. 인간과 지구의 올바른 관계는 외부적으로든 우리 내부적으로든 모두 에덴동산에서 추방되면서부터 깨져 버렸다. 이 관계 단절은 우리가 죄라고 부르는 것이다. 교회는 반드시 그 가르침 속에 환경에 대한 죄를 포함시켜야 한다. 생태학적인 죄 말이다"라고 선포했다.[28]

프란치스코 교황은 2015년 유엔에서 한 연설에서도 이 주제를 강조했다. 그는 "환경에 대해 어떠한 해를 끼치더라도 그 행위는 인간에게 해를 끼치는 것"이라고 밝히면서, "권력과 물질적 풍요에 대한 이기적이고 끝없는 갈증은 모두 이용 가능한 천연자원을 남용하고 약자와 사회적으로 혜택을 받지 못한 사람들을 소외시키는 것으로 이어진다"라고 말했다.[29]

멕시코와 미국 간 국경 지역을 방문한 후 프란치스코 교황은 이민자들의 어려운 상황과 양국 간 차단벽 설치의 위험성에 대해 이야기했다. 공화당의 도널드 트럼프 후보자가 차단벽 설치를 계획하는 데 대해 어떻게 생각하느냐는 기자의 질문을 받고 프란치스코 교황은 그리스도인이라면 그러한 일을 지지하지는 않을 것이라고 말했다.[30]

더 나아가, 2016년에 프란치스코 교황은 이혼한 신자를 성찬례에 받아들임으로써 변화하는 가정생활에도 적응하고자 했다. 「사랑의 기쁨Amoris Laetitia」이라는 긴 교황 권고에서 그는 종교 지도자들이 이혼한 사람이나 싱글 부모, 결혼하지 않은 커플에게 개방적인 자세를 취하도록 촉구했다. "도덕률이 그들의 삶에 던지는 돌이라도 되는 양, 비정상적인 상황에서 살고 있는 사람에게 도덕률을 단순하게 적용하는 것만으로 충분하다고 목자는 느낄 수 없다"라고 교황은 주장했다. 대신, 사제는 이들을 교회로 받아들여서 영성체를 하도록 허용해야 한다는 것이다.[31]

그의 일부 발언을 두고 날카로운 공격이 있음에도, 교황은 왜 교회 내에서 '상처 입은 자를 치유하는 것'이 중요한지를 설명했다. 그는 신앙이 이데올로기 싸움으로 변하는 것을 피하고자 했다. 교리 전쟁으로 싸우기보다는, 신앙을 두고 벌어지는 전쟁이 사람들을 종교로부터 멀어지게 하고 사람들 사이의 문을 닫아버리게 할 뿐임을 걱정했다. 그의 목표는 비록 근본적인 문제에 의견이 일치하지는 않더라도 대화의 문을 열어놓자는 데에 있었다.[32]

그의 리더십은 여러 중요한 측면에서 교회가 자유화되도록 이끌었다. 프란치스코 교황은 교리 문제를 다시 논의하도록 독려하고, 종교적 의견 불일치가 목자의 돌봄에 방해가 되지 않음을 분명히 했다. 사제들과 교구 주민들이 교회 문제에 동의하지 않더라도 그 때문에 신앙 안에서 분열이 생기거나 종교적 참여에서 사람들이 배제되는 것을 원치 않았다. 그의 목표는 다양한 부류의 가톨릭 신자들이 신과의 개인적인 신앙을 추구하며 예배할 수 있는 '빅텐트big tent'를 이루는 것이다.

물론 교회의 모든 사람이 새로운 방향을 받아들이는 것은 아니었다. 일부 종교적 보수주의자들은 교황의 메시지를 공격하면서 그가 모색하는 변화에 저항하겠다고 밝혔다. 예를 들어 위스콘신의 레이먼드 버크Raymond Burke 추기경은 교황의 권한은 "절대적인 것이 아니다. … 교황은 가르침이나 교리를 바꿀 권한이 없다"라고 주장했다. 로드아일랜드의 토머스 토빈Thomas Tobin 주교는 "프란치스코 교황이 제안하는 것처럼 시대의 요구에 부응하려 노력하다가, 교회가 용감하고 반문화적이며 예언자적인 목소리, 세상이 들을 필요가 있는 바로 그런 목소리를 잃어버릴 위험이 있다"라고 불만을 표했다.[33] 그러나 이러한 비난에도 프란치스코 교황은 전임자들과는 매우 다른 방향으로 교회를 이끌고 있다.

미국·쿠바 관계 정상화

1959년 쿠바 혁명 이래로 미국은 이 카리브해 국가를 외면하고 외교 관계를 단절해왔다. 이를 정당화하는 근거는 냉전시대 정책으로서, 미국은 플로리다에서 겨우 90마일밖에 떨어지지 않은 곳에 소련이 발판을 마련하는 것을 원치 않았다. 심지어 미국은 쿠바 남서부의 카리브해 피그스만Pigs灣에 대한 군사적 침공까지 시도했으나, 피델 카스트로 정권을 결코 몰아낼 수 없었다.

1989년과 1991년 사이에 러시아와 동유럽 전역에 걸쳐 공산주의는 붕괴했지만, 미국의 쿠바에 대한 무역 및 공무상의 교신 금지는 지속되었다. 이러한 조치는 이 조그만 나라를 경제적으로 고립시키고 인권 침해에 초점을 맞추다 보면 언젠가 카스트로 정권이 무릎을 꿇으리라는 희망에서 이루어진 것이었다. 의회 지도자들은 쿠바와 쿠바 독재정부의 행태를 가차 없이 비난했다.

그러나 21세기까지 50년 동안 이어진 엠바고(경제 봉쇄)와 고립, 외교적 압력은 성공적이지 못했다. 쿠바 지도자 피델 카스트로와 라울 카스트로는 미국에서 10명의 대통령이 바뀌는 기간보다도 더 오래 자리를 지켰고, 쿠바는 강력한 경제적, 정치적 제재에도 버텨나갈 수 있음을 증명했다. 이러한 상황에서 새로운 접근 방법이 필요한 시점이 무르익은 것처럼 보였다.

오바마 대통령은 2015년 뉴욕시에서 열린 유엔 총회에서 라울 카스트로 쿠바 대통령을 만났다. 반세기 넘어서 처음으로 이루어진 쿠바와 미국 간의 공식 정상회담이었다. 조그만 첫발을 떼며 쿠바는 그해 미주기구 정상회의에 참가했다. 오바마는 다음과 같이 발언했다. "미국은 과거에 갇혀 있지 않을 것입니다. 우리는 미래를 내다봅니다. … 나는 솔직히 말해 내가 태어나기도 전에 시작된 싸움에는 관심이 없습니다. 냉전은 오래전에 끝났습니다."[34]

오바마는 국무부의 테러지원국가 목록에서 쿠바를 제외했고, 의회로 하여금 쿠바에 대한 통상 금지와 여행 제한 조치를 해제하도록 촉구했다. 또한 아바나에 미국 대사관을 열고 양국 간 문화 및 교육 교류를 권장했다. 2016년에는 직접 쿠바를 방문했는데, 이는 1928년 캘빈 쿨리지 대통령이 범미주회의 참석을 위해 쿠바를 방문한 이래 처음 있는 일이었다.

미국이 오랫동안 쿠바에 대해 보이콧해왔음에도 미국인들의 쿠바에 대한 여론은 근년에 극적으로 개선되었다. 쿠바에 대한 호감도를 묻는 설문에 '호의적'이라고 답한 여론은 1996년에 겨우 10%에 불과했으나 2015년에는 46%로 크게 높아졌다(〈그림 4-5〉 참조).[35] 이는 미

그림 4-5 1996~2015년 미국인의 쿠바에 대한 시각

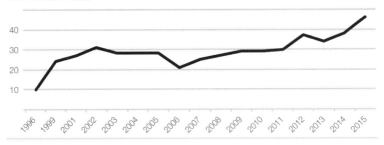

호의적인 관점의 비율(%)

자료: Gallup Poll, "Attitudes Towards Cuba," April 20, 2015.

국 국민의 생각에 큰 변화가 있었음을 나타내는 것으로서, 왜 오바마 대통령이 쿠바에 문호를 개방하고 국가로서 쿠바를 인정하기에 좋은 시기인지를 설명해주는 것이라 하겠다.

세대 간에도 큰 변화가 있었다. 수년 동안 미국(특히 플로리다 남부)의 반反카스트로 단체 지도자들은 다수가 사실상 쿠바에서 온 이민자 출신이었다. 그들은 카스트로에 대해 강경 노선을 취했고, 의회에 큰 영향력을 행사했다. 그러나 그다음 세대는 미국의 정책이 실패했다는 점을 더 기꺼이 인정했다. 의회가 더 이상 쿠바 출신 미국인들의 통합된 반카스트로 로비 활동의 볼모가 아니었기에, 오바마는 대對쿠바 정책을 수행할 수 있었다.

이 같은 여론 변화는 대쿠바 정책에 대한 새로운 사고의 기초를 놓았다. 점점 많은 미국인이 옛 정책은 효과가 없었고 이제는 새 접근 방식이 필요하다는 점을 이해했다. 아직 많은 공화당 지도자들이 오바마의 정책 변화를 비난하며 교역 금지 조치 철폐를 거부하고 있지만, 미국인들은 이미 새로운 정책을 받아들이는 과정을 시작했다.

명제와 반명제

유명한 철학자 게오르크 빌헬름 헤겔은 정正·반反·합合이라는 그의 고전적인 역사발전 이론에서 역사는 한쪽 극단에서 다른 쪽 극단으로 크게 움직일 수 있다고 밝혔다.[36] 인간사는 자주 한 방향에서 시작하지만, 매우 다른 반작용을 자극한다. 이렇게 서로 상충하는 동향이 서로 합쳐진 곳에서 새로운 접근 방식으로 이전의 사고방식을 통합하는 대명제가 나오게 된다.

지적인 성향을 이야기할 때는 위와 같은 말이 잘 맞아떨어질 수 있으나, 파벌 간 갈등과 지정학적인 긴장이 이어지고 있는 세상에서는 어떻게 역학관계가 작용하는지 명확하지 않다. 긴 역사 속에서 나타난 바와 같이 국내정치와 국제문제를 움직이는 큰 힘은 경제와 종교, 정치, 무력 침략이다. 우리가 혼란스럽고 예측할 수 없는 세상에 살고 있는 것은 이 문제들에 대한 이전의 분열들을 조화시킬 수 있는 대명제를 만들어내기가 어렵기 때문이다.

양극화와 극단주의의 시대인 오늘날 한쪽은 다른 한쪽을 없애지는 못할지라도 이를 정복하고자 하는 것이 일반적이다. 양극단에 선 상대방들은 죽도록 싸우고, 서로 다른 측면에 대해 협상할 수 없거나 협상할 의지가 없다. 대신 그들은 완전한 승리를 차지하기 위해 상대방을 없애버리려고 전력을 다한다. 이는 정치적, 경제적 갈등의 위험을 더하고, 관련된 당사자 모두에게 엄청난 긴장을 조성한다.

대명제를 만들어내기 어려운 데다가 경쟁의 이해관계는 커서 너무나 많은 경쟁자들이 서로 타협할 인센티브가 거의 없으며, 그들 중 많은 사람이 극단적인 행동을 취한다. 이는 승자는 매우 적고 패자는 많은 '승자독식'의 사고방식으로 이어지기 때문에 모든 이를 불안하게 한다. 경제 또는 정치, 종교 분쟁에 대해 이야기할 때는 이러한 위험성이 있다.

메가체인지는 경쟁의 규모와 강도를 높이고, 그로 인해 문제 해결이 복잡해진다. 우리는 승자독식의 사고방식을 깨트리고 다양한 참가자들에게 도움이 되는 결과를 만들어낼 방도를 궁리해야 한다. 지도자들이 이를 해낼 수 없다면 의견 충돌을 해결하기란 불가능할 것이다.

제5장
—
종교적 열성의 문제점

　　　　　　　　＊

신학자 하비 콕스는 1965년 저서『세속도시: 신학적 관점에서 본 세속화와 도시화』를 발표하여 세인들로부터 상당한 관심을 받았다.[1] 책에서 그는 "도시 문명의 번영과 전통적인 종교의 몰락이 이 시대의 두 가지 주요 특징"이라고 논했다. 사회가 세속화되어감에 따라 종교는 점점 사람들 사고에서 중심이 되는 지위를 잃어가며, 사회적, 정치적 생활에 미치는 영향력도 적어진다고 콕스는 주장한다.

세상이 현대화되고 갈수록 더 세속화되며 서로 연관되어갈 것이라는 주장은 분명 맞는 말이다. 글로벌 시대에 현대화는 전 세계로 확산되고 있다. 스타벅스, 맥도날드, 도시적인 쇼핑몰은 이제 세계 거의 모든 곳에서 찾아볼 수 있다. 수십억의 사람이 수만 마일 떨어져 있는 개인이나 기업과 즉각적으로 교신하고 전 세계로부터 상품을 구입한다.

그러나 커뮤니케이션과 교역의 증가로 종교의 세력이 약해지지는 않았다. 오히려 기독교와 이슬람교, 유대교(여기에 더해 힌두교 일부 부류)의 변종인 매우 보수적이거나 '근본주의적인' 성향의 신자들이 늘어남에 따라 종교적 감정은 곳곳에서 강화되어왔다. 작금의 혼란스러운 세상은 사람들로 하여금 메가체인지에 대해 불안감을 갖게 하고 일부 사람들을 전통적인 가치로 되돌아가게 하여 사회적 긴장을 악화시키고 있다. 그들은 도덕적 가치와 사회적 관계에 관한 사고방식을 케케묵은 정통 교리에 기댐으로써 위안을 찾고 있다.

전 세계에서 종교와 도덕을 두고 벌어지는 분쟁은 다양한 형태를 띠고 있다. 창조론을 지지하고 기후변화의 현실을 부정하는 미국의 기독교 근본주의자들은 자기네 동포 겨레들은 자신들의 믿음에 따라야 한다고 요구하는 초ᄈ정통파 유대인들과 다르다. 그런가 하면 이러한 각각의 신자들은 이슬람의 이름으로 무고한 시민을 학살하고 중세적인 남성우월주의로 여성 위에 군림하는 모슬렘 자살폭탄범과도 상당히 다르다.

그러나 이러한 사회 각각에서 종교적 열정과 무관용은 사회적, 경제적, 정치적 논란을 해결하고자 하는 지도자들의 능력을 악화시킨다. 미국, 프랑스, 영국, 이스라엘, 아프가니스탄, 이라크 또는 중동의 다른 지역들 어디를 막론하고 많은 나라들은 종교와 문화, 개인적인 생활양식을 두고 날카롭고 때로는 폭력적인 충돌이 있어 왔음을 목도하고 있다. 메가체인지는 정치적 극단주의 및 강력한 종교 감정과 뒤섞일 때, 선거와 거버넌스를 혼란스럽게 하는 불안정한 사회적 혼합체를 만들어낸다. 이는 국제문제뿐 아니라 많은 나라의 국내정치에서도 명확히 나타난다.

예를 들어 미국에서는 보수적인 종교 신념은 학교에서 진화론과 창조론을 가르치는 문제, 대對중동 외교정책, 동성애에 대한 수용, 더 최근에는 성전환자의 화장실 사용 문제 등을 놓고 온건주의나 자유주의와 격렬한 논쟁을 벌여왔다. 이스라엘에서는 교육, 버스 노선, 정착촌 건설, 대외정책을 놓고 정통파 유대인과 비정통파 유대인 사이에 큰 대립이 발생하고 있다. 아랍 여러 국가에서는 급진적인 모슬렘이 여성의 역할, 종교적 교리, 공공정책의 거의 모든 문제를 두고 세속주의자와 불화를 겪고 있다. 게다가 수니파와 시아파 간의 아주 오래된 종교적 긴장도 자주 폭발해서 결국 폭력적인 충돌로 이어져 오고 있다.

이 장에서는 강력한 종교 감정이 세계 여러 곳에서 정치적 극단주의와 메가체인지를 어떻게 부채질하고 있는지 살펴보고자 한다. 종교와 도덕적 가치를 두고 벌어지는 불화는 갈등 해소를 저해하고 해결할 수 없는 것처럼 보이는 논쟁으로 발전해왔다. 믿음을 강하게 견지하는 것은 상대방 견해의 타당성을 거부하는 것과 함께 정치와 사회, 종교를 두고 발생하는 작금의 분쟁을 가열시켜왔고, 타협을 어렵게 하거나 불가능하게까지 만들고 있다. 또한 국내문제와 국제문제 사이에는 밀접한 상호작용이 있다. 한 공동체의 신봉자가 다른 쪽의 극단적인 행동을 보게 되면, 그들은 자기 쪽의 강력한 대응을 정당화하는 데 상대방의 행동을 이용한다. 그 결과 충돌과 폭력, 급진주의가 끊임없이 꼬리를 무는 순환이 이어진다.

문명 간 충돌과 문명 내 충돌

'퓨-템플턴 글로벌 종교 미래 프로젝트'에 따르면 기독교는 2010
년 신자 22억 명으로 세계에서 인구가 가장 많은 종교인 반면 이슬
람교는 한참 못 미치는 16억 명의 신자가 있다. 그러나 2050년에 가
면 이슬람교도는 28억 명으로 29억인 기독교와 거의 대등한 수준이
될 것으로 예상된다. 유럽 인구의 10%가 모슬렘이 되는 것이다. 미
국에서는 이슬람교가 비非기독교 종교 가운데 가장 큰 종교로서 유
대교를 대체할 것이다.[2]

문제는 이러한 신자 수 변화가 국내문제 및 국제문제에 어떠한 영
향을 미칠 것인가이다. 하버드 대학교의 정치학자 새뮤얼 헌팅턴은
1996년 화제의 저서 『문명의 충돌』에서 현시대의 큰 분열은 다양한
종교와 가치관, 도덕 인식을 가진 문명들 간에 이루어진다고 주장했
다. 헌팅턴에 의하면 "이 새로운 세상에서 벌어질 갈등의 근본적인
요인은 일차적으로 이데올로기나 경제적인 문제가 아닐 것이다. 인
류의 커다란 분열과 분쟁의 가장 큰 요인은 문화적인 문제가 될 것이
다".[3] 이러한 관점에서 보면 사람들이 다른 이들에게 느끼는 적대감
의 많은 부분은 문화와 도덕에 관한 서로 다른 견해에서 비롯된다.

그 이후 몇 년 동안 헌팅턴의 견해를 뒷받침하는 많은 증거가 나
타났다. 개인의 자유나 남녀평등 같은 공통된 세속주의 규범과 많은
서방 국가에서 비중이 약화된 제도권 종교는 거의 전적으로 신앙에
기초한 시각에 근거를 둔 원칙에 급속히 밀려났다. 이는 특히 중동
에서 명확히 드러나고 있는데, 예를 들어 IS는 기독교인에게 십자가
형이나 참수형을 자행하고 있으며, 자기네들의 이슬람교 해석을 받

아들이지 않는 시아파나 수니파 신자들도 해쳤다.

빠른 속도의 변화는 많은 사람을 불편하거나 불안하게 만들고, 분노하게 만들기도 한다. 어떤 사람들은 다른 배경이나 견해를 지닌 이들에게 관용을 베풀기를 거부하고 때로는 이해하려고 노력하지도 않는다. 또한 어떤 사람들은 자신들이 진정한 신자이며 다른 모든 사람은 그릇된 견해를 가지고 있거나 그야말로 잘못 인도되었다고 생각한다.

작가 마이클 왈저Michael Walzer는 개인적인 역량 강화를 목표로 하는 종교는 결국 자주 독재주의나 초정통파 형태를 띠게 된다는 '자유화의 역설'을 주장하고 있다. "의식을 고양하는 것은 설득력 있는 시도이지만, 이는 해방자와 이른바 전통주의자들 사이의 문화전쟁으로 빠르게 변질된다."[4] 어떤 곳에서는 결국, 대체 가능한 다른 견해를 인정해주지 않고 상충하는 가치관을 지닌 사람을 처벌하는 종교 기반 정권이 탄생한다.

그러나 현대 사회에서 이는 단순히 문명 간 충돌의 문제만은 아니다. 문명 '내부'에도 큰 갈등이 있다. 역사적으로 그리고 오늘날까지 세계의 주요 유일신 종교는 종교와 정치 간의 올바른 관계, 즉 일차적으로 종교적 교리가 공공정책에 영향을 미쳐야 하는지, 그리고 영향을 미쳐야 한다면 어느 정도까지 영향을 미쳐야 하는지를 놓고 공동체 내부에서도 격렬한 싸움에 직면해왔다. 때로는 같은 종교 공동체 내부에서의 줄다리기가 문화 간 충돌만큼 격렬하다. 특히 메가체인지 시대에는 신앙과 가치관을 두고 엇갈리는 의견 충돌이 개별 종교 자체와 신자들에게뿐 아니라 정치와 사회 전반에까지 커다란 영향을 미칠 수 있다.

레바논과 바레인의 사례

필자는 여행 중 몇몇 곳에서 세속화와 전통적 가치 사이의 갈등을 가까이서 볼 수 있었다. 2004년 레바논 베이루트의 바로 북쪽 해안에 있는 도시 주니에Jounieh에서 매우 엄격한 아버지 밑에서 자란 23세의 여성을 만났다. 중동 관습에 따라 그녀의 아버지는 딸이 혼자서는 외출하거나 남자친구와 단둘이 시간을 보내지 못하도록 고집했다. 그러나 어머니와 가까운 친구들은 함께 나가는 것처럼 가장하여 아버지의 규칙을 피해서 외출할 수 있도록 도와주었다. 어머니(또는 친구)는 어딘가 다른 곳으로 가고, 그 젊은 여성은 남자친구와 자유롭게 시간을 보낼 것이다. 외출을 마친 뒤에는 휴대전화(아버지는 가지고 있는지도 모르는)로 어머니에게 연락해서 다시 만나고, 두 사람은 마치 오후를 함께 보낸 양 집으로 돌아올 것이다.

많은 중동 여성이 이처럼 가족과 전체 사회 공동체 내 남성들이 강요하는 가혹한 규칙에 내몰리는 환경에서 살아가고 있다. 모녀가 가장의 뜻에 반하여 음모를 꾸민다는 사실이 참 흥미롭다. 그들은 숨막히는 사회적, 문화적 관습 속에서 자신들을 위한 개인적인 공간을 함께 만들었던 것이다.

또한 필자는 레바논 여행을 통해 왜 이 지역의 종교들이 공존하기 어려운지를 더 잘 이해할 수 있었다. 특히 이슬람교는 공개적인 신앙 표현 측면에서 신자들에게 많은 것을 요구하고 있다. 매일 밤 베이루트에서는 저녁 기도와 예배를 드리려는 인파가 모스크에 모인다. 그러나 사원들은 단순히 성소 안에서 기도하는 것으로 만족하지 않는다. 확성기를 통해 도시 전역에 예배 소리를 실어 나른다. 이러한 관행이 낳는 '시끄러움'은 시민사회에서 종교를 매우 공적인 것으로 만든다. 사람들은 그저 자기 집 안에서만 종교에 참여하는 것이 아니라 주위 모든 사람의 삶 속에 들어가는 방식으로 참여한다. 조용히 자기 믿음을 실천하고 남들과 동떨어져서 종교를 지키는 것이 아니다. 공동체 사회는 종교 감정의 공개적인 표현을 선호하며, 이런 점은 견해가 다른 사람들의 생활에 시비를 걸게 한다.

베이루트에서 목격한 바를 통해 필자는 강렬한 종교적 갈등과 완벽하게 협력적인 다종파 사회를 이룰 수 없다는 어려움으로 인해 야기될 수 있는 시민의 피해를 이해할 수 있었다. 최근 몇십 년 동안 레바논은 인접국인 시리아, 이라크, 요르단, 이집트와 함께 사회적 충돌의 대가를 비싸게 치르고 있다. 이 국가들은 수니파와 시아파 사이의 분쟁 또는 어떤 경우에는 기독교 교인들과 모슬렘 사이의 분쟁으로 가리가리 분열되고 있다. 집단 폭력이 발생하고 정치적 타협과 협상 가능성을 파괴하고 있다.

2005년 바레인 여행은 필자에게 종교적 분열의 또 다른 측면을 보여주었다. 페르시아만의 바레인은 현대적 마천루와 고급 기술을 가지고 있으면서도 봉건적 지배체제하에 있다. 바레인은 사우디아라비아 연안의 조그만 섬나라이며, 1986년 이전만 해도 두 나라를 연결하는 다리가 없었다. 그해 건설한 둑길 다리는 양국 간 여행 및 교역에 요긴한 통로가 되었다.

사우디아라비아는 최소한 공개적으로는 술과 음악, 춤을 허용하지 않는 엄격한 이슬람 정권이 지배하고 있다. 그러나 많은 사우디아라비아 사람들이 이러한 것들을 원해서, 매주 수천 명이 이 다리를 통해 바레인으로 건너가 술을 마시고 공개적인 이성교제를 즐기며 서방의 영화 등 오락을 즐긴다. 바레인 현지인들은 국내에서는 사회적 제한을 온순하게 받아들이면서 더 관용적인 다른 곳의 환경을 갈망하는 이웃 사우디아라비아 사람들의 위선을 재미있어한다.

바레인 사회의 또 다른 면은 놀랍다. 외견상으로는 현대사회의 하이테크 혁신가들이 절대군주의 지배를 감내하고 있는 것처럼 보인다. 그리고 조금 덜 놀라운 사실이지만 여전히 충격적인 것은 어떻게 아직도 투표권이나 소유권과 같은 기본권이 여성에게는 주어지지 않고 있느냐는 것이다. 이런 식으로 그 나라는 몇 세기 전 세상으로 되돌아가 있다. 필자가 바레인에 머무는 동안 어느 지방지에 바레인에서 음악과 극장이 쇠퇴하고 있음을 비난하는 여성 작가의 칼럼이 실린 적이 있다. 그녀는 현지 근본주의자들이 여러 공연이 이슬람에 반한다고 불만을 드러내고 있다고 지적했다. 현지 당국은 이를 연기하기보다는 대중 공연을 그저 중지시켜버린 것이다.

어느 날 필자는 호텔 엘리베이터에서 모슬렘 부부와 무척 난처하게 마주친 적 있다. 필자는 11층 숙소에서 로비로 내려가고 있었다. 엘리베이터가 10층에 섰을 때는 엘리베이터 한구석에 서 있었다. 처음엔 아무도 없는 줄 알았는데, 곧 검은 옷을 입은 여성이 엘리베이터 안으로 걸어 들어왔다. 그녀의 얼굴은 1인치가량 옆으로 길게 찢어진 구멍 외에는 완전히 베일에 덮여 있었다. 그런데 나를 본 그녀가 깜짝 놀랐고, 뒤따라 탄 남편도 마찬가지였다. 부부는 아랍어로 뭐라 속닥거리더니 9층 버튼을 눌렀다. 그들은 한 층만 이동하고 엘리베이터에서 내렸다.

문이 닫히자 곧 그 부부가 다른 엘리베이터를 부르기 위해 버튼을 누르는 소리가 들렸다. 어쩌면 그들은 무언가를 잊어버려서 다시 방으로 올라가려 했을지 모른다. 그러나 나를 바라보던 명백히 불편한 시선으로 판단해보건대, 서방 국가 남성과 함께 로비로 내려가기를 원치 않아서 다른 엘리베이터를 부른 것으로 보였다. 중년 남성으로서의 나의 존재가 그들을 불편하게 만들었다는 것은 참으로 놀라운 일이었고, 이 사건으로 필자는 종교 감정이 사람들의 지극히 통상적인 일상생활에 얼마나 강력하게 영향을 미치는지 좀 더 이해할 수 있었다.

유대교 근본주의자들

최근 어느 국제선 항공기에서 일어난 일이다. 중년의 미국 여성은 자기 옆자리에 배정된 정통 유대교 남성들이 종교적인 이유로 그 자리에 앉기를 거부하자 크게 놀랐다. 뉴스 기사에 의하면 정통 유대교 남성들이 여성 승객 옆에 앉지 않기 위해 그 여성에게 자리를 바꿔달라고 요청하는 사례가 적지 않다. 어느 정통 유대교 랍비는 "내가 아직 그 공동체의 일원으로서 더 보수적인 종파에 있던 때라면, 나도 혹시나 여자와 닿을까 봐 두려워서 비행기에서 여자 승객 옆자리에 앉지 않도록 갖가지 노력을 했을 것이다"라고 설명했다.[5]

퀸스칼리지 대학 사회학 교수인 새뮤얼 헤일먼Samuel Heilman은 이러한 종류의 차별이 어떤 일부 유대교 공동체에서는 중요한 문제라고 말한다. "초정통파는 성차별을 정통파 여부를 판단하는 일종의 리트머스 시험지로 보게 되었다"라고 그는 말하며, 또한 "이들과 현대 세계의 다른 사람들 간에는 어떤 문화전쟁이 계속되고 있으며, 현대

사회가 성 중립적인 방향을 지향할수록 '우리는 그렇지 않다'라고 말하고 싶은 욕구가 더 강해졌다"라고 밝혔다.[6]

이러한 행동에 화가 나서, 레니 라비노위츠라는 81세의 이스라엘 여성이 엘알El Al 항공사를 성차별로 고발했다. 그녀는 말했다. "하레디Haredi(유대교 초정통파 근본주의자)들이 있는 건 좋습니다. 그 사람들이 내게 이래라저래라 하지만 않는다면요. … 이것은 개인적인 일이 아닙니다. 지성, 이데올로기, 법률에 관한 문제입니다. 나는 나이 먹은 여자이지만 교육받은 사람으로서 전 세계를 돌아다니기도 했습니다. 그런데 어떤 남자가 나더러 자기 옆에 앉아서는 안 된다고 한다고요? 왜?"[7]

이런저런 예에서 볼 때 종교가 이스라엘인들의 생활을 얼마나 복잡하게 만드는지를 명확히 알 수 있다. 예루살렘 구시가지 통곡의 벽(고대 제2성전에서 남아 있는 일부분)에서는 여성도 유대교의 신성한 두루마리 경전인 토라를 가지고 기도하도록 허용해야 하는지를 두고 격렬한 갈등이 빚어지고 있다. 어느 여성 시위자는 "권위주의적인 랍비는 우리가 그곳에 가는 걸 원치 않습니다. 그들은 오로지 초정통파 전통을 실천하는 사람들만이 통곡의 벽에서 기도하기를 바라죠"라고 불만을 터트렸다.[8]

이러한 논쟁은 초정통파와 이스라엘 사회 내 다른 종파 사이에 점차 증가하고 있는 갈등을 상징한다. 이러한 분열은 초정통파 남성 유대교인의 군 복무 여부, 요르단강 서안 지구에 신규 정착촌을 건설하는 문제, 교통정책, 여성 관련 법률, 외교정책 등을 놓고 날카로운 논쟁을 야기하거나 적어도 그러한 논쟁을 부채질하고 있다.[9]

이러한 모든 사회적, 정치적 긴장으로 이스라엘 사람들은 그들의 나라가 유대교 국가이자 동시에 민주주의 국가가 될 수 있는지를 두고도 서로 논쟁하고 있다.[10] 그 문제는 이스라엘에서 거의 대부분이 공민권을 가진 시민으로 살고 있는 180만 명에 가까운 아랍인들에 대해 갈수록 강경해지는 태도를 반영하고 있다.[11] 예를 들어 2015년의 한 설문조사에 의하면 전체 이스라엘 유대인의 48%와 이스라엘에 있는 정통파 유대교인의 71%가 안보상 이유로 "아랍인들은 추방되거나 이주해야 한다"라는 데 동의했다.[12] 아랍인들이 이스라엘 인구의 20%를 차지하고 있어서 유대인 정체성을 강조하는 정책과 민주주의 관행 사이에서 조화를 이루기는 더욱 어렵다.

이스라엘 내부에서 긴장의 여러 요인 가운데 하나는 서안 지구를 오가는 팔레스타인인과 이스라엘인을 위해 별도의 버스 노선을 만든다는 이스라엘 국방부의 계획이다. 안보상 이유로 일부 유대인 정착민은 아랍인의 공격을 받을 걱정이 없는 자신들만의 버스를 요구했다. 우파정당 '유대인의 집'의 한 의원은 이스라엘 신문과 한 인터뷰에서 유대인과 아랍인이 함께 타는 버스는 "불합리"하며, "버스는 아랍인들로 가득 차 있다"라고 불평했다. 그는 이어서 아랍인 남성들의 성희롱 가능성 때문에 "나는 내 딸이 그러한 버스에 타는 것을 원치 않을 것이다"라고 말했다.[13]

그러나 다른 사람들은 이러한 계획에 강력하게 반대하면서 인종 분리주의 기미가 보인다고 지적했다. 레우벤 리블린Reuven Rivlin 이스라엘 대통령은 그러한 시험 프로젝트가 "유대인과 아랍인의 버스 노선을 서로 분리한다는 생각할 수도 없는 일로 이어질 수 있다"라고 우려를 표하면서, "이스라엘 국가의 설립 근거와도 정면으로 배치되는 것"이라고 밝혔다.[14] 공식적 반대가 있은 이후에 이 프로젝트는 정부에 의해 보류되었다.

이스라엘에서는 또한 안식일 버스 운행을 놓고도 논란이 벌어지고 있다. 운행 제한을 결정한 이유는 "정통파 유대인은 연료 점화와 스파크 발생, 일정 거리 이상의 여행에 대한 금지 조치 때문에 안식일에는 자동차를 사용하지 않는다"라는 것이다. 유대인 이스라엘 국민의 5분의 1만이 이러한 규칙을 지키고 있는데도 신앙심 깊은 관료들은 자국을 다른 나라와 차별화하는 결정 중 하나로 이 규칙을 언급하고 있다. "주중의 어느 날처럼 거리에 대중교통수단이 있다고 상상해보세요. 이스라엘에 안식일이 있는지 알 수가 없을 것입니다"라고 예루살렘의 랍비 아리에 스턴Aryeh Stern은 설명했다.[15]

그러나 반대 측은 안식일을 강조하는 데 이의를 제기한다. "종교는 유대인 문화의 한 측면이지만, 유일한 것은 아닙니다. 좋은 프랑스인이라도 바게트와 크루아상을 좋아하지 않을 수 있는 것처럼, 유대인 국가의 좋은 유대인 시민이라도 종교에 참여하지 않을 수 있습니다." 예루살렘 시의회 의원인 로라 와튼Laura Wharton의 말이다.[16]

복장 규정이 더 엄격해지자 이스라엘 여학생들에게서 반발이 일어났다. 세속적인 생활을 배격하는 엄격한 하레디 종교학교의 교장과 교사들이 정부의 결정을 강요해서 남학생에게는 허용하면서도 여학생에게는 학교에서 반바지를 입지 못하도록 했기 때문이다. 새로운 복장 규정으로 학교는 반바지를 입은 여학생에게 정학 처분을 내리고, "중요한 시험을 치르지 못하게 막았으며, 휴대전화를 압수하고, 규율 위반을 이유로 부모를 호출"했다. 신문 보도에 의하면 어떤 학교 관계자들은 "강간과 성추행이 여성의 복장과 관련이 있으며, 여학생들이 반바지를 입으면 남학생들이 쳐다본다"라고 생각하고 있었다.[17] 이런 사고방식으로 교육 분야 관료들은 날씨가 아무리 덥더라도 여학생이 반바지 차림으로 등교하지 못하게 했던 것이다.

단속에 항의한 어느 여학생은 자신의 논리를 설명했다. "그들은 소녀들이 자신의 육체를 부끄러워하도록 교육하고, 반바지는 강간을 유혹하는 것이라 생각하도록 가르칩니다. 행정 당국이 걱정하는 것은 (여학생들이 아닌) 성희롱이기 때문에 그런 규제가 가해진다 해도 여학생들이 언짢게 생각할 것은 아닙니다."[18]

그러나 이스라엘 교육부는 이러한 복장 규제 정책을 옹호했다. 학생들의 시위에 대해 질문받은 정부 최고 관료의 답변은 다음과 같았다. "교육부는 학생과 교육자가 적절한 복장을 갖추도록 지침을 내립니다. 모든 학교 규정은 학생과 학부모의 협의를 거쳐 결정되며, 이러한 규정에는 학교 공동체에 따라 결정되는 복장 양식에 대한 언급이 있다는 점을 밝혀두어야 할 것입니다."[19]

더 나아가 종교적 긴장은 이스라엘의 사회정책과 국제문제를 복잡하게 만들어왔다. 이스라엘은 현 연립정부에 참여하고 있는 소수의 종교 세력으로 인해 휘청거리며 우경화로 기울고 있다. 분열된 정치체제로 인해 조그만 정치집단이 급에 맞지 않은 세력을 행사하고, 그중 일부는 팔레스타인과의 평화협상이 실패로 끝나는 데 일조한 정책 양보를 고집해오고 있으며, 미국을 포함해서 다른 나라와의 관계를 긴장시키고 있다.[20]

예를 들어 대부분의 중도우파 정당들은 서안 지구에 살고 있는 팔레스타인인들을 격분하게 자극하는 일임에도 그곳에서 주택단지 확대를 모색하고 있다. 팔레스타인인들은 이러한 새로운 주택단지 사업이 서안 지구를 영구히 점령하고 완전한 기능을 가진 팔레스타인 국가 설립의 가능성을 무너뜨리기 위한 고의적 시도라고 보고 있다. 이스라엘이 2개 국가 병존이라는 해결책을 적극적으로 지지한다 해도, 서안 지구 전역에 유대인 정착촌이 있다는 사실은 이스라엘 공동체와 팔레스타인 공동체의 분쟁을 해소하는 데 필요한, 영토 교환을 통한 평화협정 시행을 어렵게 만들 수 있다.

일부 유대인 정착민은 자기네가 "이스라엘을 보호하는 선봉장"이라고 말한다.[21] 또 다른 이들은 "토라의 율법에 따라 유대왕국을 건설"하겠다고 공공연히 선포하면서 "비유대인은 추방되고, 제3성전이 지어질 것이며, 종교의식이 공공장소에서 먼저 시행되어야 한다"라고 주장하고 있다.[22]

일부 강경한 정착민들은 이스라엘 정부로부터 '리볼트Revolt'로 알려진 극단주의 단체에 속한 혐의를 받아오고 있다. 당국에 의하면 이 네트워크의 회원들은 여성과 어린이들을 살해한 폭력행위를 포함해서 팔레스타인인들에 대한 테러 공격에 가담했다. 이 단체는 "민주 정부와 법원을 갖춘 이스라엘 국가를 붕괴시키고 종교법에 기초를 둔 유대왕국을 창설하는 것을 모색한다"라고 공공연하게 서약하고 있다.[23]

강경한 종교관은 또한 이스라엘 유대인들의 일상생활도 복잡하게 만들고 있다. 예를 들어 어떤 가족정책에 관한 결정은 법무부로부터 초정통파 법률 교리를 따르는 종교부 감독하의 법원으로 이관된다. 어느 사례에서 사라 머레이라는 여성은 이혼 후 자녀에 대한 후견권이 남성에게 매우 유리하게 편향되어 있다는 것을 알게 되었다. 자신의 여섯 아이를 만나기가 어렵다는 것을 알게 된 그녀는 무척 충격을 받았다. 종교 관련 사회복지사를 통해 안부를 물어야 했고, 그녀

가 원할 때 자녀를 만나는 것도 허용되지 않았다.[24]

요컨대 이스라엘은 종교 문화 내부적으로 그리고 종교 문화 전반에 걸쳐 기이한 충돌이 존재하는 곳이다. 정치와 사회에서 종교의 역할에 관한 첨예한 논쟁이 나라 안에서 이어지고 있다. 다른 나라들이 세속적 믿음과 정통적 믿음 사이에서 자신들의 분쟁을 겪고 있듯이, 이스라엘도 몇 세기에 걸쳐 뿌리내린 종교 감정의 영향과 매우 성공적인 현대사회의 개방성을 절충하고자 모색하고 있다. 이러한 긴장을 어떻게 끝낼 것인가 하는 문제는 이스라엘 국내정책뿐 아니라 글로벌 국가 공동체에서의 지위에도 엄청난 영향을 미칠 것이다.

이슬람교 근본주의자들

역사적인 불만, 종교 경전에 대한 상이한 해석, 깊은 문화적, 사회경제적 차이에 기초한 수니파와 시아파 간의 아주 오래된 갈등과 함께 일부 모슬렘의 과격화는 오늘날 중동 지역 긴장의 주요 요인이 되고 있다. 그러나 각 공동체의 근본주의자들이 현대성과 세속화에 반대하는 행동을 취할 때에도 복잡한 문제점들이 그 지역 내부와 서방에서 공히 나타나고 있다. 이러한 성향을 띤 많은 사람들이 서방 문화가 여성과 젊은이들을 부패시키고 부도덕한 행실을 조장하고 있다고 주장한다.

이들이 1990년대 아프가니스탄에서 권력을 쥐고 있을 때 탈레반은 부패의 영향을 언급하면서 일부 지방에서 텔레비전과 서방 음악을 금지했다. 로가르 지역의 과격파는 모스크로 가서 사람들에게 텔레비전을 그만 보라고 말했다. 한 지역민에 따르면, "그들이 '텔레비전 시청을 포기하지 않는다면 폭력을 맛보게 될 것'이라고 협박"했다고 한다. "텔레비전 방송망이 '이슬람적이지 않고, 아프가니스탄 문화에 반하는' 프로그램을 보여주고 있다"라는 것이 이유였다.[25]

마찬가지 논리로 탈레반 전투원들은 여성들이 교육을 받아서는 안 된다면서 여학교들을 불태웠다. 또한 상점 주인들에게 음악 카세트 판매를 중단하라고 요구했다. 그들이 아프가니스탄 정부를 장악하고 있을 때는 탈레반 민병대가 음악 테이프를 불태우고 자동차 안에서 음악을 듣던 운전자를 폭행하기도 했다. 어떤 사람들은 "아프가니스탄은 이슬람국가이고 외국 문화를 받아들이지 않는다. 이러한 음악 가게들은 젊은이들의 생활을 파괴했고, 그들이 부도덕한 범죄를 저지르도록 조장하고 있다"라고 주장했다.[26]

최근 IS가 발흥하면서 이슬람 극단주의자들의 방식이 새롭게 관심을 끌고 있다.[27] IS 군대는 이라크와 시리아의 많은 지역을 장악하고 현지 주민에게 엄격한 종교 규정을 강제하고 있다. 그 신념을 받아들이지 않는 사람은 참수 또는 총살당한다. IS 전투원들은 반대자들을 현대성과 세속화를 받아들이는 사람을 의미하는 '현대인'이라 부르고 있다.[28] 반면 자신들은 부패하고 타락한 서방의 규범에 대항해 신성한 가치를 지키고 있다고 생각한다.

IS 신념에서 중심은 종교적 경전의 엄격한 해석을 지지하는 것이다. IS의 태도와 행위를 자세히 연구한 작가 그래미 우드Graeme Wood에 의하면, IS의 지지자들은 "선지자 무함마드와 그의 초기 추종자들이 이슬람에 심어둔 통치 계율을 굽힐 수가 없다. 그들이 이따금 말하는 코드나 암시가 비이슬람교도들에게는 이상하거나 구닥다리로

들리겠지만, 이는 초기 이슬람의 특정 전통이나 경전을 언급하는 것이다".[29]

일부 IS 지도자들은 이러한 도덕규범을 이용해서 비이슬람 여성들의 성노예화를 정당화하고 있다. 예컨대 소수파인 야지디교Yazidi敎 신자들은 수천 명의 소녀와 여성을 납치해 노예로 만들어버린 IS 전투원들의 희생물이 되고 있다. 성폭행을 당한 한 12세 소녀는 자신을 납치한 사람이 "이슬람법에 따라 자기는 비신자를 강간할 수 있도록 허용받았다고 이야기했어요. 그는 나를 겁탈하면서 신에게 더 가까이 가고 있다고 말했어요"라고 증언했다.[30]

기자인 아나 에렐Anna Erelle은 지하드 전사를 인터뷰하면서 그들의 장기적인 견해와 야망을 물어보았다. 그들의 답변에 담긴 전형적인 감정은 다음과 같았다고 한다. "IS는 미국과 전쟁을 수행할 것이며, 미국 국민들을 신의 뜻에 복속시킬 것이다. 또한 우리는 모든 국경을 없앨 것이고, 그러면 지구는 이슬람법 아래서 하나의 이슬람국가가 될 것이다."[31] IS 전사인 아부 비렐 알피란지Abu Bilel al-Firanzi는 "종교적이라는 것은 (타인에게) 당신의 가치를 받아들이게 하는 것을 의미한다"라고 분명히 밝히면서 이러한 견해를 정당화했다.[32]

미국 특수부대 공습 중에 압수한 IS 지침서는 IS의 '칼리프'가 이러한 목적을 시행할 조직을 구성했음을 알려주고 있다. 예를 들어 지침서에는 "노예와 유물, 유전 등을 포함해서 전리품을 감시할 부서"의 개요가 서술되어 있다. 미국 정부 사절에 의하면 이 문서는 IS의 "통제하에 있는 사람들을 예속시키는 방법"을 보여준다고 한다.[33]

IS에 가담한 여성들을 연구해보면 공동체 욕구와 관련된 다양한 동기가 있는 것으로 나타난다. 런던 킹스칼리지 대학 연구원들은 테러단체에 가담한 서방 사회 출신의 여성 550명을 조사했다. "많은 사람이 소설 같은 생각으로 IS에 가도록 유혹당했다. 그러나 현실은 전혀 다르다는 것을 우리는 알고 있다"라고 보고서를 쓴 멜라니 스미스Melanie Smith는 말했는데, 보고서는 "여성들이 (서구 사회에서의) 고립감, 국제 모슬렘 공동체가 위협을 받고 있다는 느낌, 10대 소녀들에게 특히나 중요한 자매의 정" 때문에 흔들리고 있다고 지적했다.[34] IS 치하에서 여성 역할의 현실은 서구 기준에서 볼 때 가혹하다. 다른 이슬람 전통주의자와 마찬가지로 IS는 여성이 동등한 권리를 가지고, 교육받을 가치가 있으며, 재산을 사고팔거나 정치 과정에 참여할 권리가 있다는 것을 인정하지 않는다.[35] 오히려 여성들은 부모와 남편의 권리를 존중해야 하고, 현대사회로부터 자신을 보호해야 한다. 가장 극단적인 형태로는 집 밖에서 언제나 남자 친척이 동행해야 하며, 운전을 하거나 공적인 생활에 참여하는 것이 허용되어서는 안 되고, 관련이 없는 남자에게 자기 몸의 어느 부분도 보이지 않도록 둘러싸야 함을 의미한다.[36]

시리아와 이라크에는 IS에 가담한 외국인 전투원이 최소한 2만 명이 있다고 추정되는데, 이는 IS 전체 군인의 약 절반에 이른다. IS전투원은 90개국에서 오는데, 이 중 서방에서 온 사람은 4000명 정도이다.[37] 이러한 군인들을 연구해온 전문가들에 따르면 적들을 참수하고 산 채로 화형에 처하는 것은 '키사스qisas', 즉 "이슬람법에 따라 동일한 보복을 한다는 원칙"의 일환으로, "어떤 사람이 살해당하면 그 가해자를 죽일 수 있으며, 죽이는 수단을 선택할 수 있다"라고 한다.[38] 이러한 행동은 야만적이거나 부당한 것이 아니라, 무고한 이슬람 민간인에게 미국이 폭격하는 것을 포함해 서방이 가하는 모욕에 대한 정당한 대응이다. 미국이 무인 드론을 사용해서 마을을 공격하고 여성과 아이들을 죽인다면, IS 전투원들은 그들이 반격하는 것이 정당하다고 믿는다.

IS가 마을에 들어갈 때는 현지 주민들을 겁박하기 위해 즉결 처형을 한다. 모슬렘이 아닌 주민들은 이슬람교로 개종할지 아니면 자신의 종교를 계속 따르고 벌금을 지불할지 선택해야 한다. 현지 여성들은 납치당해서 이슬람 전사의 '신부'가 된다.[39] 어느 도시에서나 이 단체는 다마스쿠스나 바그다드의 부패한 관료에 대한 분노를 대신 풀려고 한다. 여성들은 "검고 축 처진 차도르"를 걸쳐야 하며, 사람들은 공공장소에서는 담배를 피우지 못하고 오직 집에서만 피울 수 있다. 이 단체의 전투원들은 "'과거 비신자들에게 경배받았던' 조각상들을 박살 내고 있다".[40]

영토를 장악하자 세금과 벌금, 통행료를 부과할 수 있게 되고, 이라크의 경우는 석유 판매에서 나오는 수익을 통제할 수 있게 되었다. IS는 자칭 칼리프 국가 내에서 활동하는 개인과 기업으로부터 연간 약 10억 달러의 수익을 올리고 있다고 추정된다.[41] 이 막대한 금액으로 IS는 전투원을 모집하고 자살폭탄 자금을 지원하며, 석유를 밀반출하고 무기를 사들이고 있다.

기독교 근본주의자들

중동만이 종교적 신념을 두고 분쟁을 겪고 있는 것은 아니다. 이슬람에서의 갈등처럼 폭력적이지 않고 이스라엘에서의 논쟁처럼 격렬하지는 않더라도 미국에서는 학교에서 진화론을 교육하는 문제를 두고 심각한 줄다리기가 팽팽하게 지속되고 있다. 과학자들은 지구의 나이가 약 45억 년이고 생명체는 수억 년에 걸쳐 진화해왔다는 반박할 수 없는 증거가 있다고 주장한다. 단세포생물이 다세포생물로 변했고, 이러한 독립체들은 복잡한 과정을 거쳐 무척추동물, 곤충, 공룡, 포유동물, 물고기, 새, 마침내 인간까지 발전했다.[42] 이러한 진화의 과정을 기록하는 수많은 화석이 증거로 남아 있다.

그러나 수백만의 미국인들은 방대한 과학적 증거를 받아들이지 않고 있다. 그들은 진화론은 거짓 개념이며, '천지창조설'이라는 상대적으로 최근의 개념이 어떻게 우주가 발전해왔는지를 보여주는 더 유효한 설명이라고 믿는다. 이러한 관점에 의하면 초월적인 능력을 지닌 신이 태양과 지구, 다른 태양계, 하늘에 있는 모든 것들을 만들었기에 생명이 발생한 것이다. 성경 창세기에 나오는 것처럼 지구는 신에 의해 짧은 시간에 창조되었고, 인간은 진화의 부산물이 아니라 신의 영감으로 창조되었다. 이른바 '지적 창조'를 옹호하는 사람들은 신의 섭리를 내세워 지질학과 생물학의 역사를 경시하고 있다. 그들은 생명체라는 것이 신이 의도한 대로 발전한 것이라고 주장한다. 즉 생물학적 적합성과 환경 적응에 기초한 우연한 결과가 아니라는 것이다.

갤럽 설문조사에 의하면 꾸준하게 미국인의 40%가량이 진화론의 설명보다는 천지창조설의 견해를 선호하고 있는 것으로 나타난다. 수백만 년 전의 화석과 공룡, 유물 등 증거에도 불구하고 독실한 신자들은 신이 최근 1만 년 이전에 현재의 모습으로 인간을 창조했다고 고집하고 있다. 이러한 여론 비율은 지난 30년에 걸쳐 지속적으로 나타났다.[43] 뉴스에 어떤 내용이 나오고 어떤 과학적 발견이 이루어지는지는 상관할 바가 아니라는 태도로 상당수 미국인은 세상 전반과 특히 인간이 어떻게 생겨나게 되었는지에 대해 성경에 나오는 이야기만 받아들이고 있다.

이러한 믿음의 결과로 수십 년 동안 미국 전역에 걸친 여러 학교들은 적절한 교육과정을 놓고 격전장이 되어오고 있다. 세속주의자들은 학교가 과학적인 증거를 따라야 하고 진화론의 관점을 가르쳐야 한다고 주장하고 있다. 그러나 많은 근본주의자들은 진화론이 천지창조설보다 신빙성이 크지 않은 단순한 하나의 가능한 학설에 불과하며, 지적창조 체계도 공립학교 과학수업에서 동일한 비중으로 가르칠 가치가 있다고 고집하고 있다. 어떤 곳에서는 진화론과 지적창조 이론을 서로 경쟁하는 이론으로 가르치고 있는데, 이는 비과학적인 견해를 마치 과학에 근거를 둔 이론처럼 신빙성이 있는 것인 양 만들어버리는 효과를 낸다.

미국은 또한 기후변화의 타당성을 두고도 심각한 싸움에 직면해 있다. 지구의 대기가 더워지고 있으며 그 결과 기온이 올라가고 대륙 빙하가 녹아서 해수면이 상승할 것임을 보여주는, 사실에 기반을 둔 증거를 거의 모든 과학자가 받아들이고 있다. 과학자들은 화석연료와 탄화수소의 사용이 기후변화의 중요한 요인이며, 인간은 장기적인 지구 멸망을 막기 위한 주요한 조치를 취할 필요가 있다는 점을 보여주는 폭넓은 증거들을 내놓고 있다.

구체적인 증거가 있는데도 많은 미국인이 이러한 결론을 받아들이지 않고 있다. 그들은 기후변화 주장에 회의적이며, 그들이 보기에 증거가 아직 확실하지 않은 상황에서 엄격한 조치를 한다는 것은

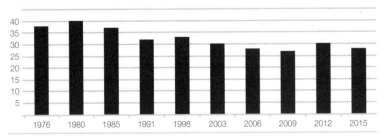

그림 5-1 성경을 실제 신의 말씀으로 믿는 미국인들의 비율

비율(%)

자료: Lydia Saad, "Three in Four in U.S. Still See the Bible as Word of God," Gallup Poll, June 4, 2014.

시기상조라고 주장하고 있다. 갤럽 여론조사 자료에 의하면 미국인의 25%는 "지구 온난화에 대해 많이 걱정하지 않거나 전혀 걱정하지 않"으며, 단지 39%만이 "지구 온난화는 인간의 행위로 인한 것"임을 인정하고 있다.[44] 이른바 기후변화 회의론자들은 과학적 논거를 의심하고 있고, 만약 정말로 지구 온난화가 일어나고 있다면 온난화의 자연적인 원인이 인간과 관련된 요인보다 더 크다고 느끼고 있다.

진화론과 기후변화에 관한 이러한 논쟁은 학술적인 영역에 머물지 않고 더 큰 의미가 있는데, 실제 이는 미국의 국내정치와 공공정책에 깊이 관련이 있다. 근본주의적 기독교 신념을 가지고 있는 미국인들의 비중이 여전히 높아서 많은 공동체의 정치에 영향을 미치고 있다(〈그림 5-1〉 참조). 갤럽 여론조사에 의하면 미국인의 약 3분의 1이 성경은 실제 신의 말씀이라고 생각하고 있다.[45] 기독교 근본주의자들은 미국에서, 특히 공화당 내부와 남부 및 중서부의 핵심 주에서 강력한 정치 세력을 형성하고 있다. 그들은 많은 주와 지자체에서 선거를 흔들 수 있는 능력을 가지고 있어서 그들의 수에 걸맞지 않은 권

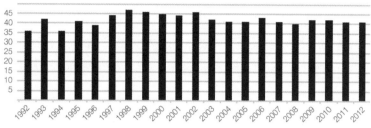

그림 5-2 1992~2012년 미국의 복음주의적 기독교도 비중

비율(%)

자료: Gallup Poll, "Religion," undated.

력을 휘두르고 있다.

〈그림 5-2〉는 1992년부터 자신을 '복음주의' 또는 '거듭난' 기독교
도로 보는 일반 미국인들의 비율을 보여준다. 거의 대부분의 조사 대
상 기간에서 40% 초중반을 보였다.[46] 정확한 숫자는 중요한 뉴스나
사람들의 관심을 끄는 이슈가 무엇인지에 따라 높아졌다가 낮아지
기를 반복했다. 그러나 지난 20년 동안 상당수 미국인이 자신을 복
음주의적 기독교도라고 생각하고 있는 것은 분명하다. 그들은 근본
주의적 가치를 지지하고, 정치 및 정책 문제와 관련해 종교에 기반을
둔 도덕주의자적 관점을 가지고 있다. 그들은 대거 투표에 참여하고,
정치를 포함한 여러 분야 지도자들을 자신들의 공적 행사에 끌어들
인다.

그토록 많은 사람이 자신을 복음주의적 또는 근본주의자라고 여
긴다는 사실은 미국에서 일어나는 작금의 선거와 정치, 공공정책에
하나의 중요한 요인이 된다. 종교적 신념이 강한 사람들은 많은 문
제에서 덜 교조적이거나 또는 세속적인 견해를 가진 사람들과 완전

히 다른 입장을 취하는 경향이 있다. 이해관계가 대립하는 집단 간의 대화가 도덕주의적 논조를 띠게 되면 문제를 해결하기가 복잡해지며, 최근에 보아온 것처럼 날카로운 양극화가 조장된다.

많은 정치인이 종교적인 성향을 띤 유권자들의 표밭을 갈기 위해 자신의 원래 노선에서 벗어나고 있다. 예를 들어 2016년 대통령 선거를 위한 예비선거 기간 초기, 공화당 경선 주자 릭 페리는 아이오와의 교회에 모인 청중들에게 말했다. "나는 하나님의 일을 하면서 여생을 보낼 것입니다." 공화당 경쟁자였던 칼리 피오리나도 교회에 다니는 사람들에게 설명했다. "남편 프랭크와 나를 절망적인 슬픔에서 구해낸 것은 예수 그리스도와의 인격적인 관계였습니다."47

또한 종교는 지도자들이 안보 문제를 어떻게 정의할 것인지에 대해서도 영향을 미친다. 공화당 상원의원 마코 루비오는 이른바 '문명화된 투쟁'이라는 첫 번째 대통령 선거 캠페인 광고에서 현재의 세계 상황을 이슬람 급진주의자들의 서방 사회 공격을 포함한 서사시적인 도덕 이야기로 표현했다. 2015년 12월 파리에서 일어난 테러를 상기시키면서 루비오의 광고는 잠재적 유권자들에게 호소한다. "이것은 자유의 가치와 과격한 이슬람 테러 간의 문명화된 투쟁입니다. 파리에서 일어난 일이 여기서도 일어날 수 있습니다. 여기에 중간 입장이란 있을 수 없습니다. 이들은 불만을 품거나 권력을 빼앗긴 사람들이 아닙니다. 이들은 우리가 여성에게 운전을 허용한다는 이유로, 소녀들이 학교에 다니도록 허용한다는 이유로 우리를 죽이려 드는 과격한 테러범들입니다."48

종말론적 사고

　많은 국가에서 과학과 종교, 현대성을 두고 일어나고 있는 날카로운 갈등은 메가체인지를 겪고 있는 세상을 상징적으로 드러낸다. 앞에서 언급한 바와 같이 강한 믿음을 지닌 사람들은 정치와 사회, 종교를 놓고 벌어지고 있는 작금의 분규를 격렬하게 만들고 있는 세력 중 하나다. 그들은 타협을 부도덕에 굴복하는 것으로 보는 경향이 있어서 독단적인 견해를 지닌 유권자들은 지도자들의 국내외 정책 협상을 어렵게 만들고 있다. 어떤 개인들이 자기네들은 진실을 알고 있으며 다르게 생각하는 사람들은 옳지 않을 뿐만 아니라 심지어 악마라고 확신할 때는 다른 사람들의 견해를 용인하거나 자기네에게 중요한 가치를 희생하길 요구하는 해결책에 동의하기 어렵다.

　종교적 열성은 항시 우리와 함께해왔지만, 오늘날 세상에 특히 도전적인 것은 빠른 속도의 범세계적인 의사소통과 대외정책과 국내 정책 간의 상호작용 때문이다. 한 나라의 극단주의는 때로 다른 곳에서의 극단주의를 불러일으킨다. IS가 기독교도와 다른 사람들을 참수하는 것을 서방 사람들이 볼 때 강렬한 반응이 나타나게 되고, 그러한 극악무도한 행동을 막기 위해 강력한 조치를 촉구하게 된다. 서로에게 영향을 미치는 갈등의 특성은 폭력의 순환을 촉발해서 각 조치가 다음 반응을 정당화한다. 일단 순환이 시작되면 가속하는 것을 막기 어렵다.

　어떤 곳에서는 명확히 종말론적인 사고가 실제로 최후 심판일 시나리오를 부추기고 있다. 종교적 극단주의자들은 선(자신들을 비롯해서 생각이 비슷한 사람들)과 악(그 밖의 다른 사람들)의 거대한 전투가 다가오고 있다고 생각한다. 이러한 예상은 갈등을 심화하는 자기 충족적 행동이 늘어나게 한다. 예를 들어 성경 묵시록을 보면, 파트모스섬에 유배당한 사도 요한은 아마겟돈에서 정점을 이루는 하느님과 사탄의 전면전과 예수의 두 번째 강림을 예고한다.[49] 사도 요한은 이 거대한 전쟁에 앞서 화산과 지진, 홍수와 같은 흔하지 않은 기상이변, 그리고 예루살렘에서의 새로운 성전 건립과 같은 엄청난 지정학적 행위들이 사전 징조로 나타날 것이라고 기록했다. 많은 신자들이 이러한 일들(예를 들면 기후변화) 가운데 몇 가지가 분명하게 일어나면 세상의 종말과 마지막 전투를 준비할 필요성을 알려주는 것으로 이해한다.[50]

무엇보다도 기독교 근본주의자들은 이 종교 문헌을 인용해서 자신들이 이스라엘 국가를 강력하게 지지하는 이유, 나아가 미국도 그리해야 하는 이유를 정당화하고 있다. 예루살렘은 2000여 년 전 예수가 승천한 곳이기 때문에, 그가 모든 비신자들을 죽이고 '선택받은 자들'을 천국의 영생으로 인도하기 위해 다시 돌아올 곳도 예루살렘이라고 그들은 생각한다.

비슷한 맥락에서 이슬람 근본주의자들도 코란 해석에 기초해 유사한 종교적 운명론을 가지고 있다. 알라와 선지자 마호메트가 장차 다가오는 선과 악 사이의 전쟁에서 모든 불신자(비신자)를 괴멸시키고 자기네를 구제한다는 내용이다. 브루킹스 연구소의 학자인 윌리엄 맥캔츠William McCants에 따르면, "미국의 이라크 침공과 뒤이어 따라온 엄청난 폭력을 두고 수니파 대중들은 완전히 뒤집힌 세상의 종말론을 설명하고자 하는 욕구를 높였다. 쏟아지는 베스트셀러들은 미국을 종말론 드라마의 중심지, 지역 전체에 살인마들이 밀려드는 새로운 '로마'로 상정하고 있다".[51] 다른 이들도 IS가 "아마겟돈 같은 최후의 전투를 위해 세상의 비신자들을 시리아로 유혹해 끌어내는 가장 중요한 종말론적 사명을 가지고 있다"라고 주장하면서 이러한 우려에 공명하고 있다.[52]

이 같은 종말론적 비전을 가지고 있는 모슬렘들은 이슬람교에서 가장 신성한 곳의 하나인 성전산Temple Mount과 성스러운 바위 돔, 알아크사al-Aqsa 모스크를 장악한 이스라엘을 비난하고 있다. 바로 이 곳에서 모하메드가 날개 달린 말을 타고 '신의 현존'으로 올라갔기 때문이다. 바위 돔은 이슬람교에서 가장 중요한 이 신비스러운 여행을 기념하는 곳이다. 일부 모슬렘은 서방 군대가 중동에 들어오는 것을 반겼는데, 이를 구실로 전쟁을 준비하고 자기 측으로 지지자들을 끌어올 수 있기 때문이다. 그들은 서방 국가들이 이슬람과 전쟁을 벌이고 있으며, 가장 중요한 전투를 통해 자신들이 현재의 압제에서 벗어나게 될 것으로 믿고 있다.[53]

예루살렘 구시가지는 제2성전(서기 70년 로마에 의해 불타버렸다)의 일부인 통곡의 벽이 있어서 유대교에서 신성하게 여기는 장소다. 유대인들은 이곳을 모리아산(또는 시온산)이라고 부르며 많은 사람이 기도하러 찾는다. 모슬렘들에게 무척 도발적이기는 하지만, 일부 초정통파 신자들은 언젠가 이 자리에 세 번째 성전을 짓고 조상들의 영광스러운 신앙을 회복할 날이 오기를 희망하고 있다.

평화 정착을 어렵게 만들고 국내외 정책에 대한 관점을 위험하게 몰아가는 3개의 유일신 종교에는 이처럼 종말론적인 요소가 있다. 종교사학자 일레인 파겔스Elaine Pagels는 종말론적 예언이 수 세기 동안 존재해왔다고 밝히고 있다.[54] 사람들은 큰 스트레스를 받거나 심하게 억압을 받을 때에 종종 운명과 종말의 예언에 기댄다. 종말을 열망하고 진정한 신자에게 평화와 평온을 가져다줄 천국을 바라는 것은 오직 가혹한 여건에 처한 인간들뿐이다.

오늘날 위험한 것은 이러한 종말론적 비전이 중동과 여타 지역에서 위험스럽게 충돌하고 있다는 사실이다. 근본주의자들은 종말과 영원한 구원으로 이끌 극단적인 행동을 취함으로써 보상을 받으려 한다. 반대 의견을 가진 사람들과 타협한다는 것은 아무런 정당성이 없다. 그들은 이러한 갈등을 신의 뜻을 대변하고 자기네들의 역사적 사명을 완수하는 것으로 본다. 이 격변하는 충돌이 위대한 영광과 명예, 영원한 구원을 가져다줄 것으로 여기는 것이다. 그러한 극단주의적 견해는 다른 이들에게 적대감을 불러일으키며, 국제분쟁을 가열시키고 있다.

제6장
—
메가체인지의 도전

✳

메가체인지는 위험과 기회를 동시에 품고 있다. 변화의 시기에는 혼란과 격동이 일어나기 쉽다. 대규모 변화는 개인들의 의표를 찔러 긴장과 불안감을 조장한다. 사람들은 어떻게 예견치 못한 일들이 일어나는지, 이것이 그들 개인에게는 무슨 의미가 있는지 궁금해한다. 이러한 현상은 예상치 못한 상태에서 나타나기 때문에 적응할 시간이 거의 없고, 정책 결정자들은 메가체인지로 인해 발생하는 대중의 불안과 불확실성을 다루기가 어렵다.

그러나 큰 변화는 또한 어떤 기회가 되기도 한다. 현대 생활을 불안정하게 하는 힘은 패러다임을 전환하고 추정을 변경케 하며 새로운 현실을 만들어낼 기회를 열어준다. 새로운 선택지를 숙고하는 데는 상상력과 창조성이 필요하지만, 변화의 토양은 앞으로 나아가기 위한 신선한 시각과 기발한 전략 개발을 가능케 한다.

이 장에서는 개인과 사회, 정부에 대한 메가체인지의 도전을 검토하고자 한다. 대규모 변화가 얼마나 사람들의 안락을 뒤엎고, 대규모 인구 재배치로 이어지며, 중요한 통치 문제를 만들어내는지 보여줄 것이다. 느리고 신중한 정치제도와 빠르고 광범위한 세계적 변화는 현재 불일치를 보이고 있다. 지도자들은 메가체인지로 인해 발생하는 개인적, 사회적 어려움을 사람들이 잘 처리하도록 도움을 주는 정책을 더 빨리 개발할 수 있도록 거버넌스 과정을 개선할 필요가 있다. 당국이 대규모 변화를 다루는 방법을 개선할 수 없다면 사회는 거꾸로 발전할 것이며, 현재의 과학적, 문화적 이득은 줄어들 것이다. 이러한 폭넓은 전망은 메가체인지의 여파를 처리하는 것이 중요함을 보여준다.

개인에 대한 도전

커다란 변화는 개인적인 차원에서 사람들에게 많은 도전을 안겨준다. 변화는 특히 이것이 갑작스럽고 설명할 수 없는 것이라면 스트레스와 불안, 뿌리가 없는 듯한 기분을 유발할 수 있다. 사람들은 한때 생활에 안정감을 주었던 어떤 힘으로부터 떨어져 나가버린 느낌을 받는다. 그들은 혼란스러운 조건들을 걱정하고, 어째서 변화가 일어나고 있는지 이해하지 못하면서 자신의 심리적 안전지대에서 쫓겨난다.

이것이 바로 정치적, 종교적 양극화가 많은 사회에서 강화되는 이유 중 하나다. 표류하고 있다고 느낄 때 사람들은 때때로 불확실한 상황에 명쾌한 답변을 주는 것처럼 보이는 종교적 또는 정치적 교리에서 위안을 찾는다. 복잡한 문제에 대해 이미 주어진 답변을 가지고 있다는 것은 세상을 단순화하는 데 도움을 주고, 혼란스러운 상황에 직면하고 있는 사람들에게 위안을 준다. 이는 특정한 변화를 좋아하지 않고 다양한 이데올로기를 가지고 있는 사람들에게, 그리고 현대사회의 세속주의에 대한 혐오감으로 세상을 수 세기 전으로 되돌리려는 더욱더 극단적인 급진주의자들에게 분명히 나타난다.

큰 변화가 본질적으로 대부분 사람들에게 받아들여지기 어려운 것이라면, 전쟁의 결과나 경제 붕괴, 자연재해와 같이 사회적 규범을 뒤집는 절대적인 혼란은 훨씬 더 심각한 반발을 불러일으킨다. 정치적 지각변동이 발생할 때는 그것을 헤아리기도 어렵고, 인지된 위협에 대응해야 한다고 느끼는 정치 지도자들이 자주 과잉반응을 보인다. 불안과 분노는 혼란으로 인해 피해를 입고 있는 사람들로 하여금 그들의 개인적인 안전을 보장해주는 조치를 요구하도록 이끈다. 대규모 변화로 인해 만들어진 악감정은 사람들을 좋지 못한 결과로부터 보호해줄 수 있는 더 큰 안보나 법, 질서 또는 행동을 요구하는 목소리로 이어진다. 맹목적인 애국주의로 치장된 미사여구가 적과의 긴장을 부채질하고 새로운 차원의 극단주의를 만들어낼지라도, 이러한 말투에 많은 사람들이 호감을 느끼게 된다.

앞 장에서 지적한 바와 같이 한 방향에서의 변화는 다른 측으로부터 강렬한 격정을 불러일으킬 수 있다. 본의 아니게 한쪽에는 방어적인 것으로 비치는 어떤 조치가 다른 쪽에서는 공격적인 것으로 이해될 수 있다. 이는 복잡한 문제로 비약되기 쉽고, 긴장 완화가 훨씬 더 어려워지게 한다.

이러한 상황에서 세계적인 지도자들은 변화가 너무 빠르게 일어나서 사람들의 개인적인 안전지대를 불안정하게 만드는 시나리오를 피하도록 신중해야 한다. 변화로 인해 사람들이 자신들의 장래에 대해 불편하게 생각한다면, 이는 사람들로 하여금 친숙한 정통신앙으로 되돌아가고자 하는 욕구를 자극하거나 독재적인 지도자를 찾게끔 조장한다. 이러한 두려움에는 역사적 전례가 있다. 경제 파탄이 수백만의 사람들에게 정신적 트라우마를 안겼던 1930년대 대공황 시기, 여러 나라의 시민들은 혼란과 무질서를 다스릴 방안으로 독재자들에게 눈을 돌렸다. 독일에서는 아돌프 히틀러가 깊은 경제적 스트레스를 이용해서 특히 유대인과 공산주의자들과 같은 희생양들에 비난의 화살을 돌렸다.[1] 베니토 무솔리니는 "기차가 정시에 달릴 수 있도록" 이탈리아의 혼란스러운 상황을 통제할 것이라고 이탈리아 국민들에게 약속했다.[2]

우리는 오늘날 이런 위험에 또다시 직면해 있다. 엄청난 변화로부터 나오는 경제적, 사회적 스트레스는 결과적으로 혼란을 다룰 수 있는 질서에 대한 욕구를 포함해서 극단주의의 불을 붙일 것이다. 예를 들어 많은 선진국에서 중산층 노동자들은 소득이 정체되고, 사회적 유동성이 제한되며, 불평등이 심화되는 상황에 직면하게 된다.[3] 이러한 모든 힘들은 사람들을 심각한 스트레스로 몰아넣고, 그중 일부 사람들로 하여금 쉬운 해결책을 약속하는 선동정치나 극단적인 국가주의자들에게 눈을 돌리게 한다.

불확실성이 극심한 시대에서 일부 사람들은 그들이 느끼는 불안의 이유로 현대성이나 세속화를 탓한다. 오늘날 세상에서 그들은 글로벌화의 가치와 재화 및 서비스의 자유로운 이동에 의문을 제기한다. 그들은 자본주의와 민주주의가 자기네들의 이익에 맞는 것인지

의심한다. 어떤 개인들은 소외와 분노로 인해 지난 시대로 시간을 되돌리려 하고, 세상에 대처하기 위해 유효성이 증명된 철학이라고 생각하는 바에 집착하게 된다. 사람들이 심각한 스트레스에 직면해 불안감을 느낄 때는 보호와 전통적인 문화 가치를 갈망하게 되는 것이 공통된 반응이다.

사회에 대한 도전

메가체인지는 사회적으로도 커다란 결과를 낳을 것이다. 거대한 힘들이 사회와 조직, 사회적 상호작용에 영향을 미친다. 혼란은 사람들이 어떻게 느끼고 행동할지에 영향을 미칠 뿐 아니라, 사람들이 친구나 이웃들과 어떻게 살고 어떻게 자신을 자리매김할지에도 영향을 미친다.

가장 명백한 증거는 최근에 세계적인 관심을 끌고 있는 대규모 인구 이동에서 볼 수 있다. 오늘날 이민과 재정착, 내전과 사회적 분규를 피해온 난민, 대규모 공공 이주 등이 일어나고 있다. 어떤 사회에서는 극심한 빈곤과 혼란으로 인해 국경을 넘나드는 인신매매도 이루어지고 있다.

유엔 난민기구에 의하면 2015년 말 현재 거의 6000만 명이 아프리카, 중동, 아시아, 라틴아메리카의 고향을 떠나 이주했다.[4] 시리아 내전은 현재 가장 잘 알려지고 가장 긴급한 난민 사태다. 내전으로 2200만 시리아 인구 중 절반가량이 고향을 떠나도록 내몰렸고, 이들 대부분은 시리아의 다른 지역으로 도망갔다. 다른 400만 명의 시리아인들은 터키, 레바논, 요르단, 유럽 등지에서 도피처를 찾았다.[5] 아프가니스탄 역시 최근 일련의 난민 위기를 겪고 있는데, 약 260만 명이 지속되는 분쟁을 피해서 인근 국가로, 또는 멀리는 유럽까지 도망갔다.

사실상 모든 대륙에서 사람들이 살고 일하는 곳에 커다란 변화가 일어나고 있다. 1990년대 말 이후 아프리카, 특히 대호수 지역과 북동부 지역에서 발생한 내전으로 난민이 물밀듯 흘러나왔고, 국내적으로도 많은 사람이 고향을 떠나 다른 지역으로 이주했다. 이들 대부분은 이웃 나라로 피난했지만, 갈수록 많은 사람이 유럽으로 건너가고자 하는 희망을 품고 북쪽으로 이주했다. 지중해를 건너려다 익사한 수많은 사람을 포함해서, 그들은 이동하는 동안 엄청난 궁핍과 심지어는 죽음까지도 감수하고 있다.

가난한 이민자들은 고향에서 벌어지는 충격적인 폭력에서 벗어나 미지의 외국 땅에서 더 나은 삶을 살겠다는 희망에 평생 모은 돈을 쓰고 있다. 때로는 수천 달러에 달한다. 그들의 조국은 군사적 침략이나 인종 갈등, 사회적 갈등으로 가리가리 찢겼다. 어쩔 수 없이 사람들은 등에 질 수 있을 정도의 물건만 싸들고 고향을 떠나야 한다. 때로 자신과 가족을 살리기 위해 수백 마일을 걸어야 할 때도 있다.

대규모 이민은 더 나은 삶을 찾아 불가피하게 이주하거나 자발적으로 고향을 떠나는 사람들에 대한 반발로 이어질 수 있다. 예를 들어 오스트리아를 비롯한 여러 유럽 국가는 자기네 국경으로 밀려든 시리아인 등 난민들에게 매우 부정적으로 반응했다. 이 난민의 물결에 대처하는 방안으로, 울타리를 쳐서 주변국을 통해 들어오는 난민을 막는 '봉쇄' 전략을 채택하기도 했다. 헝가리는 "세르비아로부터 유럽연합에 들어오려는 사람들을 막기 위해 109마일짜리 울타리를 쳤다". 게다가 불가리아는 터키와 함께 울타리를 지금보다 80마일 더 연장하려고 한다.[6] 이런저런 방식으로, 2015년 난민 위기에서 비롯된 반발은 여러 나라의 관례적인 정치를 뒤엎는 위협 요소가 되었다. 극우 반이민 정당들은 오스트리아, 덴마크, 프랑스, 독일, 네덜란드, 노르웨이 등 많은 유럽 국가에서 새로운 동력을 얻고 있다. 2016년 오스트리아에서는 극우 후보자가 난민들에 대한 불안감에 일부 힘입어 대통령직(명목상 최고위직일 뿐이라 해도 상징적으로 중요한)에 매우 근접했다.

미국은 시리아와 여타 최근의 분쟁 지역으로부터 극소수의 난민만 받아들였으나, 일부 정치가들은 테러와 경제적 고통에 대한 유권자들의 불안감을 이용해왔다. 예를 들어 공화당 대통령 후보 경선 선거운동에서 도널드 트럼프는 멕시코와 중앙아메리카, 남미에서 들어오는 이민자들에게서 미국을 보호하기 위해 '차단벽' 건설을 제안했다. 멕시코와의 국경 일부에 이미 울타리가 있지만 트럼프는 더욱 견고한 장벽이 필요하다고 주장하면서, 심지어 현재 미국에 체류하는 1100만 명가량의 '불법'(공식적으로는 '미등록') 이민자들의 추방까지도 요구하여 상당한 관심과 정치적 지지를 얻었다.

트럼프와 같은 화술이 자아내는 큰 위험성을 고려할 때, 정치 당국은 대규모 인구 이동과 그것이 사람들에게 남기는 트라우마를 더 합리적으로 다룰 수단을 개발해야 한다. 지도자들은 빈곤과 시민 분규의 원인을 완화하기 위해 개발 활동을 재조정하고, 그럼으로써 혼란한 지역에서 사는 사람들이 생산적인 활동으로 옮겨 갈 수 있도록 도와주어야 한다. 광범위하게 일어나고 있는 이주민들의 현지 정착은 세상을 불안정하게 하고 수천만의 사람들을 정상적인 사회적, 경제적, 정치적 공동체로부터 소외시키고 있다. 이러한 현실을 개선하지 않으면, 많은 국가에 미래가 없는 사람들로 구성된 새로운 최하층 계급이 영원히 존재하게 될 것이다. 그것은 직접적으로 영향을 받는 사람들에게 비극일 뿐 아니라 사회 전체에도 해로운 일이다. 희망의 결핍과 박탈은 범죄와 폭력을 낳고, 이는 사회적 긴장을 악화시킨다.

이러한 상황에서 테러와 파괴적인 폭력은 새로운 일상이 될 것이다. 이미 개도국 여러 곳에서 이러한 일들이 일어나고 있다. 극단주의와 조직화된 폭력은 선진국에서도 더욱 흔한 일이 되어가고 있다. 여러 가지 측면에서 과거의 불만에 대한 보상으로 극단주의 전술을 정당화할 때는 평화적인 해결책을 통해 갈등을 해결하는 것이 어렵게 될 것이다. 대신 무장한 전투원들이 적을 장악하기 위해 노력할 것이고, 협상을 통해 도출된 평화적 해결방안을 받아들일 수 있는 유인책이 거의 없게 될 것이다.

거버넌스에 대한 도전

거버넌스를 개선하는 문제는 오늘날 가장 큰 도전 중의 하나이다. 많은 개도국에서 정부기관은 허약하고 무능하거나, 아니면 경직되고 독재적이다. 반대로 서방 민주주의 국가는 대부분 신중한 정치 절차로 느리게 작동하는, 그래서 빠른 변화를 능숙하게 처리하지 못하는 정부기관을 가지고 있다. 민주적 관행은 변화가 점진적이고 느리게 일어나는 농업시대에 맞게 고안된 것이다.

그 결과 전 세계적으로 많은 시민사회 절차는 빠르게 진행되는 메가체인지에 대처하기 위한 준비를 제대로 갖추고 있지 못하다. 예를 들어 유전학이나 로봇공학, 인공지능과 같은 세계적 사건에서의 커다란 진전은 어떠한 파급 효과를 불러올지 우리의 이해 범위를 넘어서고 있다. 우리의 통신과 기술은 21세기이지만, 변화를 다루어야 하는 공식적인 거버넌스는 적어도 1~2세기 전에 고안되었다.

결과는 국내 거버넌스와 세계적인 변화 간의 부조화다. 더 빠른 결정을 내리는, 정부에 더 강력한 지위를 부여해 대규모 변화를 다룰 수 있게 하는 제도와 절차가 필요하다. 이는 우리의 정보 수집과 분석 능력을 업데이트하고, 최신 자료를 실시간 정책 결정에 반영하는 더 나은 방법을 모색하는 것을 의미한다. 지도자들이 변화하는 현실에 빠르게 대응할 수 있도록 제도와 절차를 업그레이드하는 일이 반드시 필요하다.

지도자들이 결정을 내려야 할 적기로부터 며칠 후, 아니면 몇 주, 몇 개월 후에 결정적인 정보를 입수하는 사례가 너무나 잦다. 그 결과 잘못된 정보나 이미 쓸모없어진 정보를 기초로 선택을 하게 된다. 코앞의 쟁점에 의존해서 결정을 내리면 그 결과는 국가에 큰 재앙이 될 수 있다. 특히 도전적이고 중대한 결정을 요구하는 상황에서는 실제 현실과 효과적인 의사결정 사이에는 분명 더 밀접한 관계가 있다. 지도자가 믿을 만한 정보를 가지고 있지 않으면 그의 선택은 상황을 더욱 악화시킬 수 있다.

게다가 많은 사회에 근본적인 제도 문제가 있어서 작고 편협한 정당들이 선거 규정 때문에 규모에 맞지 않게 큰 영향력을 행사하고 있다. 예를 들어 매우 적은 득표수로도 의원을 낼 수 있는 의회제도에서는 극단적인 의제를 주장하는 작은 정당이 중요한 실세가 될 수 있는데, 더 큰 정당이 연립여당을 구성하기 위해 그들을 필요로 하기 때문이다. 따라서 극단적인 정당은 공공정책을 극단적인 방향으로 이끄는 큰 양보를 요구하고 얻어낼 수 있다.

이러한 일이 최근 이스라엘 선거에 일어났다. 보수여당인 리쿠드당은 극단적으로 종교적이고 국수주의적인 정당들과 연립여당을 구성했는데, 그 결과 국내외 정책에 큰 영향을 미쳤다. 소정당들은 서안 지구 정착촌 확대를 주장하고, 국내 갈등을 악화시키고 이스라엘의 국제적인 지위를 해치는 종교적인 규칙을 고집하고 있다. 이는 세부적인 정치 과정이 어떻게 갈등을 악화시키고 문제 해결을 어렵게 만드는지 보여주는 사례다.

비슷한 역학 관계가 미국에도 존재하는데, 미국에서는 특별한 이익 그룹들이 실제적인 것이든 아니면 상상적인 것이든 정치적인 영향력 때문에 규모에 맞지 않게 큰 힘을 행사하고 있다. 전미총기협회NRA는 이러한 문제점을 확연히 보여주는 예다. 미국 내 대부분의 주에서 총기를 쉽게 구입할 수 있고 구입할 수 있는 종류에 대한 연방 차원의 제한도 없기 때문에, 총기를 이 주에서 저 주로 쉽게 이동할 수도 있다. 수많은 집단 살해 사건에도 불구하고, 전미총기협회는 주 또는 연방정부 차원에서 공격용 무기를 불법화하거나 폭력 전과 또는 정신건강 문제를 포함해서 더 자세한 신원조사를 요구하는 일체의 노력을 무력화하고 있다. 이 단체 지도자들은 총기 소지법이 헌법에 위배되며, 사람들이 자기 자신을 보호하기 위해서는 오히려 군사용 고성능 무기를 비롯해 더 많은 총기류가 필요하다고 주장하고 있다. 전미총기협회의 요지부동한 입장을 고려할 때, 사회 전반을 보호하기 위한 합리적인 총기 소지법을 제정한다는 것은 어렵거나 보통 불가능한 일이었다. 전미총기협회와 기타 조직적인 단체들은 미국으로 하여금 대부분 서방 국가들이 시행하고 있는 법, 즉 사회 폭력을 줄이기 위한 총기 규제법 제정을 막고 있다.

합의점에 이르기 위한 길을 찾는다는 것은 큰 변화가 일고 있는 시기에는 매우 중요하다. 변화가 불안을 야기하고 과격한 의제를 내세우는 소집단에게 권력을 주는 정치 규칙을 만들어낸다면, 그 결과는 정책 결정과 거버넌스에 큰 재앙이 될 수 있다. 극단주의와 광범위한 변화가 합쳐지면 사회 여러 분야에 효과적이면서도 수긍 가능한, 현실성 있는 타협안을 만들어내기가 배로 어려워진다.

정치적 극단주의 약화

오늘날 메가체인지로 인해 복잡해져 버린 난제 중 하나로서 지도자들이 직면한 문제점은 극단주의라는 퍼즐을 풀고 거버넌스를 개선하는 것이다. 변화의 해일은 사람들을 터전에서 몰아내고 엄청난 어려움을 만들어낸다. 서로 배경이 다른 사람, 특히 완전히 다른 세계관을 지닌 사람을 받아들이려 하지 않는 것이 인간의 공통된 성향이기 때문이다.

언론인 빌 비숍Bill Bishop은 저서 『빅 소트The Big Sort』에서 현재의 어떤 추세가 이 문제를 악화시키고 있다고 주장했다. 사람들은 분리되고 단절된 다양한 상황으로 스스로 분열해왔다는 것이다.[7] 주택, 교육, 문화 활동에서 그 예를 볼 수 있다. 개인들은 비슷한 견해를 가진 사람들과 함께 있기를 선호하며 자기의 편견을 뒷받침해주지 못하는 정보는 기피한다. 이런 선별이 일반화하면서 한때 사람들을 결속시켰던 공동체 의식이 현대사회에서 계속 유지되기란 거의 불가능해졌다. 공동체 간에 가치관, 배경, 대안적 견해가 경합할 때는 협상을 통해 갈등을 풀어낸다는 것 자체가 큰 도전이 될 수 있다. 근본 가치의 충돌로 양극화와 불화가 깊어지고, 극단주의가 조장되며, 사회와 정치 구조의 밑바탕인 신뢰가 손상된다.

현시대의 많은 양상이 사람들을 함께하기 어렵게 하는 가운데, 디지털 기술과 즉각적인 의사소통 또한 중요한 분열 요인이 되고 있다. 컴퓨터와 마이크로프로세서부터 스마트폰과 원격 센서에 이르는 영역에서 기술은 모든 분야를 재구축하고 있으며, 사람들이 상호작용하고 사무를 처리하는 방식을 변화시키고 있다.[8]

과학적 진보 또한 변화를 가속하고 있다. 유전학과 신경과학, 생물복제를 이해하게 된 생체의학의 성과는 풀기 어려운 윤리적 문제를 야기했다. 사람들이 보기에 과학자들이 근본적인 방법으로 생명을 바꾸거나 심지어 생명을 구하는 것과 같은 신의 역할을 하는 것으로 비칠 때, 이것은 믿음 체계나 윤리의식에 큰 도전이 된다. 동물 복제부터 유전자 조작 식품, 체외 수정에 이르기까지 현재 이루어지는 일들은 상당한 불안감을 조성하고, 과학적 실천에 대한 반발을 불러올 수 있다.

광범위한 규모의 정치적, 사회적, 경제적 변화는 사람들을 불안하게 하고, 일부 사람들로 하여금 현대성과 세속화를 두려워하게 만든다.[9] 예를 들어 개도국에서는 일부 사람들로 하여금 현대적인 사고나 관행을 받아들이도록 설득하기 어려운데, 왜냐하면 그들이 글로벌화와 세속화로부터 얻는 경제적, 사회적 혜택이 거의 없다고 보기 때문이다. 그들은 섣불리 미래로 돌입하다가 자신들의 공동체가 파괴되고 전통적인 사고방식이 경시되지 않을까 걱정하고 있다.

혼란으로 인해 일반적인 의사소통 및 교류 방식, 기존의 상호작용 방식이 불안정해질 때 문제가 발생한다. 많은 사람들이 타인과 사회적 접촉이 끊어지거나, 직업을 잃었다. 그들은 경제적, 문화적 변화의 부정적인 면을 보게 되고, 극단적인 이데올로기에 민감하게 반응하게 된다. 모슬렘 작가 라일라 랄라미Laila Lalami의 말처럼, 다른 사람들의 극단적인 행동 앞에서 온건한 입장을 지키기란 꽤 어려운 일이다.[10]

사회적, 정치적 긴장을 해소하기 위해서 우리는 혜택을 더욱 폭넓게 공유하는 법을 배워야 한다. 극단적인 부류가 불균형하게 정치를 지배하고 승자의 혜택을 가져가는 한, 거버넌스는 일부 편협한 유권자에게만 도움이 되고 나머지는 혜택에서 소외된다고 느낄 것이다. 이런 상황에서는 냉소주의가 팽배해져서 사회가 메가체인지에 대처하기가 더욱 어려워진다.[11] 지도자들은 모든 유권자에게 봉사할 수 있도록 현재의 절차를 재정비하고, 21세기 변화의 속도와 규모를 조화시켜야 한다.

한 가지 필수적인 요소는 더 폭넓은 정치 참여를 향한 움직임이다. 미국에서는 낮은 투표율이 극단주의 정치와 정치적 양극화를 부추기고 있다. 단지 55~60%의 유권자만이 대통령 선거에 투표하고, 약 40%만이 의회 중간선거 투표에 참여하며, 10~20%만이 지방 선거에 참여한다면, 정치인들은 야비하게 행동하고, 극단적인 입장을 택하며, 타협과 협상을 정치적 원칙이 없는 것으로 여기면서 기피하게 될 우려가 커진다. 중산층에 초점을 맞춰 절충안을 모색하기보다는, 너무나도 자주 비타협적인 자세를 취하고, 다른 견해가 옳을 수도 있음을 인정하지 않는다. 그 결과 승자독식의 사고방식으로 인해 체제는 교착과 난국을 겪게 된다.

많은 사람이 참여하는 보편적 투표가 이러한 부정적인 영향을 방지할 수단이 될 수 있다.[12] 오스트레일리아와 벨기에 등 10여 개 국가는 투표 의무를 법으로 정하고 있으며, 투표하지 않은 사람들에게 약간의 벌금을 부과하는 경우도 있다.[13] 그중 일부 나라의 투표율은 90%를 훌쩍 넘기도 한다. 이러한 유형의 개혁을 통해 지도자들이 당장 모색해야 할 선거 장려책을 근본적으로 개선하고, 더 광범위한 요구 사안들이 거론되게 하면서도 정치적 극단주의를 누그러뜨릴 수 있다. 브루킹스 연구소의 학자 윌리엄 갤스턴William Galston과 E. J. 디온느에 따르면, "투표율이 낮은 선거에서는 열성 지지자들이 투표할 가능성이 더 높고, 반면에 이데올로기 성향이 낮고 특정 사안에 덜 열정적인 사람들은 투표하지 않을 가능성이 높다".[14] 보편투표의 조건을 갖추는 것도 현재의 선거 역학을 바꾸는 방법이 될 수 있다.

또 다른 개선책으로 전통 미디어와 소셜 미디어의 편향성을 완화하는 방안을 생각해볼 수 있다. 현대는 정보전달 경쟁이 치열하고, '뉴스'로 보도되는 것 중 상당수가 사실보다 의견에 근거하고 있기 때문에 정치 지도자들은 어려운 상황에 직면한다. 특히 케이블방송은 사소한 것과 심각한 것을 구분하지 못할 때가 너무 많고, 소셜 미디어는 극단적인 표현을 조장한다. 일반 시민들은 사실과 강하게 주장되는 의견을 구분하는 데 종종 혼란을 겪는다. 많은 뉴스 미디어들 또한 메아리를 만들어내는 반향실과 같아서, 비슷한 생각을 하는 사람

들은 이곳에서 기존의(때로는 극단적인) 믿음을 더욱 강화해주는 정보원의 뉴스를 취한다.[15]

칼럼니스트 앤 애플바움Anne Applebaum은 "사실의 실종과 인터넷 판타지의 성장"을 개탄한다. 그녀가 우려하는 바는 "거짓말이 환호받고", 통계들이 "거짓 웹사이트와 의심스러운 조직들에 의해 만들어지고 있다"는 점이다.[16] 주요 뉴스 미디어에 대한 광범위한 의혹은 그 누구도 뉴스 보도를 전적으로 신뢰하거나 가짜 뉴스라고 판단할 수 없음을 의미한다. 필요한 것은 이러한 역학을 바꾸고 오늘날 나타나는 담론의 양극화와 극단주의를 허물어뜨리는 뉴스 보도다. 민주주의는 적절한 사실과 편파적이지 않은 논평, 정치 지도자들에 대한 효과적인 감시를 수행하는 정보체계 없이는 제대로 작동할 수 없다. 일반 대중이 더 개선된 미디어 보도와 소셜 미디어 분석을 요구하지 않는다면 정치적 극단주의와 기만적인 호소를 중단시키기란 불가능할 것이다.

진보의 가역성

최근 몇십 년간 과학과 기술은 인류가 경험해보지 못했던 속도로 진보했다. 인간은 우주를 탐험하고, DNA를 해독하며, 엄청난 처리 능력을 가진 컴퓨터를 설계하며, 심지어는 사람이 하는 일을 정확히 따라 할 수 있는 '인공지능'까지 만들고 있다. 이 모든 활동을 보면 '진보'라는 것이 항시 앞으로만 이루어지는 듯이 보이기도 한다. 새로운 발견이 이루어질 때마다 대중 지식의 토대에 더해지고, 이 때문에 양자 도약과도 같은 비약적인 발전이 언제나 우리를 앞으로만 나아가게 하고 결코 뒤로 가게는 하지 않는다고 믿게 되는 것이다.

그러나 역사를 장기간으로 볼 때, 변화는 항상 앞으로만 이루어지거나 진정한 진보로만 이어지지 않았다. 피라미드를 건설한 이집트인들은 공학을 혁명적으로 발전시켰다. 수천 년 전에 이집트 기술자들은 거대한 바윗덩이를 먼 거리에서 운송해오는 방법을 고안했고, 높은 건축물을 지을 수 있도록 도르래로 바윗덩이를 들어 올리는 방법도 고안해냈다. 이 과정에서 그들은 과학과 수학을 획기적으로 발전시켰고, 높은 수준의 지식을 획득했다.

고대 그리스인들도 엄청난 지식 진보를 이루었다. 유클리드는 선조들의 통찰력을 바탕으로, 오늘날에도 사용되는 기하학의 여러 기본 개념을 정립했다. 여기에는 선線의 정의와 각角의 이해도 포함된다. 피타고라스는 삼각형의 특성을 정리했고, 원의 면적을 계산하는 방법을 밝혀냈다. 그러나 로마제국 시대에 외국의 침략자들이 구 알렉산드리아 도서관을 방화했고, 이로 인해 서양은 막대한 과학 지식을 상실하게 되었다. 서기 500년 이후 '암흑시대'가 유럽과 지중해 지역 전역에 걸쳐 거의 1000년 동안 이어지면서 새로운 지식과 기술의 발전이 둔화했다.

르네상스가 되어서야 다시 지식의 불씨가 지펴졌고, 과학이 새로운 단계로 다시금 진보했다. 누구보다도 뉴턴과 코페르니쿠스, 갈릴레오는 천문학에서 엄청난 통찰력을 발전시켰으며, 우주관을 크게 바꾸어놓았다. 이제 사람들은 더 이상 지구를 태양계의 중심이라고 보지 않고, 태양 주위를 도는 하나의 별로 인식하게 되었다.[17] 종교 지도자들은 성경에 기초한 가정에 맞지 않는다는 이유로 이러한 과학적 성과를 거부했지만, 시간이 지나면서 사회는 전통적인 믿음과 행동방식을 고수하려는 사람들을 극복할 수 있었다.

유럽의 로마제국 후기가 역사가 퇴보한 유일한 시기는 아니다. 역사 진보의 양방향성은 이슬람 세계에서 수학과 과학의 진보 사례에서도 나타난다. 유럽이 암흑시대의 수렁에 빠져 있을 때 중동의 학자들은 엄청난 학문적 진보를 이루었다. 혁신적인 학자는 영zero의 개념을 제시했고, 이는 여러 수학적인 문제를 다루는 데 도움이 되었다. 더 나아가 그들은 토지 경계를 정확히 유지할 수 있게 하는 대수학에서도 큰 진보를 이루었다. 천문관측 장비인 아스트롤라베를 사용해 탐험가들은 일출과 일몰을 정확히 기록할 수 있었다.

하지만 오늘날 여러 아랍 국가들은 과학이나 수학 지식에서 서방국가에 한참 뒤져 있다. 중동과 북아프리카 지역 거의 대부분에 존재하는 봉건제에 가까운 정치제도가 기술혁신을 지연시키고, 어떤 종교적 정통주의가 사회를 규격화하고 있다. 이 지역 과학자들은 에너지 분야, 특히 석유 분야를 제외하고는 더 이상 기술혁신에 박차를 가하지 않고 있으며, 이는 경제성장의 둔화로 이어지고 있다.

전문가들은 오늘날 진보된 과학 사회를 바라보면서 미주, 유럽, 동아시아의 선도국들은 뒷걸음질칠 것 같지 않다고 판단한다. 이 지역의 여러 나라들은 과학 지식, 문화적 관용, 사해동포주의 면에서 진보되어 있고, 사람을 달로 보내고 태양계를 탐험하며 우주망원경을 발사해 우주 생성 초기를 되돌아볼 수 있는 기술혁신에 기초하여 번성하고 있다.

그러나 지식 면에서 커다란 진척에도 불구하고, 미국은 이제 과학과의 전쟁이 일어나고 있는 지역으로 두드러진다. 미국인 다수가 진화론을 믿지 않으며, 기후변화의 현실을 의심하고 있다. 어떤 이들은 의학적인 기여가 분명한데도 소아 예방접종의 필요성을 의심한다.[18] 미국은 실증적 증거를 의심하면서 전문가를 사기꾼이라고 믿는 수백만 명 사람들과 진보한 첨단과학이 뒤섞여 있다.

진보된 기술이 반드시 과학 진보의 개념을 보장하지는 않는다. 인터넷 전도사인 빈트 서프Vint Cerf는 저장기술이 너무 많이 변해서 지식이 사라져버리는 '디지털 암흑시대'를 경고했다. 빠른 속도로 변화한 기술이 정보를 보호하지 못하고, 오히려 지식 보존이 위태로워지고 정보 퇴화로 이어질 수 있다. 오늘의 컴퓨터 작동 시스템이 어제의 작동 시스템을 이해하지 못하고, 내일의 작동 시스템과 소통하지 못할 수 있기 때문이다.[19]

정치 환경이 기술과 거의 같은 속도로 변할 수도 있다. 그 예로서, 많은 유럽 국가가 이민과 민족정체성을 두고 벌어지는 갈등으로 고초를 겪고 있다. 제2차 세계대전 후 관용과 다문화주의를 강조해왔으나 이제는 타고난 문화적 가치를 공유하지 못하는 사람들이 대거 유입됨으로써 '프랑스다운', '영국적인' 또는 '노르웨이식의' 생활양식이 상실되는 것은 아닌지 걱정하는 상황으로 변했다. 다른 유럽 국가에서 오는 사람들과 전쟁과 압제를 피해 먼 나라에서 오는 난민 모두를 막아내기 위해 국경을 폐쇄하려는 사회 및 정치 운동이 크게 일고 있다. 그리스 철학자 헤라클레이토스는 2500년 전에 쓴 글을 통해 "인간은 평생 같은 강물에 두 번 발을 담글 수 없다. 모든 것은 계속해서 변해가게 되어 있다"라고 선언했다.[20] 그의 생각은 변화란 주어지는 것이고 사람은 빠른 변화를 예상해야 한다는 것이다.

그러나 이러한 통찰력은 오늘날 세상에서는 자주 방향을 잃어버린다. 현상지속관념을 극복하지 않는다면, 그리고 변화의 빠른 속도와 규모를 인식하지 못한다면, 그러한 변화의 놀라운 특징과 예기치 못한 결과를 처리할 수 없을 것이다. 여론 주도층은 커다란 변화가 현재에도 필연적으로 일어나고 있으며 이 시대는 그들이 예상했던 것보다 안정적이지 못하고 예측하기 어려운 것임을 인지할 필요가 있다. 뒤돌아가지 않고서 극단주의와 메가체인지의 세상을 항해하는 법을 배우는 것은 이 시대에 마주하는 하나의 근본적인 도전이다.

제7장
—
미래를 향한 항해

*

과학소설에서 '웜홀'은 은하계를 연결해서 우주를 항해하는 사람들에게 유용한 지름길이 된다. 이러한 은하계 간선도로는 시공간을 빠르게 넘나들 수 있도록 하고, 여행자가 여정의 불확실성을 처리하는 데 도움이 된다. 우주의 엄청난 규모를 다루려고 분투하기보다는 추월 차선을 이용하는 편이 여행에서 만날지도 모르는 위험을 대처하는 데 도움이 된다는 것이다.[1]

이 허구의 지름길은 실생활에서도 인간이 사회적, 정치적, 경제적 변화에 대처하는 것을 도와주는 유사한 메커니즘이 있을 것인지 묻게 한다. 종교적 갈등과 극단적 국수주의, 군사적 침략, 경제 혼란, 기술진보 등으로 내몰리는 메가체인지의 세상에서 사람들은 어려운 상호작용을 다룰 수단이 필요하다. 변화라는 것은 흔히 요란하고 혼란스러우며 비선형적이어서 다양한 혼돈에 어떻게 대처할 것인지 결정하기가 쉽지 않다.

이 장에서는 메가체인지를 다룰 전략을 검토해본다. 자신들의 시야를 넓히고, 대규모 변화를 처리하는 데 도움이 되는 안정적인 지주를 찾아야 하며, 조그만 변화가 커다란 영향을 가져올 수 있다는 것을 이해해야 한다고 필자는 주장한다. 더 넓게 말하자면 사회는 과격한 극단주의보다는 온건함을 강조하고, 큰 변화에 따르는 이해관계를 첨예화하는 승자독식의 사고방식을 종식해야 한다. 지도자들이 사회변화의 난기류를 어떻게 처리할지 생각해낼 때까지 국내문제 및 국제문제에 혼란은 계속될 것이다.

시야를 넓혀라

작금의 문제들을 헤쳐나가는 데서 한 가지 중요한 점은 최근의 변화가 매우 빠르게 진행되고 있음을 이해하는 것이다. 많은 사람이 급작스럽고 거대한 변화가 나타날 가능성을 과소평가하다가 예기치 못한 일이 발생하면 완전히 무방비 상태가 된다. 우리는 이런 일을 기상 악화 사례에서 항시 보고 있다. 사람들은 일정한 기상 상황에만 익숙해서 큰 폭풍우나 극단적인 기상 악화 사태에 놀라게 된다. 허리케인이나 토네이도, 가뭄, 홍수 등 기상 사태는 치명적일 뿐 아니라 예상하지 못했다면 특히나 놀라운 일이 될 수 있다.

사람들의 상상이 최근에 일어난 일에만 국한되어서 불완전하다는 것도 어느 정도 문제가 된다. 일반적으로 생각하는 가능성에는 단지 몇 년 또는 몇십 년 전 발생했던 일만 들어 있을 뿐이다. 최근 100년 동안에는 없었던 큰 규모의 사건이 발생하면 사람들은 살면서 겪어

보지 못한 일이기에 굉장히 놀라게 된다. 하지만 그들이 놀란 유일한 원인은 그들의 시야가 단기간에 그쳐 있다는 점이다. 더 장기적인 시각을 가지고 있었다면, 불의의 사고를 당할 가능성이 작아질 것이다. 단기적 관점에서는 드문 일이라도 더 긴 시각으로 고려하면 거의 일상사처럼 보일 수가 있다.

과거의 지도를 살펴보면 대규모 변화의 가능성을 이해하는 데 도움이 될 것이다. 세계의 역사를 기술한 자료를 검토하면서 지도들을 보면, 지도는 장기간에 걸쳐 변해가는 사회적, 경제적, 정치적 현실에 관한 기록을 분명하게 보여준다. 지정학적 경계는 몇 세기에 걸쳐 상당히 규칙적으로 움직였다. 도시의 이름도 나라의 이름처럼 변해가고 있다.[2]

18세기와 19세기 초 지도는 당시의 중대한 일들을 보여주고 있어서 흥미롭다. 지도에서 강과 수로가 강조된 것은 교역과 통상의 주요한 수단이기 때문이었다. 그러나 20세기에 들어서 강은 철도나 고속도로, 공항에 비하여 중요도가 떨어졌다. 사람들이 소중하게 생각하는 것이 변했으며, 지도는 다른 방법으로 중요한 정보를 제시해야 한다. 통상과 운송에서 강은 덜 중요해졌고, 고속도로는 더 중요해졌다.

시간을 두고 이름이 바뀌는 것도 이례적인 일이 아니다. 도시는 더 커지거나 훨씬 작아지기도 하고, 농촌 지역이 도시 지역이 되기도 하고, 영토가 다른 나라에 넘어가기도 하는데, 이 모든 것이 지도에 반영되었다. 지명이 바뀐 것은 일반적으로 사회나 정치, 정체성에서 무언가가 근본적으로 변했기 때문이다.[3] 특정 명칭이 한때는 적절했지만, 이제는 새로운 현실이 나타났다는 뜻이다.

경제적 또는 군사적 부침 등의 지정학적 이유는 지명이 바뀌는 가장 중요한 원인이다. 예를 들어 현대 지명이 자카르타인 인도네시아 도시는 열강들의 식민지가 되면서 이름도 여러 차례 변했다. 17세기와 18세기에 이 도시는 바타비아라고 불렸고, 네덜란드 동인도회사의 본부가 있었다. 배들은 이곳에 정박해 향신료를 싣고 세계 여러 곳을 거치며 공급했다. 그러나 20세기 중반 일본이 점령하면서 도시의 이름은 자카르타로 바뀌었다.[4] 정복 세력은 이 도시에 자기네 이름을 지어주고자 했다. 이제 인도네시아가 독립한 지 거의 70년이 되어가지만, 오늘날까지 이 지명은 이어지고 있다.

이란과 사우디아라비아 사이의 수역 명칭도 지정학적 관점에 크게 의존하고 있다. 이란인들은 과거 이 지역을 통치했던 고대 제국을 기리며 '페르시아만'이라고 부른다. 여러 서방 국가에서도 이를 일반적인 지명으로 받아들이고 있다. 이란은 이 말을 사용하지 않은 책을 금지하고 있다. 그러나 이웃나라 사우디아라비아의 지리학자들은 이를 '아라비아만'이라고 부른다. 아라비아반도 국가들은 이 지명을 사용하며, 출판물에서 이 명칭만 사용토록 고집하고 있다. 지역 전문가에 의하면 이러한 지명 분쟁은 "단순히 의미론적인 것이 아니라, 다분히 감정적인 것이다".[5]

그러나 가장 눈에 띄는 사례는 중동의 다른 지역에 있다. 여러 문명의 역사적인 교차로로서 이 지역은 현재 이스라엘로 알려졌지만, 지난 수천 년 동안 정치적 지배권이 격변해왔다. 고대에는 이스라엘의 세 지방 중 하나로서 유대라고 불렸다(나머지 둘은 사마리아와 갈릴리). 그러나 이 지역은 이집트, 그리스, 로마, 페르시아, 오스만제국, 영국, 프랑스, 아랍에 의해 차례로 지배를 받으면서 그 이름이 팔레스타인으로 바뀌었으며, 점령한 세력의 국외 지방 가운데 하나로 전락했다. 각 지명은 새로운 지정학적 환경과 새로운 민족적 충성심을 반영했다.

지리적 명칭과 건축물 이름은 종교, 경제, 정치 측면에서 상징하는 바가 있기 때문에 사람들에게 큰 의미가 있다. 이 이름들 각각은 그 의미를 아는 사람들에게는 완전히 다른 뜻을 지닌다. 단순한 명칭의 변경이 아니라 그 아래에 깔린 정체성과 상징성까지도 변하는 것이다.

오늘날 글로벌화된 세상은 모든 사람의 시간 감각과 거리 감각에 영향을 미치고 있다. 외국여행도 때로는 단지 몇 시간 비행기를 타고 몇천 마일을 횡단하면 그만이다. 승객들은 언어, 문화, 정치체제를 이해하지 못하는 외국 어느 곳에 내리더라도, 적어도 피상적으로나마 이 새로운 풍광을 어떻게 헤쳐나갈지 궁리해낼 수 있다.

마찬가지로 첫눈에는 고착된 듯이 보이는 현실도 넓은 시야로 보면 유동적인 것으로 드러난다. 〈표 7-1〉은 소행성이 그 크기와 출현 빈도에 따라 지구와 충돌할 위험성을 나타낸 것이다. 단기간의 시야로 본다면 상대적으로 조그만 천체는 지구라는 행성에 사실상 아무런 위험도 되지 않는다. 지름이 5미터인 소행성은 3년에 한 번씩 지구 대기권으로 들어와 하늘에 밝은 불덩이를 만들어내지만, 인명이나 재산에는 위험이 거의 없다.[6]

하지만 시계열을 늘리고 더 큰 소행성을 고려하면 그 위험성은 급작스럽게 커진다. 2013년에 지름이 20미터인 운석이 지구 대기권으로 진입해 러시아 첼랴빈스크 상공 30킬로미터에서 폭발했다. 이 폭발로 1500명이 다치고 수천 채의 건물이 피해를 입었는데, 이 피해

표 7-1 소행성이 지구와 충돌할 위험성

소행성의 크기	결과	나타날 빈도
지름 5미터	밝은 불덩이	3년
지름 25미터	공중 폭발	200년
지름 50미터	작은 지역 황폐화	2000년
지름 140미터	큰 지역 황폐화	2만 년
지름 300미터	한 대륙 황폐화	7만 년
지름 600미터	광범위한 황폐화	20만 년
지름 1킬로미터	전 지구에 걸친 재앙	70만 년
지름 5킬로미터	전 지구에 걸친 재앙	3000만 년
지름 10킬로미터	대멸종	1억 년

자료: David Eicher, "Asteroid Day," *Astronomy*, July, 2015, p. 35.

는 주로 충격파로 인해 깨진 유리가 흩어지면서 발생했다. 이는 거의 100년 만에 지구를 강타한 가장 큰 힘이었다.[7]

천문학자 데이비드 아이커David Eicher에 따르면 지구는 1억 년에 한 번씩 지름이 10킬로미터 이상인 천체와 충돌해서 대멸종이 닥칠 큰 위험에 직면해 있다.[8] 이는 6600만 년 전 백악기에 지구와 충돌한 천체와 비슷한 크기로서, 이 천체는 공룡을 비롯한 지구상의 동식물 4분의 3을 말살했다.[9] 이 하나의 소행성이 지구의 역사를 바꾸어 놓았고, 새로운 종이 나올 수 있는 길을 터주었다. 그리고 결국 포유동물이 나타나서 우리 인류, 호모사피엔스로 진화하게 되었다.

이 거대한 지구의 역사를 보자면 우리의 시계열을 늘려야 할 필요가 명확해진다. 어떤 사건의 위험성을 판단하는 데 있어 우리는 전적으로 어떤 시간 프레임을 전제로 하고 있다. 시계열과 상상할 수 있는 사건의 규모에 기초해서 볼 때 허리케인, 태풍, 소행성과 같은 자연재해와는 본질적으로 다른 세계대전, 경제 침체, 정치적 혁명과 같은 인간이 만든 재앙이 존재함을 우리는 안다.

법률이나 규범, 국경, 인간의 행동이 점진적으로만 변하리라고 기대한다면 완전히 잘못 생각하는 것이다. 자연의 역사나 인간의 역사 모두 우리가 믿는 것보다 더 상대적이며, 덜 통제되어 있다. 우리는 이러한 통찰력을 정치 세계와 경제, 사회에도 적용해야 한다.[10] 확률이 낮은 사건들이 최근 몇십 년 동안 일어나지 않았다는 이유로 앞으로도 절대 발생하지 않을 것이라고 믿어서는 안 된다. 그것은 인간 상상력의 실패이며, 우리로 하여금 세계 역사의 현실을 보지 못하도록 한다.

안정적인 지주를 찾아라

자신과 현저하게 다른 사람들과 상호 작용을 할 때는 특히 근본적인 가치를 두고 오해가 생기거나 또는 배경이나 문화가 다른 상대의 동기와 의도를 파악할 수 없는 것과 같은 많은 문제가 발생한다. 역사를 되짚어보면 전쟁은 종교, 국적, 인종, 정치 또는 경제적으로 시급한 과제 등을 놓고 드러나는 차이 때문에 시작되었다. 다른 문명과 맞닥뜨리는 것은 대개 약자에게는 좋지 못했다.

글로벌화와 이민, 발달한 통신 및 교통수단 등으로 이제 많은 사람이 배경과 문화가 다른 사람들과 정규적으로 만나고 있다. 예를 들어 유럽과 미국의 도시에서 전통적인 히잡이나 머리스카프, 사리를 쓰거나 입은 여성을 보는 것도 더는 낯설지 않다. 서양인들과 서양 문화도 아프리카나 아시아 도시에서 그만큼 많이 보인다.

　다문화 세계에서 우리는 서로 다른 점을 극복할 방법을 찾아내고, 우리와 기본 신념이 다른 사람들을 건설적으로 상대하는 방법을 알아야 한다. 과거에는 교육과 문화 교류가 이해를 증진하는 길이 된다는 불가침의 신념이 있었다. 즉 사람들로 하여금 함께하도록 하면 타인에 대한 이해를 높일 수 있다는 믿음이다. 예컨대 유엔 창립에서도 이러한 신념은 하나의 중심축이었다.

　물론 지역 전쟁과 인종청소, 문화 간 갈등의 빈도를 고려하면 이러한 전제를 받아들이기가 어려울 것이다. 문화 교류는 분명 모든 상황에서 효과적인 것은 아니다. 어떤 경우에는 빈번한 접촉이 관용의 마음과 이해심을 높이기보다는 갈등과 긴장을 악화시킬 수도 있다. 온건함이 사회적 또는 경제적, 정치적 경험의 유일한 산물은 아니다. 때로 극단주의와 무관용이 비뚤어진 만남에서 시작된다.

　최근 유럽에서의 모슬렘 이민자들의 경험에 비추어볼 때, 이민자들이 현지에 새롭게 정착하는 것이 얼마나 어려운지 알 수 있다. 이민자 가운데 특히 1, 2세대 일부는 서방 세계 생활에 환멸을 느끼며 자라서, 현대 문명은 부패하고 불공정하며 부도덕하다고 단정하고 있다. 노골적인 차별과 소비지상주의, 자유로운 성 관념 등은 유럽에 있는 모슬렘들이 흔히 품는 불만이다.

　교육을 개선하는 것만이 국제적인 이해 증진을 위해 가장 핵심적인 사항일지는 알 수 없다. 우리는 불안해하고 두려워하거나 화내지 않으면서 타인을 상대하고 문화 간 간극을 연결할 방도를 찾아내야 한다. 사람들이 하루하루 살아가기 위해 똑같은 것을 믿을 필요는 없다. 필요한 것은 단지 가정이라든가 직업, 가치체계와 같이 자신의 존재를 안정시켜줄 무엇이다. 타인의 의도를 오해하는 일은 종종 일어날 수 있고, 특히 메가체인지 시대에는 더욱 그렇다. 그것이 긴장을 조성하고 갈등의 가능성을 높이는 원천이다.

조그만 변화가 큰 영향을 줄 수 있음을 이해하라

최근 여러 미국 선거의 사례에서 보듯이 겉으로 보기에는 조그만 변화들이 커다란 결과를 가져오고 있다. 예를 들어 어떤 선거는 근소한 차이로 당락이 결정되었으나, 정책에 미치는 영향은 엄청났다. 선거운동 판세가 박빙이었다는 사실이 자연히 그의 영향이 적거나 점진적일 것임을 의미하지는 않는다. 빠듯하게 얻은 승리가 대규모 정책 결정의 기반이 되기도 한다.

이와 관련해서 가장 기억에 남을 사례는 아마 2000년 미국 대선일 것인데, 이때 공화당의 부시와 민주당의 앨 고어 간에 치열한 접전이 벌어졌다. 플로리다에서의 불완전하게 기표된 투표용지 문제와 개표 절차를 두고 벌어진 논쟁은 연방대법원까지 올라가서 5 대 4의 다수결로 부시에게 유리하게 결정되었다.[11] 법원에서 근소한 차이로 결정되었고 투표 결과도 근소한 차이를 보였지만, 이 운명적인 결정은 플로리다의 선거인단 투표를 모두 부시에게 주는 결과를 낳았고, 그 결과 부시는 앨 고어에게 271 대 266으로 승리를 거두었다.

당시에는 그 선거 결과로 엄청난 정책 변경이 일어나리라고 예측한 관측자는 거의 없었다. 그러나 부시 대통령은 조세와 규제, 환경보호, 기타 사안들에서 공격적으로 보수 정책을 채택함으로써 마치 자신이 선거에 압도적인 승리를 거둔 것처럼 통치권을 장악했다. 부시가 집권한 지 9개월도 되지 않아서 뉴욕과 워싱턴 D.C.에 테러 공격이 발생하자 이는 그가 미국을 크게 우경화시키는 계기가 되었다. 국내외 정책을 광범위하게 변화시키는 입법안을 부시가 제안하고, 고분고분한 의회는 통과시켰다.

미국은 국제문제와 국내의 관행을 체계적으로 바꾸어놓을 '테러와의 전쟁'을 시작했다. 미국과 동맹국들은 9·11 테러를 아프가니스탄과 이라크를 침공하고 그곳 정부를 축출하는 것을 정당화하는 구실로 이용했다. 그 결과 시작된 전쟁은 15년이 지난 지금까지도 다양한 양상으로 계속되고 있다.

부시가 일으킨 전쟁의 결과 중 한 가지는 이슬람국가 사람들로 하여금 서방국들이 이슬람을 공격할 것이며, 이슬람교 신자들을 향한 새로운 '십자군'이 시작될 것이라고 두려워하게 한 점이다. 일부 정치 지도자들이 선택한 형편없는 말들이 이러한 걱정을 가중시켰고, 전 세계에 걸쳐 서방인들에 대한 공격을 부추겼다. 고급 호텔과 레스토랑이 폭탄 공격을 받았고 자살 테러가 더 빈번하게 발생했다. 알카에다와 IS 등 급진 세력들은 중동과 서방에서 성공적으로 전투원을 모집하고 있다.

테러와 세계적 혼란이 뒤얽힌 메가체인지 시대에는, 두 가지 매우 상이한 위험성이 있다. 첫째 위험은 사람들이 변화를 과소평가할 것이라는 점이다. 지금 일어나는 큰 변화의 추세를 부정하거나 무시하기는 쉽다. 사람들은 자기들이 예기치 못했던 큰일이 발생할 때 몹시 놀란다. 점진적 모델이 가장 가능성이 크다고 생각하기보다, 비선형적 변화와 혼란스러운 정책 결정을 예견하고 마음을 열어둘 필요가 있다.

다른 한편으로 매우 상반된 위험은 광범위한 변화에 대한 지나친 과잉반응이다. 전 세계적인 변화가 빠르게 일어나면서 과중한 스트레스와 불안감을 불러일으킬 수 있다. 그러한 상황에서는 지나치게 과잉반응을 하거나 문제를 악화시키는 경솔한 행동을 취할 가능성이 있다. 개인뿐 아니라 한 나라 전체도 긴장을 고조시키고 오해를 증폭시키는 방향으로 행동할 수 있다.

9·11 테러에 대한 미국의 반응은 후자에 속한다. 국가안보를 지키려는 노력의 일환으로, 부시는 국제문제를 불안정하게 만들고 결국에는 국제적 긴장을 고조시킨 전쟁을 시작했다.[12] 미국이 이슬람 두 나라를 침공하자 이슬람 세계 사람들은 미국의 정책이 자기네들을 위태롭게 한다고 여기게 되었다. 미국의 군사 개입은 세계적인 테러 지원을 저지하지 못하고 오히려 서방이 이슬람을 파괴하려 한다는 급진주의자들의 주장에 기폭제를 주는 꼴이 되었다. 급진주의자들은 서방의 위협에 맞서기 위해 테러를 포함해서 모든 무기가 필요하다고 외쳤다.

역사를 통해 항시 그러했듯, 이런 오해는 세계에 심각한 위협이 된다. 정치 지도자들이 위협을 과장하거나 당면한 위험을 잘못 인식하면 실제 현실에 맞지 않는 행동을 취하게 된다. 도를 넘겨 본의 아니게 불필요한 갈등을 불러일으키고 새로운 극단주의와 폭력을 야기하는 상황을 만들어내고 마는 것이다.

승자독식을 종식하라

메가체인지는 승자독식 상황에서 갈등이 일어날 때 특히나 해결하기 어려운 문제가 된다. 각자가 원한 바를 조금씩 얻어내도록 협상이 이루어진 해결책과는 대조적으로, 오늘날의 갈등은 의견 불일치의 가능성과 강도를 높이고 있다. 내전과 테러에서이든 아니면 덜 폭력적인 정치와 국제통상의 목적 추구이든, 사람들은 끝장을 내기 위해 싸운다. 이익이 정말로 크다고 인식할 때는 지나치게 큰 위험을 감수하고, 극단적 행동을 벌이며, 윤리적 절차를 무시한다. 목적이 수단을 정당화한다고 생각하기 때문이다.

IS의 경우, 전투원들은 적을 참수하는 것을 비롯해 여러 야만적인 행위를 합리적이라고 믿는데, 그런 행동이 드론을 사용해 이 지역의 이슬람 극단주의자들을 살해하는 미국 등 서방의 이슬람에 대한 공격에 합당한 대응이라고 생각하기 때문이다. IS 지도자와 추종자들은 서방과 맞서 싸우는 것이 이슬람 칼리프 국가를 건설한다는 목표에 다가서는 길이라고 믿는 듯 보인다. 이 같은 고결한 야망이 있다면 여성과 아이들을 해치고, 적들에게 긴 고통을 가하며, 섬뜩한 폭력에 가담하는 것은 별문제가 되지 않는다. 그런 관행에 대한 불만은 IS 지도자들의 원대한 목표와 비교한다면 사소한 것으로 치부되고 있다.

경제적 역학관계도 문제가 복잡하다. 전 세계적으로 극소수의 개인이 엄청난 부를 축적하고 있다. 그들 가운데 일부는 공익을 증진하는 데 돈을 쓰고 있는 반면, 다수는 세금 인상이나 빈곤층 교육 및 창업 지원 정책에 저항하는 데나 열중하는 것으로 보인다. 그들은 자신의 욕심이 타인의 성공을 막거나 생필품을 구입할 소득까지 막아 버리는 경우에도 자신의 재산을 지키려 한다. 이러한 행동으로 '그들' 대 '우리'라는 사고방식이 더욱 단단하게 다져지며, 갈등을 평화적으로 해소하기는 더욱 어려워진다.

사회 곳곳에 스며 있는 승자독식의 사고방식과 싸워 이겨야만 갈등의 요소를 줄이고 작금의 정치에 영향을 미치는 격렬함과 양극화를 완화할 수 있을 것이다. 우리는 갈등을 완화하고 승자의 수를 늘리는 방법을 고안해내야 한다. 사람들이 갈등을 제로섬게임으로 인식할 때, 극단주의와 무절제가 고개를 든다. 정책을 포지티브섬게임이 되도록 운영한다면 사람들의 불안은 완화될 것이고, 서로 다른 점에 대한 타협과 협상을 촉진하는 자극제가 될 것이다. 결국에는 현재 갈등의 강도를 누그러트리고, 양극화를 줄이며, 사람들로 하여금 정치적 의견 불일치에 좀 더 관대한 자세를 갖도록 할 것이다.

시민사회의 극단성을 완화하라

너무나 많은 나라에서 극단주의와 지나친 열성이 학교와 종교기관, 압력단체, 관습법에서 넘쳐나고 있다. 청년들은 극단적인 의견에 노출되어 과격한 행동에 참여하도록 부추김 당한다. 청년들은 다른 공동체에 대한 증오심을 주입하는 학교에 다니고, 무관용을 찬양하는 종교적 신조를 배우고, 비타협적인 자세를 권장하는 조직에서 일하며, 많은 사람이 기본적인 자유를 박탈당하는 법률 문화 속에 살고 있다.

그러나 극단주의는 서방 세계를 포함한 많은 사회에서 점차 심각한 문제가 되고 있다. 예를 들어 미국에서는 온건파가 정치 무대에서 사실상 사라졌다. 서로 다른 점을 두고 타협하고 협상할 줄 아는 중도적 정치 지도자들은 이제 권력을 잡지 못하고 있으며, 타협을 더러운 말로 여기는 좌파나 우파의 강경파 정치가로 대체되어왔다. 이런 전개 국면이 워싱턴과 각 주도州都에서 공히 일어난 정치적 역기능, 즉 유권자들이 분노하고 훨씬 더 극단주의에 치우친 정치가를 선출하게 되면서 악순환이 이어진 상황의 직접적인 원인이다. 같은 현상이 유럽에서도 일어나고 있다. 여러 곳에서 민족주의적인 지도자들이 권좌에 올랐거나 위협적으로 오를 준비를 하고 있는데, 이는 주로 난민과 이민과 관련한 우려에 힘입은 결과다. 관용과 다문화주의를 역설하는 대신, 그들은 뿌리 깊은 국가 문제를 외국인들 탓으로 돌려 비난하고, 두려움과 무관용을 즐긴다.

이러한 곳의 국민은 정책이 양극화되고 과격해졌다는 데 놀라서는 안 된다. 시민사회가 이런 식으로 운영되면 정치가들도 같은 방식으로 행동할 가능성이 매우 크다. ≪뉴욕타임스≫ 칼럼니스트인 데이비드 브룩스David Brooks는 2016년 어느 칼럼에서 "정치적 역기능의 근원은 사회 깊은 곳에 있다. 진정으로 개선되는 방향으로 나아가려면, 정치가 뿌리내린 사회적 맥락 안에서 개선이 이루어져야 한다"라고 지적했다.[13] 선출된 지도자가 자기네들 주위에 있는 사람들 ─ 민주주의 사회의 경우 선거 때 그들의 행위를 판단하는 사람들 ─ 보다 낮게 행동하기란 어려운 일이고, 결국 이들을 따르게 된다.

가장 중요한 문제는 극단주의와 무관용, 폭력의 악순환에서 어떻게 벗어나느냐 하는 것이다. 시민사회가 일단 이러한 관점에 젖어들면, 온건함과 상호 이해로 되돌아가기란 어려운 일이다. 폭력은 폭력을 부르고, 극단주의는 극단적인 반응으로 이어진다.

지도자들은 극단주의가 지속적으로 이어지게 하는 데 결정적 역할을 하는 자국 내 교육기관과 종교기관에 주의를 기울여야 한다. 교사들이 지지하는 교육과정과 교육적 관점을 평가하고, 교육학적 가치가 있는 자료를 잘 정리·보존하여 교사들이 대안적 관점도 가르칠 수 있도록 보장해야 한다. 시민사회가 급진주의를 피하지 않는다면, 정치는 타협과 협상에서 벗어나 극단주의와 양극화로 나아가게 될 것이다.

제8장

—

미래의 여러 가능성

*

미래를 내다보면서 메가체인지의 가능성을 고려하는 것이 중요하다. 여러 단기적·장기적 가능성은 근본적으로 작금의 현실을 바꾸어놓을 잠재력이 있다. 그중에서도 포기 협상에 합의하고서도 핵무기 개발을 진행하는 이란, 광범위하게 일자리를 빼앗아가는 로봇과 인공지능, 세계 많은 곳에서 저지대 해안 지역을 침수시키는 해수면 상승, 유럽 일부와 미국에서 권력을 장악해가면서 민주주의와 글로벌화에 해를 끼치는 극우와 민족주의 세력, 우주 어느 곳에서의 원시생명 발견, 종교와 인간성 자체에 관한 실존주의적 의구심 등을 들 수 있다. 이러한 상황 가운데 어떤 하나라도 전개되면 정치적, 사회적, 종교적 현상現狀에 놀라운 변화를 의미할 것이고, 일반인뿐 아니라 정치 지도자들에게 중요한 도전이 될 것이다.

이란의 핵무기 보유

이란이 핵무기를 개발하려 한다는 국제적인 우려는 2000년대 초 이란이 비밀 연구시설을 갖추었다는 사실이 폭로되면서 고조되었다. 유엔은 2006년 말부터 시작해 오바마 대통령이 취임한 이후 더 강도를 높이면서 이란이 핵무기 개발을 중단하도록 강제하기 위해 범세계적인 경제제재조치를 부과했다. 미국의 강력한 경제·금융 봉쇄정책에 힘입은 유엔의 제재는 이란의 주요 외화 소득원인 석유의 수출 중단을 통해 이란을 압박하는 데 목적이 있었다.

제재에도 불구하고 이란은 핵 연구를 계속해서, 2015년에는 핵무기 제조의 핵심 단계인 우라늄 농축을 위해 9000개 이상의 원심분리기를 사용했다. 이론적으로 이러한 원심분리기는 핵폭탄 25개를 제조하는 데 사용할 양의 재료를 만들어낼 수 있는데, 일부 전문가는 최소 2개월 이내에 핵무기를 개발할 수 있다고 본다.[1]

결국 이란에 개혁 정부를 세운다는 목표와 더불어 경제적, 정치적 압박을 통해 2015년 이란이 핵 프로그램의 상당 부분을 되돌린다고 서약하는 역사적인 합의에 도달했다. '포괄적 공동행동계획Joint Comprehensive Plan of Action'이라고 알려진 이 합의로 이란은 핵심 핵 프로그램을 해체하고, 관련 시설에 엄격한 국제적 감시를 허용하며, 최소 10년간 핵무기 획득을 방지할 다른 조치를 취하는 데 동의했다. 이란의 협상 파트너인 미국과 다른 유엔 상임이사국 4개국 및 EU는 이란이 속임수를 쓰거나 합의를 불이행했다는 증거가 있을 경우 제재를 재개할 수 있다는 '스냅백snapback'(복구) 규정을 채택했다.[2]

이 합의문을 당사국들이 비준하기는 했지만, 전문가들은 합의가 효과적이지 못하며 불가피한 것을 연기하는 데 불과하다고 비판했다. 그들은 국제적인 감시 프로그램이 불충분하며, 이란이 합의사항을 이행하고 있는지 파악하기가 불가능하다고 주장했다.

현실은 이러한 합의로써 이란의 핵무기 보유 노력을 연기시킬 수는 있지만 영구히 중단시킬 수는 없다는 것이다.[3] 예를 들어 이란은 10~15년 동안 국제적 합의를 준수할 것이지만, 그 기간이 지나면 핵무기를 개발할 수 있다. 게다가 공개적으로는 합의를 지킨다고 하지만 비밀리에 핵 프로그램을 계속 진행하여 최종적으로는 핵폭탄을 보유할 수도 있다. 결국 이란은 이란 밖의 제삼자에 의존해서 핵무기를 개발하고, 미래 어느 시점에는 핵 물질을 만들 수 있을 것이다.

이란이 마침내 핵무기를 개발한다면 이는 중동의 판세를 바꾸어 놓을 큰 변수가 되며, 전 세계적으로는 더 큰 영향을 미칠 것이다. 가장 즉각적인 반응은 이스라엘에서 나올 것인데, 일부 이란 지도자가 이스라엘의 말살을 선동한 바 있어서 이스라엘은 이란을 직접적인 위협으로 보고 있다. 핵으로 무장한 이란은 이스라엘을 공격하겠다고 위협 또는 협박할 것이고, 이스라엘 역시 핵무기를 보유하고 있어서 어떠한 상황도 극히 위험스러울 것이다.[4]

이란으로부터의 핵 위협에 직면해서, 이스라엘은 이란의 핵 프로그램을 파괴하거나 제한하기 위한 목적으로 이란의 핵 시설에 일방적인 폭격을 시도할 가능성도 있다. 그러한 습격은 이란의 반격을 불러일으킬 것이고, 그래서 더 광범위한 지역으로 참사가 확대될 가능성이 있다.

이스라엘은 분명 이란의 핵 프로그램을 우려하는 유일한 중동 국가는 아니다. 특히 걸프만의 보수적인 군주국가 등 아랍 국가들도 핵무장을 한 이란을 이 지역의 안정을 해치고 자신들의 정권에도 위협이 될 수 있는 잠재적인 위험 요인으로 볼 것이다. 특히 사우디아라비아는 자체 핵무기 개발을 모색할 가능성이 있으며, 이는 이 지역의 핵무기 개발 경쟁으로 이어져 예기치 못한 결과를 낳을 수 있다.

이란이 최소 10년간 핵무기 개발을 중단하겠다고 서약한 점을 고려할 때, 이 모든 상황이 미래에 나타날 수 있다. 그러나 환경이 변해서 이란이 약속을 철회하거나 이스라엘이 이란에 대해 예방적 차원으로 행동에 나설 수도 있다. 또는 항시 불안한 중동 지역을 훨씬 더 심각한 불안정의 원천으로 만들 수 있는 다른 시나리오도 여럿 생각할 수 있다.

아마 훨씬 더 심각한 우려는 IS나 알카에다와 같은 테러집단이 어떤 방법으로든 핵무기를 획득할지도 모른다는 가능성이다. 이러한 단체들은 핵무기를 사용하거나 이를 빌미로 위협할 가능성이 실제 정부보다 더 높다. 상황이 이렇게 흐르면 그 지역과 전 세계는 매우 불안정해질 것이다.

일자리를 빼앗는 로봇

신기술의 목록은 매일 늘어난다.[5] 다양하고도 복잡한 로봇의 발전과 증강현실, 기계학습, 인공지능, 자율주행 자동차 등은 이제 여러 가지로 인간의 일을 돕고 있다.[6] 이러한 기술은 그 범위가 다양하고 현재의 비즈니스나 개인의 생활을 크게 변화시킬 수 있다. 정치학자인 필립 하워드Philip Howard는 저서 『팍스테크니카』에서 인간들이

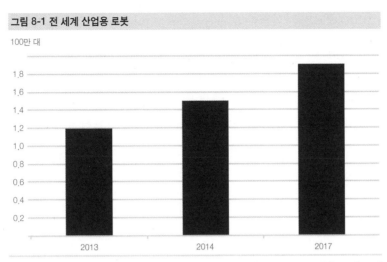

그림 8-1 전 세계 산업용 로봇

100만 대

2013 2014 2017

자료: James Hagerty, "Meet the New Generation of Robots for Manufacturing," *Wall Street Journal*, June 2, 2015.

상호작용하는 방식을 변화시키고 있는 '비트bit의 제국'에 대해 개괄적으로 서술했다.[7]

　로봇의 능력은 최근 몇 년 동안 엄청나게 증가했고, 이는 미래의 노동인구에 실질적인 영향을 미칠 것으로 보인다. 〈그림 8-1〉은 구동 중인 산업용 로봇의 수가 늘어나고 있음을 보여준다. 예를 들면 2013년에는 약 120만 개의 로봇이 사용되었다. 이 숫자는 2014년에 약 150만 개로 늘어났고, 2017년에는 약 190만 개로 늘어날 것으로 예상된다.[8] 국가별로 보면 일본이 30만 6700개로 가장 많은 로봇을 사용하고 있고, 다음은 북미(23만 7400개), 중국(18만 2300개), 한국(17만 5600개), 독일(17만 5200개) 순이다. 전 세계적으로 로봇에 지출하는 연간 예산은 현재 150억 달러에서 2025년에 가서는 670억 달러로 증가할 것으로 예상된다.[9]

RBC 글로벌 자산관리RBC Global Asset Management의 연구에 의하면 로봇과 자동화 기술의 비용은 크게 낮아졌다. 과거에는 "산업용 로봇의 고비용은 자동차 산업과 같은 일부 고임금 산업에 대해서는 사용 확대를 제약하는 요소였다. 그러나 최근 몇 년 동안 로봇의 평균 비용이 떨어졌고, 아시아의 핵심 산업 다수에서 로봇의 비용과 저임금 노동력의 단가는 수렴하고 있다. … 이제 로봇은 노동을 대체할 수 있는 생산요소이다".10

미 국방부 산하 방위고등연구계획국Defense Advanced Research Projects Agency은 2015년 재해 환경에서 임무 수행을 겨루는 로봇 경진대회를 개최했다. 여기서 로봇은 "차량 운전하기, 문 열기, 휴대용 드릴 작동하기, 밸브 돌리기, 계단 오르기" 등 여덟 가지 임무를 받았다.11 이러한 시합의 목적은 인간에게는 너무 위험한 원자로 사고나 재난 현장에서 작동할 수 있는 장비를 개발하는 것이다. 임무를 완수할 수 있는 로봇을 개발한 한국 팀이 이 경진대회에서 200만 달러의 상금과 함께 우승했다.

로봇은 이제 프로그램화할 수 있는 사회적 기능을 광범위하게 수행할 수 있다. 개인용 로봇에 관한 어느 발표 내용에 따르면 "21세기 초에 다정하고 사회성이 있는 첫 번째 유형의 로봇들이 나타났다. 아이보, 플레오, 파로 등 조그마하고 귀여운 애완용 로봇이었다. 주로 스마트폰에 힘입어 로봇이 점차 복잡해짐에 따라 새로운 유형의 사회성 있는 로봇들이 나타났는데, 예를 들면 인간과 비슷하게 생긴 페퍼와 지미, 탁상거울같이 생긴 지보, 지페토아바타스사社가 개발한 소프트웨어를 이용한 로봇 소피 등을 들 수 있다. 로봇의 사회성을 결정하는 핵심 요소는 인간의 말과 그 밑에 깔린 맥락 또는 감정을

정확히 이해하고 반응할 수 있는지에 달렸다".[12]

이러한 장치들은 복잡하고 창의적인 활동도 처리해내고 있다. 예루살렘에 있는 히브리 대학교Hebrew University의 인류학자 에이탄 월프Eitan Wilf는 사회성이 있는 로봇은 "사람이 의도했던 바를 찾아줄 수 있는 문화적 자원"을 의미한다고 말한다.[13] 그는 음악의 맥락을 해석하고 다른 연주자의 즉흥 연주에 창조적으로 반응할 수 있는 "재즈를 즉흥적으로 연주하는, 인간의 모습을 한 로봇 마림바 연주자"를 묘사하고 있다. 음악회 기획자는 이 로봇을 재즈 밴드에 집어넣을 수 있는데, 그러면 이 로봇은 듣는 사람이 인간의 연주와 차이를 느낄 수 없을 정도로 매끄럽게 즉흥 연주를 해낼 것이다.

더 현실적인 비즈니스 세계에서 아마존은 로봇이 "자율적으로 선반에서 물건을 집어 통에다 넣을" 수 있는지 보기 위해서 '피킹 챌린지picking challenge'라는 경진대회를 열었다. 현재 약 5만 명의 노동자가 아마존 창고에서 일하고 있으며, 그래서 이 회사는 로봇이 물건을 고르고 창고를 돌아다니면서 운반하는 일을 수행할 수 있는지를 보고자 했던 것이다. 이 시합에서 베를린에서 온 어느 로봇이 열두 가지의 주어진 일 가운데 열 가지를 성공적으로 완수했다. 아마존은 상품을 설비까지 옮기는 데에 이미 로봇 1만 5000대를 이용하고 있고, 장차 추가로 더 많은 로봇을 구입할 것으로 예상된다.[14]

새로운 기술들이 빠르게 증가한다는 것은 분명 과거보다 노동인구에 훨씬 더 강한 영향을 미칠 것임을 의미한다. 경제학자 앤드루 맥아피Andrew McAfee는 "우리는 기계가 현 경제체제하의 대부분 일자리에서 사람을 대체하게 될 시기에 직면해 있다. 나는 이것이 한참 먼 미래의 일이 아니라고 생각한다"라고 말하고 있다.[15] 기술은 이

미 노동력을 대체하고 있으며, 일터에서 로봇이 훨씬 더 많은 책임을 맡게 될 것이라는 전망은 특히 중산층에게 일자리와 소득 측면에서 커다란 영향을 미칠 것이다.

마틴 포드Martin Ford 역시 강력히 경고한다. 저서 『터널 속의 빛』에서 그는 "기술 발전이 가속됨에 따라 기계 자동화는 궁극적으로 경제 전반에 스며들어서 임금으로는 소비자가 충분한 재량소득을 갖지 못할 것이며, 미래에 대한 신뢰도도 충분치 못하게 될 것이다. 이 문제가 잘 해결되지 않는다면 경제가 급격히 추락하는 결과를 낳을 것이다"라고 주장했다.[16]

계속해서 그는 "몇 년 후가 될 수도 있고 몇십 년 후가 될 수도 있지만 미래의 어느 시점에는 기계가 우리 인구 중에 적지 않은 '평균적인' 사람들의 일을 할 수 있게 될 것이고, 그런 사람들은 새로운 일자리를 찾을 수 없게 될 것이다"라고 경고하고 있다. 기업들은 로봇과 기계학습, 인공지능이 인간을 대체할 수 있고, 작업의 정확성과 생산성, 효율성을 높일 수 있다는 것을 알게 되었다. 대침체기 동안 많은 기업은 예산상의 이유로 인력을 줄이지 않을 수 없었다. 많은 경우에 경영자들은 어떤 기능을 자동화하거나 종전에는 숙련·비숙련 노동자가 했던 일을 로봇이나 고급 제조기술을 사용해 처리함으로써 인력을 감축했다.

일자리에 미칠 영향을 검토해보는 한 가지 방법으로, 미래의 고용 추세에 관한 미국 노동통계국BLS: Bureau of Labor Statistics의 데이터를 연구하는 것이 있다. 이 기관의 가장 최근의 분석 자료에 의하면 약 980만 개의 일자리가 2014년과 2024년 사이에 창출될 것으로 예상된다. 이는 연간 노동력 증가율이 약 0.5%에 지나지 않는 것으로서,

아주 큰 수준의 증가는 아니다.

특정 분야별로 노동력 증가율을 살펴보자면 의료 서비스와 사회복지 분야에서 연 증가율이 1.9%로 가장 높을 것으로 예상된다. 이는 약 380만 개의 일자리가 추가되는 것으로서, 이 기간에 만들어질 것으로 예상되는 전체 신규 일자리의 3분의 1 이상을 차지한다.[17] 일자리가 늘 것으로 예상되는 다른 분야를 보면, 전문 서비스(190만 개), 레저 및 접객업(94만 1000개), 건설업(79만 개), 주 및 지방정부(75만 6000개), 금융(50만 7000개), 교육(33만 9000개) 등이다.

흥미로운 것은 일자리가 줄어들 것으로 예상되는 분야에 정보산업 분야가 들어 있다는 사실이다. 미국 노동통계국은 약 6만 5000개의 일자리가 이 분야에서 없어질 것이라고 전망했다. 이 점은 상당히 주목할 만하다. 모든 전문가가 기술 발달로 많은 비즈니스 분야에 대변혁이 일어날 것이지만 이는 운영 방식의 변화에 의한 것이지 일자리 수를 늘림으로써 일어나는 것이 아니라고 예상하기 때문이다. 제조업은 일자리가 줄어든다고 생각되는 또 다른 분야이다. 이 분야에서 일자리 2만 7000개가 없어질 것이며, 연방정부 부문에서는 일자리 38만 3000개가 줄어들고, 농업, 임업, 어업, 수렵 분야에서는 11만 개의 일자리가 떨어져 나갈 것으로 노동통계국은 전망하고 있다.[18]

로봇과 인공지능, 센서 등이 얼마만큼 노동인구에 영향을 미칠 것인지 계량화하기란 어려운 일인데, 우리가 아직 기술혁명 초기 단계에 있기 때문이다. 통상 의료 서비스나 교육과 같은 분야는 상대적으로 느리게 새로운 기술을 받아들이는 것으로 알려져 있다. 맞춤형 교육과 모바일 분야 기술혁신에도 불구하고, 유치원에서 12학년까지의 교육 대부분은 전통적인 수단으로 이루어지고 있으며 가르침의 일차적인 주체로 사람을 고용하고 있다. 교실에는 컴퓨터와 태블릿이 많이 있지만, 학교가 다른 분야와 같은 수준까지 기술혁신을 확대하지는 못해왔다.

같은 문제가 의료 서비스에서도 나타난다. 병원에는 의학적 치료를 제공하는 직원들이 배치되어 있다. 의료 서비스 제공자들은 전자의료기록부에 정보를 축적하고, 효율성을 높이기 위해 데이터 공유 네트워크를 통해 의료검사실의 검사 결과와 임상 데이터, 행정정보를 연결시키고 있다. 그러나 여전히 옛 방식이 적용되고 있으며, 의료 서비스 제공에는 아직 큰 혼란은 없었다. 교육이나 건강 서비스도 언젠가는 제도적 혼란을 겪게 될 것이지만, 기술력이 충분히 적용되어 운영방식을 크게 바꾸려면 당분간 시간이 걸릴 것이다.

경제학자인 에릭 브리뇰프슨Erik Brynjolfsson과 앤드루 맥아피Andrew McAfee는 높이 평가받는 공저 『제2의 기계시대: 찬란한 기술 시대의 일과 진보 그리고 번영』에서, 기술은 이미 노동력에 큰 변화를 가져오고 있다고 주장한다. 저자들은 다음과 같이 말한다.

기술 진보가 이루어지면서 일부 사람은 낙오될 것이며, 그 기술 진보가 더 이루어짐에 따라 훨씬 많은 사람이 뒤처지게 될 것이다. 우리가 앞으로 보여주겠지만, 특별한 기량을 갖추고 올바른 교육을 받은 노동자들에게는 더할 나위 없는 좋은 시기인데, 이들은 기술을 이용해서 가치를 만들어내고 포착할 수 있기 때문이다. 그러나 '평범한' 기량이나 능력밖에 가지고 있지 않은 노동자들에게는 그 어느 때보다도 나쁜 시기가 아닐 수 없는데, 컴퓨터나 로봇, 기타 디지털 기술이 이

러한 기량과 능력을 놀라운 속도로 획득하고 있기 때문이다.[19]

미국의 전 재무장관인 로런스 서머스Lawrence Summers도 미래의 고용, 특히 고등교육과 기술적인 기량을 갖추지 못한 사람들의 고용에 대해 비관적인 입장을 취하고 있다. 그는 "현재의 추세가 지속된다면 지금부터 한 세대 후에는 중년층 가운데 4분의 1이 언제든 일자리를 잃게 될 것이다"라고 주장한다. 그의 관점에서 보면 "충분한 일자리를 제공하는 것"이 세계가 직면하는 중요한 경제 문제가 될 것이다.[20]

옥스퍼드 대학교의 연구는 훨씬 더 인상적인데, 이 연구보고서에서는 기술이 미국인 생활의 많은 분야를 변하게 할 것이라고 주장하고 있다. 칼 프레이Carl Frey와 마이클 오스본Michael Osborn은 700개가 넘는 직업군을 연구하여, 향후 몇십 년에 걸쳐 각 분야에서의 컴퓨터화 가능성을 검토했다. 그 결과 "미국인 노동자 중 47%가 향후 20년에 걸쳐 자기 직무가 자동화되는 것을 보게 될 가능성이 매우 높다"라고 지적했다.[21]

유럽의 데이터를 이용해서 같은 분석을 수행한 이코노미스트 인텔리전스 유닛EIU: Economist Intelligence Unit의 경제학자들 또한 유럽 대륙의 일자리 54%가 자동화될 위험이 있다고 밝혔다. 유럽 상황을 살펴보고 이들은 "기술이 장기적으로 노동시장을 크게 개편하고, 미래 노동자들에게 필요한 기술 유형을 재할당하게 될 것"이라고 결론 지었다.[22]

물론 모든 사람이 이러한 분석에 동의하는 것은 아니다. 로버트 고든Robert Gordon과 같은 일부 경제학자는 기술로 인해 궁극적으로 없어지는 일자리보다 만들어지는 일자리가 더 많을 것으로 예측한다.[23] 나아가, 경제평론가인 마틴 울프Martin Wolf는 "이러한 기술들의 영향이 과대평가되어 있"다고 주장한다.[24] 인간 생활(생존) 방식을 변화시키기보다는 "경제적, 사회적 변화의 속도는 최근 몇십 년 동안 가속화된 것이 아니라 느려졌다"라고 그는 주장하고 있다.[25] 디지털 기기가 현재 환경의 일부분이지만, 그렇다고 그것이 미래의 현실을 좌우하는 것은 아니라는 말이다.

그러나 지금의 추세가 계속된다면 로봇은 고용인구를 변화시키고, 얼마나 많은 일자리가 없어지느냐에 상관없이 유의미한 고용 가능성에 영향을 미치게 되는 것도 당연하다. 경제적 변화는 사회적 편익이 제공되는 방식도 변하게 할 것이다. 지금 당장은 의료 서비스와 연금의 상당 부분이 직업을 통해 제공되고 있다. 예컨대 사람들은 유급으로 채용됨으로써 퇴직 연금을 받는다. 그러나 미래 인구의 상당수가 일자리를 갖고 있지 않다면, 그 사회는 의료 서비스를 제공하고 사람들이 기초소득을 가질 수 있도록 별도 방안을 강구해야 할 것이다. 만약 이에 실패한다면, 많은 개인이 자신의 생활을 이끌어가기 위한 어떤 유의미한 수단을 갖지 못하게 됨을 말하는 것이며, 일자리가 없는 사람들의 빈 주머니가 사회적, 정치적 불안의 씨앗이 될 수 있음을 의미하는 것이다.

지구 온난화와 해수면 상승

선도적인 과학자들은 거의 모두가 지구 온난화를 실제 일어나고 있는 문제로 생각한다. 온난화 때문에 폭풍우가 더 자주 그리고 더 심하게 발생하고, 지구 여기저기서 기후가 변하고 있으며, 수온이 올라가고 남극과 그린란드의 대륙빙하가 녹아서 결과적으로 해수면이 상승할 가능성이 있다고 믿고 있다. ≪사이언티픽 아메리칸Scientific American≫의 마크 피셔티Mark Fischetti는 "해양이 따뜻해져서 폭풍우가 발생할 에너지가 많아지고 있다. 그리고 지구 대기도 따뜻해져서 더 많은 습기를 품게 되고, 이는 폭풍우가 되어 우리에게 쏟아진다"라고 게재하고 있다.[26]

과학자들은 해수면이 상승한다는 데 의견을 함께하고 있으나, 어느 정도로 빠르게 진행될 것인지에 대해서는 확신하지 못하고 있다. 해수면은 전 세계에 걸쳐 다른 속도로 상승할 것이지만, 대부분의 예측에 의하면 2100년까지 현재 수준보다 1~4피트(약 30~120센티미터) 상승할 수 있다고 본다. 만약 해빙이 가속화된다면 훨씬 빠른 속도로 해수면이 올라갈 수도 있다는 예측도 있다.[27]

해수면이 정확히 어느 정도로 올라가든지 간에 거의 모든 과학자들은 기후변화가 인간에 거대한 결과를 가져올 것으로 믿고 있다. 메릴랜드 대학교의 마이클 커니Michael Kearney에 의하면, "해수면 상승은 단지 이곳저곳에 국한되는 것이 아니라 전 세계 모든 해안 지역에서 나타날 것이다".[28] 제트추진연구소Jet Propulsion Laboratory의 해양학자 조슈아 윌리스Joshua Willis는 "해수면 상승에 대비해야 한다. 해수면 상승은 멈추지 않을 것이다"라고 경고한다.[29] 1895년 기상관측이 시작된 이래 2015년이 '두 번째로 더운 해'가 되면서, 과학자들은 기온 상승이 지구에 미칠 영향을 몹시 우려하고 있다.[30]

최근 몇십 년 동안 많은 사람이 바다를 즐기기 위해, 또는 주요 도시 가까이에서 살기 위해 해안 지역으로 옮겨 갔다. 전 세계를 통틀어 약 6억 명의 인구가 주기적으로 침수를 겪는 취약 지역에서 살고 있다.[31] 기후 전문가들에 의하면 미국에서는 "인구의 40%가 상대적으로 인구밀도가 높은 해안 지역에 사는데, 이 지역에서는 해수면이 침수, 해안선 침식, 폭풍우 위험에 큰 영향을 미친다".[32] 위험한 지역을 살펴보면 뉴욕, 보스턴, 워싱턴 D.C. 샌프란시스코, 로스앤젤레스, 마이애미, 마드리드, 암스테르담, 베네치아, 케이프타운, 도쿄, 상하이, 홍콩, 상트페테르부르크 등, 특히 세계적인 대도시들이 포함되어 있다. 이 도시들은 모두 저지대 해안가에 위치하고 있어서 해수면이 크게 올라간다면 도시의 일부가 물속에 잠길 수 있다. 수많은 기업과 수백만 인구가 해안을 떠나 이주해야 할 것이고, 공동체는 엄청난 비용과 혼란을 떠안게 될 것이다.[33] 여러 도시의 해안가를 따라 항구와 발전소가 있기 때문에 해수면이 상승하면 운송과 에너지 생산도 위태로워진다. 상황이 이러하므로 해수면 상승으로부터 보호할 수 있도록 주요 기반시설을 대규모로 재배치하는 노력이 필요할 것이다.

2016년 연구보고는 미국에서 해수면 상승으로 거주지를 잃는 수백만 인구가 이주하는 데 약 14조 달러가 소요될 것으로 추정했다. 연구원들에 따르면 3피트(약 90센티미터)와 6피트(약 180센티미터) 사이 어느 수준으로 해수면이 올라가더라도 기업의 비즈니스 활동과 주거지에 어쩔 수 없이 큰 변화가 일어날 것이다. 전문가들은 "루이지애나 해안과 체서피크만 지역은 땅이 침강하고 있어서 가장 빠르게 변화를 겪게 될 것"으로 전망하고 있다.[34]

해수면 상승의 영향은 아프리카나 아시아의 개도국에 특히 엄청난 손실을 야기할 것이다. "열을 낮추어라Turn Down the Heat"라는 제목을 붙인 세계은행 보고서에 의하면, 연구원들은 "가난한 지역사회가 기후변화에 가장 취약할 것"이라고 생각했다. 그곳 사람들이 "배수시설이 빈약하고 공공 서비스가 거의 없으며, 폭풍 해일과 해수면 상승, 홍수로부터의 보호시설이 없는 저지대 지방에 밀집해 살고" 있기 때문이다.[35]

해안 지역 정부들은 암스테르담이나 베네치아에 이미 있는 것과 비슷하게 물관리용 제방을 쌓을 수 있다. 인구가 가장 많은 지역을 피해가도록 운하나 다른 수로로 물길을 돌리는 정교한 시스템을 개발할 수도 있다. 그러나 그러한 프로젝트에는 상당한 비용과 기반시설 확충 문제가 따를 것이다. 물관리로 이웃 사람들을 보호할 수는 있다고 할지라도, 전 지구에 걸쳐 광범위하게 할 수 있다는 보장이 없으며, 또한 이러한 시스템은 매우 복잡하고 유지비가 비싸게 든다.

또한 누가 개인적인 손해와 재배치 비용을 치르느냐도 문제다. 개인 또는 기업의 책임인가 아니면 사회 전체의 책임인가? 우리는 일시적 또는 소규모로 일어나는 환경재해를 처리하는 데나 익숙하지 장기적이고 대규모로 일어나는 상시적 침수 문제를 관리하는 데는 익숙하지 않다. 대규모 변화는 공익을 실현하려는 정부나 사회에 엄청난 재정적, 정치적 압박을 가할 것이다.

기상 패턴이 과거 20년 동안 나타났던 것보다는 훨씬 크게 바뀔 가능성이 있기 때문에, 기상학자인 윌리엄 게일William Gail은 미래를 예측하기 위해 과거를 도구로 이용하기가 더욱 어려워질 것이라고 내다본다. 그는 "긴 세월 동안 반복되어온 자연의 패턴은 과거 인간이 기반시설에서부터 농업에 이르기까지 모든 것을 기획하는 데 의존해온 것이지만, 이제 더는 믿을 수가 없다"라고 기술하고 있다. 새로운 추세가 전개됨에 따라 "미래를 예측할 수 있는 우리의 능력이 줄어들고 있다"라는 것이다.[36]

물론 정치 지도자들을 포함해서 많은 미국인이 여전히 기후변화가 실제로 일어나고 있는지에 의구심을 품고 있으며, 실제 일어나고 있다 하더라도 그것은 자연현상이지 화석연료 사용 등 인간의 행동으로 인한 것이 아니라고 말하기도 한다. 일반 대중의 과학적 소양이 전반적으로 낮다는 점과 함께 이 같은 이해 부족은 전문가들로 하여금 지도자와 대중에게 문제 해결을 위해 조치해야 한다는 점을 납득시키기 어렵게 한다.[37] 기후변화 영향이 더 진전되기 전에 이를 완화하기 위한 조치가 필요함을 일반 대중에게 널리 설득하는 것이 지금까지는 어려운 일로 드러났다. 기후변화 영향이 더 짙어지는 시점에는 처리하기가 훨씬 더 복잡해지고 비용이 많이 들게 될 것이다.

마지막으로 국제정치에서도 기후변화로 심각한 영향이 야기될 수 있다. 경제적 박탈과 사회적 불안은 종종 전쟁, 난민, 사회적 갈등으로 이어진다. 해수면 상승, 지속되는 가뭄, 그리고 다른 기후변화 요인 때문에 영토나 경작지가 줄어드는 국가는 이웃 국가와의 관계에서 더 공격적인 태도를 보일 수 있다. 그들은 자국민을 위해 새로운 영토를 찾거나 작물을 재배할 수 있는 지역을 찾으려 할 것이다. '기후변화 난민'이 나타날 것이라는 전망은 이미 널리 우려를 자아내고 있는데, 사람들이 기온 상승, 폭풍우 피해 악화, 해수면 상승으로 살기 어려워진 고향에서 도망쳐 나올 수밖에 없기 때문이다.[38] 이러한 현상은 국경을 넘어오는 난민을 거의 받아들이지 않는 때에 대규모 인구 이동을 더욱 가속시킬 것이다.

2015년 거의 모든 국가가 온실가스 배출을 억제하는 전 세계적인 협약을 맺기는 했지만, 필요한 조치가 언제 취해질지 또는 실제로 조치가 취해질지조차 확실하지 않으며, 일어날 수도 있는 환경 피해를 개선하기 위해 어느 정도까지 협력할지도 분명치 않다. 196개국이 어떤 조치를 하는 데 합의했는데, 이는 굉장히 이례적인 의견일치로 보인다.[39] 합의에도 불구하고, 정치 지도자들이 정말로 현재와 미래의 자국 온실가스 배출을 감축할 의지가 있는지 걱정하는 것이 옳으며, 특히나 자국에 미치는 영향을 늦춰보려는 경제적 이익에 직면해 있을 때는 더욱 그렇다.

유럽의 우경화와 민주주의 기반 약화

대부분의 유럽 국가는 제2차 세계대전 이후로 줄곧 사회복지를 강조하는 진보주의 노선을 택해 관대한 정부 혜택을 제공하고, 하나의 통일된 실체로서 궁극적으로는 유럽연합이란 형태로 '유럽' 개념을 옹호해왔다. 이러한 움직임 중 가장 눈에 띄는 것은 1985년 셴겐조약으로 조약국 간의 국경을 개방한 것이다. 2016년 현재 26개 유럽연합 회원국은 다른 셴겐조약 국가의 시민이 여권이나 비자 없이 자국 국경을 넘어 들어올 수 있도록 허용하고 있다.[40] 또한 28개 유럽연합 회원국 중 19개국이 공동 통화로서 유로화를 채택하고 있다. 이러한 유럽 차원의 합의가 이루어지기 전에도 영국이나 프랑스와 같은 과거 식민지 운영 국가들은 오랫동안 구 식민지 지역에서 들어오는 이민자들을 받아들여 왔다. 스칸디나비아 국가들은 정치 또는 전쟁과 관련된 난민을 앞장서서 받아들이고 있다. 독일은 기업들을 위해 터키를 비롯한 다른 나라에서 이주 노동자를 받아들인 오랜 역사가 있다.

그러나 테러와 난민 이주에 관한 우려는 유럽 일부 국가의 정치 환경을 더욱더 우경화시키고 있다. 최근 몇 년간, 특히 2015년 북아프리카와 중동 지역으로부터 물밀듯이 들어오는 이민자들은 여러 국가에서 큰 반발을 불러일으켰고, 국가의 정책을 바꾸어놓았다. 예를 들어 네덜란드와 노르웨이에서는 이미 강력한 반이민 정책을 내세우는 정부가 선출되었다. 또한 폴란드는 상대적으로 적은 수의 난민을 받아들였는데도 반이민 정당들이 득세하고 있다. 난민에 적대적인 반발이 일어 2015년 말에는 폴란드에 보수 정권이 들어섰고, 이 정부는 난민 수천 명을 재정착시키겠다는 지난 정부의 약속을 저버렸으며, 뉴스 미디어에 제약을 가하고 최고법원에 보수적인 판사를 앉혔다.[41]

마케도니아는 남쪽 국경을 폐쇄했으며, 헝가리는 세르비아에서 들어오는 이민자를 막기 위해 철조망 장벽을 쳤다.[42] 헝가리 총리 오르반 빅토르Orbán, Viktor는 "모든 테러범은 이민자"라고 말하면서 유럽의 이민정책에 강경한 입장을 취하는 자신을 정당화했다. 그는 "국경을 보호하고 입국자를 통제하는 것"을 정책의 최우선 과제로 삼고 있다. 오르반 총리는 유럽인들이 현재 이슬람과 전쟁을 하고 있다고 믿으며, 중동의 극단주의자들이 이민자로 위장한 전투원을 유럽으로 보내고 있다고 걱정한다.[43] 그는 특히 "국경 장벽을 정당화"하기 위해 "강간범과 일자리 도둑"을 언급하고 있다.[44] 이민자 수만 명을 받아들였던 오스트리아는 2015년 이민자들이 들어오는 지점에 울타리를 침으로써 응수했다. 이민에 대한 대중의 우려가 너무 커서 극렬 국가주의자인 알렉산더 판데어벨렌Alexander Van der Bellen은 대통령 선거에서 유권자의 약 0.6%인 3만 표를 얻었다. 그는 글로벌화와 자유무역, 이민에 반대하는 선거운동을 했으며, 자국을 휩쓰는 난민의 물결을 막기 위해 국경을 봉쇄해야 한다고 주장했다.[45]

독일에서도 '독일을 위한 대안'(독일대안당)이라는 반이민 정당이 인기를 끌고 있다. 2015년 앙겔라 메르켈 총리는 유럽의 다른 정상들에게 난민을 더 많이 받아들이도록 요구했으나, 독일로 들어온 난민이 거의 100만 명에 육박하자 국내 반발에 직면했다. 바이에른주의 연립정부 파트너는 난민을 환영하는 그녀의 입장을 반대했고, 여론조사에서는 지지도가 떨어지고 있던 독일대안당의 인기가 갑작스럽게 높아가기 시작했다.

2016년 독일대안당은 선거에서 13~24% 사이의 표를 얻어 3개 주의회에서 대표권을 획득했다.[46] 독일대안당 당대회에는 수천 명의 추종자들이 모여들었고, 정치 전문가들은 독일이 "크게 우경화되고 있다"라고 우려하고 있다.[47] 반면에 메르켈 총리의 지지도는 2015년과 2016년 사이에 75%에서 46%로 급감했고, 이는 다가오는 의회 선거에서 정치적 생존 가능성을 위협할 수 있다.[48] 메르켈 내각의 재무장관인 볼프강 쇼이블레Wolfgang Schäuble는 경고한다. "셍겐 체제로 알려진 유럽 내 국경개방은 심각한 위기에 직면했고, 독일을 포함해서 더 많은 국가가 출입국을 규제하기 위해 국경을 통제하는 검문소를 다시 설치한다면 조만간 붕괴할 수 있다."[49]

2015년 파리 테러 이후 프랑스에서는 자국민 보호주의 성향의 국민전선이 (최종 선거에서는 그다지 좋은 성과를 내지 못했지만) 첫 번째 지방 선거에서 큰 성과를 거두었다.[50] 당수인 마린 르펜은 주류 정당들이 누구를 지명하느냐에 따라서는 2017년 대통령 선거에서 유력한 주자가 될 수도 있다. 그녀는 프랑수아 올랑드 대통령을 "나라를 연약하게 만들어버린 겁쟁이"라고 비난하고 있다.[51] 그녀는 프랑스에 "진정한 프랑스다움"이 필요하며, "범죄로 얼룩진 술집과 교외를 깨끗이 청소"해야 한다고 주장한다.[52] 그녀가 말하는 바는 특히 구 프랑스 식민지 출신인 모슬렘 이민자들로 하여금 프랑스 문화와 사회에 완전히 동화되도록 해야 한다는 것을 의미한다. 논평가는 프랑스가 프랑스 출생이든 이민자이든 간에 모슬렘을 대하는 데 훨씬 더 보수적으로 되어갈 것임을 예견했다. "여론을 보면 사람들이 더욱 극단적으로 될 심각한 가능성이 있다. 사람들은 이제 말할 것이다. 이슬람은 더 이상 공공장소에 절대, 절대, 절대 있어서는 안 된다고." 프랑스와 모슬렘 사이의 관계에 관한 전문가인 베르나르 고다르Bernard Godard의 언급이다.[53]

세계에서 가장 자유롭고 개방적인 사회로 여겨지는 스웨덴조차도 덴마크로부터 들어오는 사람들에 대해서 새로이 국경 통제를 실시하고 있다. 스웨덴에 입국하려면 적절한 여행 서류와 시민권 지위를 가지고 있어야만 한다. 한편 덴마크 의회는 이민자에 대한 엄격한 제한조치를 통과시켰는데, 그 조치에는 정부가 그들에 대한 사회적 편익 제공에 소요되는 비용을 충당하기 위해서 1500달러 이상 되는 금융자산을 압류할 수 있는 위협도 포함되어 있다. 게다가 이민자들은 사랑하는 가족과의 재결합을 신청할 수 있게 되기까지 3년을 기다려야 한다.[54]

테러 공격에 직면해서 유럽인들은 과격분자로 의심되는 사람들에 대해 정부가 비상조치를 발동하는 것을 점차 긍정적으로 생각하게 되었다.[55] 과거처럼 사생활권이나 자유권을 걱정하기보다는 테러 용의자에 대한 정부 감시 강화를 지지하고 있는 것이다.

또한 일부 유럽 국가 정부는 표현의 자유를 더욱 엄격히 운영하는 조치도 취하고 있다. 바스크 지역의 분리독립주의 단체에 대항해 스페인은 "테러 예찬"과 "미승인 대중 시위"를 불법화하는 법률을 제정했다.[56] 프랑스는 "테러를 찬양하거나 자극하는 발언을 처벌하는" 법규를 두고 있다. 코메디언인 디외도네 음발라 음발라Dieudonné M'bala M'bala는 2105년 샤를리 에브도 잡지사에 대한 테러공격에 동조하는 것으로 간주된 소셜 미디어 발언으로 유죄판결을 받았다. 테러에 대한 두려움으로 입법자들이 더 엄격한 제한조치를 취하자 일부 정치 평론가들은 "그러한 법률들이 민주주의에서 임의적인 독단으로 기울어진 위험한 비탈길로 우리를 몰아갈 것"이라고 우려하고 있다.[57]

'유럽합중국'과 유사한 발상인 유럽 통합에 대한 저항감이, 이민에 대한 두려움이 높아가면서 함께 커지고 있다. 많은 나라에서 민족주의자들과 우파 정당들이 브뤼셀의 유럽연합 관료들이 만들어낸 정책을 간섭으로 보고, 난색을 드러내고 있다. 저항은 영국에서 가장 강하다. 영국에서는 여당인 보수당의 여러 지도자가 오랫동안 경제 통합은 영국에 이익을 가져오지 못했을 뿐 아니라 국제무역 자유화로 인해 오히려 자국에 해를 끼쳤다고 주장하고 있다. 이러한 우려에 대한 반응으로 데이비드 캐머런David Cameron 총리는 2016년 6월 유럽연합 탈퇴에 관한 국민투표를 실시했고, 유권자들은 탈퇴를 승인했다. 그리고 프랑스에서는 보수파 국민전선이 2017년 대통령 선거에서 승리하면 유럽연합 회원국 잔류 여부를 놓고 국민투표를 실시할 것임을 약속했다.[58] 이러한 움직임은 유럽연합 설립 기반뿐 아니라 더 넓은 글로벌화 개념 자체를 위협하고 있다.

민주주의가 작동 중인 다른 여러 곳에서도 무관용의 조짐과 반민주주의 움직임들이 일고 있다. 터키에서는 레제프 타이이프 에르도안Recep Tayyip Erdoğan 대통령이 이끄는 정부가 국가의 세속주의 경향을 버리고 행정부에 권력을 집중시켰다. 에르도안은 총리로서는 임기가 제한되어 있었기 때문에 대통령 선거에 출마해 승리를 거둔 것인데, 이 대통령직은 종전에는 거의 의례적인 자리였다. 대통령이 된 그는 여당인 정의개발당의 대표직을 이용해서 총리를 쫓아내고 정부의 장악력을 높였으며, 시민기관들을 약화시켰다.[59] 그의 충성스러운 지지자들은 무엇보다도 주요 매스컴을 공격하고, 사법권의 독립을 해쳤으며, 소셜 미디어와 디지털 뉴스 사이트를 엄중히 단속했다. 심지어 터키 정부는 에르도안 대통령의 지도력을 비난했다는 이유로 독자가 가장 많은 신문인 ≪자만Zaman≫의 통제권을 장악하기까지 했다. 2016년에는 수십 명의 학자와 사회 활동가가 반정부 시위 후 체포되었다.[60] 에르도안에 대항하는 쿠데타가 2016년 7월 일어났으나 몇 시간 만에 흐지부지 끝나버렸다.

인도에서는 언론인들과 정치인, 블로거들이 보수적인 종교 관습에 반하는 세속적 견해를 드러냈다는 이유로 살해당했다. 인도의 현 정부는 정치적 기반인 힌두민족주의자들에게 영합하고 관용적인 태도를 지지하는 사람들을 공격하는 데 대해 비난받고 있다. 문화부 장관인 마헤시 샤르마Mahesh Sharma는 "서구화된 공개 발언이 이루어지는 모든 영역을 청소하겠다고" 계획하고 있다.[61]

방글라데시에서는 유명한 출판사들이 종교적 극단주의를 비판했다는 이유로 공격당했다. 공격 대상 세속 작가들의 명단이 이슬람교도 사이에 돌아다녔고, 출판사들은 작가들에게 신성모독을 권장하고 있다고 경고를 받았다.[62] 이로 인해 이 나라가 세속적이고 민주적인 관행에서 벗어나 이슬람 신정국가로 향하고 있다는 심각한 우려가 나오고 있다.

미국도 예외는 아니어서 자국민 보호주의와 반反이민 정책 발언이 다시 일어나고 있다. 공화당 대통령 후보 지명자 도널드 트럼프는 "멕시코가 비용을 대서 미주 대륙을 가로지르는 장벽을 설치하고, 1100만 명의 불법 이민자를 추방하며, 세계무역 질서를 타파하고, 시리아 난민들을 전쟁 지역으로 되돌려 보내며, 모슬렘들이 미국으로 이민 오는 것을 금지하고, 모슬렘 등록소 설치를 검토하겠다"라는 등의 약속을 내놓았다.[63] 일부 지지자들은 이러한 자세를 '가운뎃손가락 정치'(조롱의 뜻을 담은 손짓에서 따옴)라고 말하고 있는데, 여기서 일부 유권자는 현행 정책과 제도를 전면 개편할 것을 갈망하고 있다. 정책과 제도가 그들을 위해 제대로 작동하지 않는다고 여기는 것이다. 그들은 트럼프가 "있는 그대로 말한다"라고 찬사를 보내고 있으며, 문제들에 관심을 모으는 방법으로 트럼프가 "경멸과 조롱, 잔인함과 편견에 가득 찬" 말을 사용하는 데는 개의치 않았다.[64]

이러한 어려운 문제들은 민주주의 정치체제가 최소한 세계의 일부 지역에서는 제대로 작동할 수 없게 될지도 모른다는 우려를 고조시키고 있다. 특히 걱정스러운 것은 전통적인 정치 규범이 무너지고 있다는 점이다. 많은 나라 정치가들이 판에 박힌 듯 뉴스 미디어를 공격하거나 또는 언론을 피해 유권자들에게 직접 호소하기 위해 새로운 커뮤니케이션 기술을 이용하는데, 이때 자주 선정적인 주장을 퍼곤 한다. 경제 불안과 사회 혼란의 시기에는 유권자를 겁주기가 쉽다. 메가체인지 이전의 1930년대 같은 시기와 비슷하게, 대중은 혼동과 무질서의 시대에 자신을 이끌어줄 강력한 지도자를 열망하고 있다.

이러한 모든 압력 속에서 민주주의가 극단적인 국가주의와 정치적 마비, 경제 불안에 직면해서 지속적으로 유지해나갈 수 있을지 여부는 해결되지 못한 문제다. 정치학자인 후안 린츠Juan Linz는 25년 전에 쓴 글에서 대통령제에 위험요소가 있다고 예견했다. 그는 "임기가 정해진 대통령제는 대통령 선거에 '승자독식'의 요소를 더하고, 유권자들은 승자가 자신들에게 수년 동안 큰 영향을 미칠 수 있음을 안다. 이는 대통령 선거에 '큰 내기를 걸게 만들며 필연적으로 뒤따르는 긴장과 양극화를 악화시킨다'"라고 지적했다.[65] 현재 많은 민주주의 국가가 당면한 어려움에 비추어, 그의 주장은 상당히 선견지명을 담고 있는 것으로 보인다.

우주에 우리만 있는 것이 아니라면 어떻게 할 것인가?

정치 또는 자연환경에 있는 위험이 전부가 아니다. 어떤 사람들은 인간 자신에 대한 실존적 문제를 제기하고 있다. 최근 우주 탐험과 과학 지식에 큰 진전이 있어서 천체물리학자와 천문학자, 생물학자 사이에서는 미생물이 지구에만 있는 것이 아니며, 우주에 널리 어떤 형태의 원시생명체가 적지 않게 있을 것이라고 믿는 경우가 늘고 있다. 이러한 가능성은 종교와 철학, 심지어 인간 정체성 측면에서 심각한 문제들을 불러온다. 은하계에는 2000억 개의 별이 있고, 우리에게 알려진 우주에는 적어도 2000억 개의 은하계가 있는 것으로 추정된다.[66] 또한 많은 별이 여러 개의 행성과 위성을 거느리고 있으므로 우주에는 수천조 개의 천체에 어떤 형태의 원시생명체가 존재할 가능성이 있다.

과학자들에 따르면 생명체에 필요한 요소는 우리가 알고 있듯이 액체 상태의 물과 열, 유기화합물이다. 생명체의 일반적인 정의는 "다윈식 진화를 할 수 있으며 자립자활이 지속되는 화학 체계"이다.[67] 물은 여러 화학적 상호작용을 가능케 하는 용매이기 때문에 필수적인 요소이다. 단백질과 아미노산은 물속에서 잘 혼합되고, 이것이 가열되었을 때에는 다른 물질과 결합해서 생명체의 정수인 복잡한 복합체를 형성한다.[68]

태양계 밖에도 물과 열, 유기화합물은 매우 많다. 미국 항공우주국NASA의 과학자들에 의하면, "천문학자들은 별 사이의 거대한 분자 구름과 신생 행성계를 나타내는 물질의 원반, 다른 별 주위를 도는 거대한 행성들의 대기 속에서 물의 흔적을 관측하고 있다"라고 한다.[69] 물의 구성 요소인 수소와 산소는 매우 흔해서 행성과 달, 소행성, 운석, 혜성, 우주먼지 등 은하계의 수많은 천체들에서 발견되고 있다. NASA의 한 천체화학자는 "생명체에 필요한 이 모든 분자가 우주 어느 곳에나 존재한다면 지구 밖에서 생명체를 발견할 가능성은 훨씬 더 높아진다"라고 대담하게 주장했다.[70]

우리 태양계에서도 과학자들은 여러 곳에서 물과 열원熱源을 발견하고 있다. 토성의 엔셀라두스와 타이탄, 목성의 가니메데와 칼리스토, 유로파와 같은 여러 위성과 소행성, 혜성에도 기본적인 분자뿐만 아니라 물이 존재한다. 이러한 요소들은 생명체를 구성하는 기본 요소로서 지구 바깥에 생명체가 있을 가능성을 충분히 생각해볼 수 있게 한다.[71]

이러한 천체 일부에는 차가운 표면 밑에 따뜻한 대양이 있을 것으로 여겨진다. 예를 들어 목성의 유로파에는 얼음 밑으로 액체 상태의 대양이 있을 것으로 보인다. 유로파의 중력과 목성의 인력이 물을 덥혀 필요한 에너지원을 공급하고 있다. 과학자들에 의하면, "유로파에 생명체가 존재할 가능성이 있을 뿐 아니라, 조건이 정확히 맞으면 복잡한 생명체까지도 존재할 수 있다".[72] 유로파의 대양에 대한 정확한 이론적 설명을 보면, 미생물을 유지시킬 수 있는 산소와 수소가 있는 것으로 추정된다.[73]

토성의 엔셀라두스 역시 얼음 아래에 따뜻한 대양이 있는 것처럼 보인다. 궤도선회 탐사선을 통해 그 위성에서 물이 분출하는 것을 관측했고, 영상자료를 분석한 과학자들은 "얼음으로 덮인 표면 밑으로 엄청나게 광대한 바다가 있다"라고 결론 내렸다.[74] 토성에 인접한 조석 영향에 지하의 열수熱水 작용이 더해져 데워진 엔셀라두스의 물은 소금과 유기분자를 함유하고 있다.[75] 엔셀라두스에서 탐지된 화합물 가운데는 "수증기, 이산화탄소, 메탄, 분자 질소, 프로판, 아세틸렌, 폼알데하이드, 그리고 암모니아의 흔적이 있다".[76]

화성에도 먼 옛날에는 액체 상태의 대양이 존재했고, 가파른 계곡이나 분화구에는 지금도 약간의 물이 흐른다는 상당한 증거가 있다. "화성은 우리가 과거에 생각했던 것처럼 건조하고 메마른 행성이 아니다. 어떤 환경에서는 화성에서 액체 상태의 물이 발견되었다"라고 NASA 행성과학 부서 책임자인 짐 그린Jim Green은 밝혔다.[77] NASA

의 탐사선과 근접촬영도 물이 흐른 증거와 침전물 속에 물이 고여 있다는 증거를 찾아냈다. 과학적 분석을 통해 추정한 바로는 43억 년 전 화성에 대략 대서양과 비슷한 2000만 세제곱킬로미터의 물이 있었다고 한다.[78] 오늘날에도 화성에는 극관 얼음 형태로 얼어 있는 물이 있다.

케플러 우주망원경을 통해 인류는 2016년 기준 우주에서 태양계와 유사한 440개의 항성계와 그 안에 있는 3000개 이상의 행성을 발견했다.[79] 이러한 천체 중 일부는 항성으로부터 너무 가깝지도 않고 너무 멀지도 않은 생명체 거주 가능 영역에 속할 수 있다. 항성 앞에서 행성들이 움직임에 따라 변하는 빛을 측정해서 과학자들은 각 행성의 크기와 질량을 측정할 수 있다. 우리은하에는 "각 항성의 생명체 거주 가능 영역에 속하는 100억 개 이상의 바위 행성이 있다"라고 전문가들은 예측한다.[80]

케플러-452b로 알려진 행성은 생명체 존재 가능성이 있는 후보 행성 중 하나다. 이 행성은 "지구보다 지름이 약 60% 크고, 1400광년 떨어진 백조자리에서 태양과 비슷한 항성 주위를 공전한다. 이 행성은 지구와 비슷한 거리에서 자기 태양의 주위를 돌고 있으며 한 번 도는 주기가 지구보다 20일 많은 385일인데, 이는 아마도 지구와 비슷한 양의 햇빛을 받고 있을 것이라는 의미다".[81]

이 행성이 속한 항성계의 나이는 우리 태양계보다 10억 년 많은 대략 60억 년이어서, 과학자들은 생명체가 진화할 충분한 시간이 있었다고 믿는다. NASA 에임스 연구소Ames Research Center의 존 젠킨스Jon Jenkins에 의하면, "이 행성 위에 생명체에 필요한 모든 요소와 조건이 충족되어 있다면, 이 행성의 표면 또는 해양 속 어디엔가 생명

체가 나타날 상당한 시간과 기회가 있었다".[82]

선도적인 과학자들은 인류가 생명체에 필요한 조건이 우주 여러 곳에 갖추어져 있다는 것을 거의 증명할 수 있게 되었다고 믿는다. 예를 들어 NASA 수석 과학자인 엘런 스토판Ellen Stofan은 "향후 10년이 지나면 지구 바깥에 생명체가 있다는 강한 단서를 확보하고, 10~20년이 지나면 결정적인 증거를 갖게 될 것"이라고 말한다. 이어서 그녀는 "우리가 말하는 것은 조그만 초록색 인간이 아니라 조그만 미생물이다"라고 덧붙였다.[83] 태양계 탐사와 다른 은하계에 대한 우주 망원경 관측을 통해 생명체가 지구에만 있는 것이 아니라는 증거를 축적하게 된 것이다.

지구의 사람들이 다른 곳에도 생명체가 있다는 것을 알게 되면, 인간 역사를 지배해왔고 현재에도 일반적인 '지구 중심' 사고방식에 커다란 변화가 일어나지 않을 수 없다. 새로운 소식은 우주의 본질, 다양한 생명체의 존재, 인간 사고방식에서 종교의 역할 등에 대한 인간의 시야를 넓힐 것이다. 이 발견으로 인간들이 자신과 주변의 세계를 보는 관점에 큰 변화가 일어날 수 있다.

스미소니언 연구소의 천체물리학자 제러미 드레이크Jeremy Drake는 태양계 안이든 아니면 은하계 안이든 또는 더 큰 우주 어느 곳이든 간에 지구가 아닌 곳에 생명체가 발견될 때 일어날 일을 다음과 같이 전망한다. "심리적, 신학적, 사회적으로 엄청난 영향을 미칠 것이다. … 지금 당장 우리는 한 국가 차원에서의 생명에 대한 접근 방식, 즉 '그들에 대한 우리'라는 국적을 따지는 것 같은 시야를 가지고 있다. 다른 별에서 생명체가 탐지된다면, 그리고 분명히 문명의 교신이나 징조가 발견된다면, 시각이 완전히 바뀔 것으로 나는 희망한다.

우리는 더욱 외부 지향적으로 변할 것이다. 그러면 인간은 자만심이 조금 약해질 것인가? 아마 그렇게 될 것이다."[84]

주요 종교 대부분은 지구라는 행성에 신이 개입했다는 생각을 중심으로 한다. 예를 들어 신의 계시를 받은 무함마드는 이슬람교에서 중심인물이고 모세와 아브라함은 유대교에서 핵심인물이다. 생명체가 다른 곳에도 존재한다면, 이는 신이 각각의 장소에 공경 받는 이슬람이나 유대 인물을 보냈다는 의미인가? 진보된 생명체가 있는 각각의 행성에서 무함마드와 모세, 아브라함은 모두 동등한 가치를 지니는가? 그들은 지구로 파견된 선지자들과 같은 사람들인가 아니면 다른 사람들인가?

비슷한 난제가 기독교에도 적용된다. 대부분의 정통 기독교도들은 신이 그의 아들 예수 그리스도를 지구로 보내서, 십자가에서 죽어 그를 믿는 모든 사람을 구원하도록 했다고 믿는다. 만약 생명체가 우주 도처에 다수 존재한다면, 이는 신이 지적 생명체가 있는 모든 행성에 그의 아들을 보냈다는 것을 의미하는가? 예수는 그곳에 사는 사람들에게 영생의 기회를 주기 위해 충분히 진화한 생명체가 있는 모든 행성에서 십자가에 못 박혀야 했는가? 다른 행성에도 지적인 생명체가 있다면, 그리고 그 개인들 중에서 아무도 예수에 대해서 배울 기회를 갖지 못했다면, 어떻게 신은 영원한 구원의 가능성을 부여할 것인가?

마지막 질문에 대한 한 가지 가능한 답변은, 그러한 외계 생명체는 세례를 받지 않고 죽은 인간 유아와 같은 범주에 속한다는 것이다. 교회 지도자들은 '구원을 받아 영원한 행복으로 가기' 전에 죽은 많은 사람들과 함께 예수 그리스도를 받아들이기 위해 '자신의 이성과 자유를 사용할 수 있는 능력을 아직 갖추지 못한 사람들'이 있음을 인정한다. 국제신학위원회에 따르면, "신이 이러한 아이들을 정확하게 구원할 것으로 희망하는 근거가 있다. 이 아이들은 가장 바람직했을 것, 즉 교회의 신앙 안에서 세례를 받고 그리스도의 몸 안으로 명백히 받아들여지는 것이 불가능했기 때문이다". 가톨릭 지도자들은 '신의 자비'가 이러한 개인들에게 '구원의 길'을 놓아줄 수 있으리라고 믿는다.[85]

그러나 일부 가톨릭 신학자들은 앞에서 말한 발견들이 종교적 믿음에 영향을 미치지 않을 것이라고 주장한다. "다른 행성에서 지적 생명체를 발견한다 해도 또 다른 예수가 있다는 것을 의미하지는 않는다. 신의 아들의 육화는 인류의 역사상, 우주의 역사상 유일한 사건이다. 신은 2000년 전에 팔레스타인에서 예수를 통해서 인간이 되었다." 바티칸 천문대장인 호세 가브리엘 푸네스Jose Gabriel Funes의 말이다.[86]

이는 지구 밖 다른 곳에 생명체가 있다는 것을 알게 됨으로써 나타날 패러다임 전환으로 야기될 도발적인 문제 가운데 단지 일부일 뿐이다. 종교적 신앙은 '지구에 기반을 둔' 사고를 넘어 더 우주적인 관점으로 움직일 가능성이 있다. 또한, 일부 문화권에서 주술사에 대한 강하지만 받아들이기 어려운 믿음이 점차 없어졌듯이, 종교가 점차 사그라질 가능성도 있다. 더 가능성이 큰 일은 사람들이 새로운 과학적 발견의 의미를 알아내려고 노력하면서, 다양한 차원에서 강렬한 반작용과 그에 대한 또 다른 반작용이 나오는 것이다.

최신 천문학의 발전을 충분히 알지 못하는 사람들에게는 지구에 있는 생명체가 유일하지 않으며 우주 곳곳에 생명체가 존재한다는 소식이 감당하기 어려운 문제일 수 있고, 트라우마까지 될 수 있다. 그러한 정보는 대중의 믿음을 혼란스럽게 하고, 이미 널리 받아들여 왔던 종교적, 철학적 교리를 급격하게 재정립하도록 내몰 것이다. 시간이 지남에 따라 사람들은 자신들 호모 사피엔스가 우주에서 유일하고 독특한 종種이 아니며 인간을 중심에 두는 굳건한 믿음도 재고할 필요가 있음을 이해하게 될 것이다.

소설 『해 질 녘』을 생각하며

아이작 아시모프Isaac Asimov와 로버트 실버버그Robert Silverberg가 공저한 과학소설 『해 질 녘Nightfall』은 여섯 개의 별로 둘러싸인 어느 머나먼 행성의 이야기다.[87] 태양이 여러 개 있어서 그곳의 태양계는 너무도 밝고, 그 행성에는 밤이 없다. 따라서 항시 낮이고, 사람들은 하늘의 별을 볼 수 없다.

그러나 행성 주민들도 모르는 사실이었지만, 2049년에 한 번씩 태양 가운데 하나에 일식이 일어나서 짧은 밤이 찾아온다. 어둠을 생각해본 적이 없는 주민들은 이 극적인 변화를 어떻게 받아들여야 할지를 모른다. 빛이 완전히 사라지자 주민들은 생전 처음으로 밤을 경험하게 되었다. 밤하늘의 별들을 보고서 그들은 자기네의 태양계가 유일한 것이 아님을 알아차리기 시작한다.

애석하게도 이 행성의 주민들은 이러한 놀라운 현상에 어떻게 대처할지를 모르고 있으며, 이 작가들의 이야기에 의하면 많은 사람들이 미쳐간다. 과학자들과 지도자들이 집단 패닉을 막기 위해 온갖 노력을 기울임에도 행성의 전역에서 폭력 사태가 터져 나온다. 커다란 혼란과 고통이 지나자 발달된 문명은 붕괴되고, 많은 기술과 과학의 발전은 갑자기 중단된다. 그 사람들은 단지 밤이 오는 현실에 대해서, 그리고 자신들과 우주에서의 자신들의 위치에 대한 개념에 미친 커다란 영향에 대해서 어떻게 대처해야 할지 모른다.

이러한 예는 실존적인 메가체인지의 극단적인 형태이기는 하지만, 이 소설 속 이야기는 작금의 상황에 대한 경종으로 읽힐 수 있다. 이 책에서 이미 언급한 바와 같이 수많은 메가체인지들이 현대 생활을 크게 바꾸어놓을 가능성을 지니고 있다. 즉 로봇과 인공지능의 광범위한 사용으로 야기되는 커다란 경제 변화 또는 인종적 갈등과 극단적 국가주의의 도전으로 인한 정치적 충격, 질병과 기근을 막지 못하는 거버넌스의 실패, 종교적 극단주의로 인해 야기되는 국내외 갈등, 기후변화로 인해 발생하는 해수면 상승과 자연재해, 우주의 다른 어느 곳에 원시적인 생명체가 존재한다는 엄청난 발견 등과 같은 시나리오 중 어떠한 것도 엄청난 스트레스로 다가오고, 위험한 걱정, 대규모 이주, 정치적 불안, 무력 침공으로 이어질 수 있다. 이제 작게 생각하여 변화는 현실적으로 점진적으로 이루어질 것이라 여길 때가 아니다. 오히려 지도자들은 크게 생각하고 변화는 빠르게 그리고 크게 일어날 가능성이 있다는 점을 받아들일 필요가 있다. 그렇게 하지 못하면 사람들은 우리가 받아야 할 도전에 맞지 않는 잘못된 처방이나 행동을 취하게 되는 운명에 처하게 될 것이다.

앞의 여러 장에서 언급한 바와 같이 사람들이 대규모 변화에 대처하는 것을 도와줄 수 있는 많은 단계가 있다. 첫째, 극단주의는 극단주의를 낳는다는 것을 인식하고, 무관용과 오해가 지나치게 만연하기 전에 정치와 시민사회의 과격주의를 완화하는 것이 중요하다. 사람들이 어려서 가정생활이나 사회제도를 통해서 무관용을 배우게 되면 나이가 들어서 이를 버리도록 하는 것은 어려운 일이다. 정치적, 종교적 극단주의를 중단시키기 위해서는 교육 자재와 교수법을 재검토하는 것이 필수적이다. 교육제도와 법률, 종교가 평화적 갈등 해소의 조건을 조성하지 못한다면 정치 지도자가 이러한 이상에 기초해서 통치한다는 것은 불가능하다.

둘째, 민주주의를 구하기 위해서 사람들이 변화가 가져올 위기와 기회, 그에 대한 대처 방법을 이해하는 데 도움이 될 수 있도록 캠페인과 통치에서의 변화가 필요하다. 승자독식의 제도를 종식하는 것이 중요한데, 그 이유는 그러한 사고방식은 갈등의 소지를 높이고 패자로 하여금 결과가 어떠한 것이 되든지 간에 그 결과에 대해 못마땅하게 생각하고 배격하게 만들기 때문이다. 시민들이 다른 한쪽 사람들이나 어떤 그룹의 사람들이 규모에 맞지 않게 많은 경제적, 정치적 혜택을 가져가고 있다고 느낀다면 정치적, 사회적 갈등은 고조되고, 이를 해결할 가능성은 낮아지게 된다.

실패한 거버넌스는 일부 중동 국가에서 특히 문제가 되고 있다. 예를 들어 이라크에서는 수니파와 시아파 간의 긴장은 시아파가 장악하고 있는 민족 정부에 석유 수익이 집중되고 있다고 보는 수니파의 생각으로 악화되고 있다. 이러한 경제적 혼란으로 인해 장기적으로 그들이 가난해질 것이라고 걱정하고, 일부 수니파들은 정치적, 군사적 수단을 동원해서 중앙정부와 싸우고 있다. 거버넌스 및 경제와 관련된 문제들은 분명 사회적 갈등을 고조시킨다.

셋째, 미국과 세계 여러 나라의 정치제도는 사회적 도전에 맞춰 정책 결정 능력을 더욱 잘 조절할 수 있도록 개혁되어야 한다. 많은 민주주의 국가들의 절차는 변화가 느리고 근본적인 도전은 별로 없던 시대에 만들어진 것이다. 미국은 초창기에 세계 강국도 아니었으며, 통신은 분이나 초를 다투며 이루어진 것이 아니라 며칠 또는 몇 달에 걸쳐 이루어졌다. 그러나 메가체인지가 새로운 일상이 되어버린 오늘날에 와서는 변화가 더욱 빠르게 이루어지고 있다. 국내 및 국제적인 절차는 세계적으로 빠르게 이루어지고 있는 대규모 경제적, 정치적, 사회적 변화에 대처할 수 있어야 할 것이다.

이는 정치제도가 정책의 결정을 필요 이상으로 지연시키는 거부점拒否點을 타파해야 할 필요성이 있음을 의미한다. 미국 의회에서 상원의원들은 필리버스터, 즉 무제한 토론을 할 수 있는데, 이는 핵심적인 관료 임명에 대한 표결을 막고 비록 법안이 다수의 지지를 받고 있다 할지라도 그 법안을 통과시키지 못하게 한다. 이는 어떤 민주주의 제도가 어떻게 현시대의 도전에 응수할 수 없게 하고 중요 문제들을 해결할 수 없게 하는 것인지 보여주는 하나의 사례이다.

넷째, 우리는 변화에 대한 우리의 개념을 더욱 장기간으로 늘려야 한다. 칼럼니스트 디온느가 현대의 정치에 관해서 개탄하는 '현상지속관념'을 극복해야 한다.[88] 사람들이 자주 놀라게 되는 이유 중 하나는 시민들의 기억이 고작 해야 몇십 년 뒤로밖에 거슬러 올라가지 못하기 때문이다. 단기적인 시야에서 발의된 것보다 장기간을 대상으로 고려하는 것이 선택의 폭을 훨씬 더 넓히고 더 근본적인 조치를 취할 수 있다는 것을 이해해야 한다. 학교의 역사 수업에 더 중점을 두고 장기적인 시야를 더 높이 평가함으로써 사람들은 변화가 일어났을 때 그 변화를 더욱 효율적으로 폭넓게 대처할 수 있을 것이다.

현 세대가 대규모 인구 이동 또는 기술혁신, 난민, 정치적 마비 등을 처음 대면하는 것은 아니다. 20세기에 우리는 두 차례의 세계대전과 수많은 지역 분쟁, 전체주의, 집단학살, 극심한 빈곤을 겪었다. 이러한 문제점을 처리하고 세계를 전후의 평화와 번영으로 이끌기 위해서는 엄청나게 힘든 노력이 필요하다. 의사소통과 통상을 개선하고 지도자들이 논쟁의 대상인 분규들을 해결할 수 있도록 유엔이나 세계은행, 국제통화기금 같은 새로운 국제기구들이 설립되었다.

그러나 이러한 국제기구 중 일부는 갈등 해소와 문제 해결에 있어 효율성을 상실했다. 미국의 제도가 정책 결정의 절차를 개선할 수 있도록 개혁되어야 하는 것처럼 유엔이나 세계은행과 같은 국제기구들도 더욱 강력하게 극단주의와 싸우고, 거버넌스를 개선하며, 공공 및 민간 분야 제도에서 부패를 줄여가야 한다. 세계 여러 곳에서 빈약한 거버넌스가 정부에 대한 신뢰도를 약화시켰고, 주요 정책 문제를 해결하는 데 어려움을 주었다.

어떤 기관들은 최고혁신책임자CIO를 임명하기도 하는데, 이들의 임무는 크게 생각하고, 주요 도전들을 예견하며, 이러한 문제들이 발생하기 전에 이를 해결할 방안을 개발하는 것이다. 우리는 장기적으로 생각하며, 제도와 정치 과정을 어떻게 개편할지 아이디어를 가지고 있고, 큰 문제점들에 대한 해결책을 만들어낼 사람들이 정부 부처와 다른 곳에서도 있는 것이 필요하다. 그렇지 않으면 많은 나라들이 직면하고 있는 복잡한 도전들에 대처하는 것이 매우 어렵게 될 것이다.

많은 점에서 통치 능력은 사회적 도전과 페이스를 맞추지 못해왔다. 대변화에 대처하는 법을 모색해내는 것은 인간들이 직면한 가장 큰 문제 중 하나이다. 세계적으로 번져갈 수 있는 현지 또는 지역 분쟁의 발발 가능성이 매우 크고, 이는 지도자들이 문제 해결과 분쟁 해소 방안을 반드시 개선하도록 요구하고 있다. 사회의 급진주의를 해소하고 긴장을 낮추는 메커니즘을 찾아내는 것이 이러한 도전들을 해결하는 방향으로 이끄는 핵심 발걸음이다.

주

제1장 현상지속관념의 극복

* E. J. Dionne, "This Time it Really is the End of Trump. Really," *Washington Post*, April 3, 2016.

1 Elliot Goodman, *The Soviet Design for a World State* (Columbia University Press, 1960).

2 Tim Geithner, *Stress Test: Reflections on the Financial Crises* (New York: Crown Publishing, 2014).

3 Graeme Wood, "What ISIS Really Wants," *The Atlantic*, March 2015.

4 Steven Erlanger, "Britain Votes to Leave E.U.; Cameron Plans to Step Down," *New York Times*, June 23, 2016.

5 Heather Saul, "ISIS Publishes Penal Code Listing Amputation, Crucifixion and Stoning as Punishments," *The Independent*, January 22, 2015.

6 이 개념에 대한 이전의 논의는 다음을 참조. John Piescik, "Megachange: Leading Change Across Multiple Large Organizations," McLean, Va.: MITRE Center for Enterprise Modernization Technical Report, November 2007; Rob Creekmore, John Piescik and Nahum Gershon, "Megachange Profiler How-to Guide," McLean, Va.: MITRE, October 2010; Darrell M. West and Allan Friedman, "Health Information Exchanges and Megachange," Brookings Institution report, February 8, 2012.

7 Alex Tribou and Keith Collins, "This Is How Fast America Changes Its Mind," *Bloomberg Business*, June 26, 2015.

8 Thomas Kuhn, *The Structure of Scientific Revolutions* (University of Chicago Press, 1962).

9 Walter Isaacson, *The Innovators: How a Group of Inventors, Hackers, Geniuses, and Geeks Created the Digital Revolution* (New York: Simon and Schuster, 2014).

10 Jeff Greenfield, "What If Trump Wins?," *Politico Magazine*, August 4, 2015

(www.politico.com/magazine/story/2015/08/trump-wins-2016-gop-nomination-120994).

11 Tyler Cowen, *Average Is Over: Powering America beyond the Age of the Great Stagnation* (New York: Dutton Books, 2013).

12 James K. Galbraith, *The End of Normal: The Great Crisis and the Future of Growth* (New York: Simon and Schuster, 2014).

13 Robert Gordon, *The Rise and Fall of American Growth* (Princeton University Press, 2016).

14 Michael Forsythe, "China Deployed Missiles on Disputed Island, U.S. Says," *New York Times*, February 16, 2016.

15 Jane Perlez, "U.S. Challenges China's Claim of Islands with Sea Operation," *New York Times*, January 31, 2016, p. 8.

16 Jeffrey Bader, "What Does China Really Want," Brookings Institution Order from Chaos blog, February 11, 2016; Michael Forsythe and Jane Perlez, "South China Sea Buildup Brings Beijing Closer to Realizing Control," *New York Times*, March 8, 2016.

17 Simon Denyer, "Chinese Warnings to U.S. Plane Hint of Rising Stakes over Disputed Islands," *Washington Post*, May 21, 2015.

18 *BBC News*, "Tunisia Suicide Protester Mohammed Bouazizi Dies," January 5, 2011.

19 Kevin Sieff, "They Were Freed from Boko Haram's Rape Camps. But Their Nightmare Isn't Over," *Washington Post*, April 3, 2016.

20 William Wohlforth, "The Stability of a Unipolar World," *International Security*, Vol. 24, 1999, pp. 5-41; Andrew Hurrell, "Hegemony, Liberalism and Global Order," *International Affairs*, Vol. 82, 2006, pp. 1-19.

21 Tiffany Howard, *Failed States and the Origins of Violence* (Farnham, UK: Ashgate, 2015).

22 Michael Walzer, *The Paradox of Liberation: Secular Revolutions and Religious Counterrevolutions* (Yale University Press, 2015).

23 Darrell M. West, *Going Mobile: How Wireless Technology Is Reshaping Our Lives* (Brookings Institution Press, 2015).

24 브루킹스 연구소 대외정책 프로그램(The Brookings Institution Foreign Policy program)은 '혼동으로부터의 질서: 혼란한 세계에서의 대외정책(Order from Chaos: Foreign Policy in a Troubled World)'이라는 블로그를 운영하고 있다.

25 Charles Lindblom, "The Science of 'Muddling Through'," *Public Administration Review*, 1959; Aaron Wildavsky, *The Politics of the Budgetary Process* (Boston: Little, Brown, 1979).

26 Jonathan Bendor, "Incrementalism: Dead yet Flourishing," *Public Administration Review*, Vol. 75, No. 2 (March/April 2015).

27 John Piescik, "Megachange: Leading Change across Multiple Large Organizations," McLean, Va.: MITRE Center for Enterprise Modernization Technical Report, November 2007; Rob Creekmore, John Piescik and Nahum Gershon, "Megachange Profiler How-to Guide," McLean, Va.: MITRE, October 2010.

28 Keith Poole, "The Polarization of the Congressional Parties," March 21, 2015 (www.voteview.com).

29 Thomas Mann and Norman Ornstein, *It's Even Worse Than It Looks* (New York: Basic Books, 2013).

30 Nelson Schwartz and Quoctung Bui, "Where Jobs Are Squeezed by Chinese Trade, Voters Seek Extremes," *New York Times*, April 25, 2016.

31 Paul Starr, *The Creation of the Media* (New York: Basic Books, 2005).

32 Tiffany Ap, "Al-Shabaab Recruit Video with Trump Excerpt," CNN, January 3, 2016.

33 Ishaan Tharoor, "New Islamic State Video Celebrates Brussels Attacks by Quoting Donald Trump," *Washington Post*, March 24, 2016.

34 Mike Allen's Playbook, *Politico*, March 6, 2016에서 재인용.

35 Michela Del Vicario and others, "The Spread of Misinformation Online," *Proceedings of the National Academy of Sciences*, Vol. 113, No. 3,

December 4, 2015.

36 Arthur Brooks, "The Real Victims of Victimhood," *New York Times*, December 27, 2015, p. 19.

37 Jacob Hacker and Paul Pierson, "No Cost for Extremism," *The American Prospect*, Vol. 26, No. 2 (Spring 2015), p. 73.

38 Timothy Egan, "Hillary's Big Idea," *New York Times*, April 23, 2016, p. A19.

39 *New York Times*, "New Senators Tilt G.O.P. Back toward Government Insiders Vowing to Act," November 16, 2014, p. 22.

40 Paul Schulman, *Large Scale Policy Making* (New York: Praeger, 1981).

41 Randall Roberts, "Grammys 2015: Transcript of Bob Dylan's MusiCares Person of Year Speech," *Pop & Hiss*, February 7, 2015.

제2장 충격적인 국제관계 사건들

1 James Gleick, *Chaos: Making a New Science* (New York: Vintage, 1987).

2 Edward Lorenz, "Predictability: Does the Flap of a Butterfly's Wings in Brazil Set off a Tornado in Texas?," Address at the 139th Annual Meeting of the American Association for the Advancement of Science, Boston, December 29, 1972.

3 Stephen Kellert, *In the Wake of Chaos: Unpredictable Order in Dynamical Systems* (University of Chicago Press, 1993).

4 Martin Wolf, *Why Globalization Works* (Yale University Press, 2004).

5 Francis Fukuyama, *The End of History and the Last Man* (New York: Free Press, 1992).

6 Matthew Morgan(ed.), *The Impact of 9/11 on Politics and War* (New York: Palgrave Macmillan, 2009).

7 *PBS Newshour*, "9/11 to Now: Ways We Have Changed," September 14, 2011.

8 Gallup Poll, "Terrorism in the United States," June 2-7, 2015.

9 Jeffrey Jones, "One in Four Americans Say Lives Permanently Changed by

9/11," Gallup Poll, September 8, 2011.

10 Gallup Poll, "Presidential Approval Ratings, George W. Bush," October 31-November 2, 2008.

11 *Mother Jones*, "How 9/11 Changed the Law," September 9, 2011.

12 *BBC News*, "Tunisia Suicide Protester Mohammed Bouazizi Dies," January 5, 2011.

13 Victoria Carty, "Arab Spring in Tunisia and Egypt: The Impact of New Media on Contemporary Social Movements and Challenges for Social Movement Theory," *International Journal of Contemporary Sociology*, Vol. 51, No. 1 (April 2014).

14 Andrey Korotayev and others, "The Arab Spring: A Quantitative Analysis," *Arab Studies Quarterly*, Vol. 36, No. 2 (Spring 2014).

15 Sarah El Deeb and Lee Keath, "Islamist Claims Victory in Egypt Presidential Vote," Associated Press, June 18, 2012.

16 Xinhua, "Egypt's Ousted President Morsi Gets 20 Years in Jail," April 22, 2015.

17 National Public Radio, "Four Years after Revolution, Libya Slides into Chaos," January 31, 2015.

18 Ivan Krastev, "Why Did the 'Twitter Revolutions' Fail," *New York Times*, November 11, 2015.

19 Robin Wright, "How the Arab Spring Became the Arab Cataclysm," *New Yorker*, December 15, 2015 (www.newyorker.com/news/news-desk/arab-spring-became-arab-cataclysm).

20 Mark Urban, "How Many Russians Are Fighting in Ukraine?," BBC, March 10, 2015.

21 Thomas Grove, "Russia Starts Nationwide Show of Force," Reuters, March 16, 2015.

22 William Broad, "In Taking Crimea, Putin Gains a Sea of Fuel Reserves," *New York Times*, May 17, 2014.

23 CNN, "Vladimir Putin's Approval Ratings? Now at Whopping 86%," February 26, 2015; Michael Birnbaum, "How to Understand Putin's Jaw-Droppingly High Approval Ratings," *Washington Post*, March 6, 2016.

24 Inti Landauro and Noemie Bisserbe, "Charlie Hebdo Attack: Police Actively Searching Area North of Paris," *Wall Street Journal*, January 8, 2015.

25 Sam Schechner, "French Senate Passes Intelligence Bill," *Wall Street Journal*, June 9, 2015; *The Guardian*, "France Passes New Surveillance Law in Wake of Charlie Hebdo Attack," May 5, 2015.

26 Adam Nossiter, "Europe Facing New Uncertainty in Terrorism Fight," *New York Times*, August 23, 2015.

27 Susan Dominus, "The National Front's Post-Charlie Hebdo Moment," *New York Times*, February 18, 2015.

28 Matthew Karnitschnig, William Horobin and Anton Troianovski, "A Backlash Swells in Europe after Charlie Hebdo Attack," *Wall Street Journal*, January 8, 2015.

29 같은 글.

30 Adam Nossiter, Aurelien Breeden and Katrin Bennhold, "Paris Attack Was the Work of 3 Teams, An 'Act of War' by ISIS, France Asserts," *New York Times*, November 15, 2015, p. 1.

31 Griff Witte, Souad Mekhennet and Michael Birnbaum, "Belgian Authorities Capture Suspect in Brussels Attacks," *Washington Post*, March 23, 2016.

32 Andrew Higgins and Milan Schreurer, "Attackers in Paris 'They Did Not Give Anybody a Chance'," *New York Times*, November 15, 2015, p. 1.

33 Anthony Faiola, Souad Mekhennet and Missy Ryan, "French Lawmakers Back Extension of State of Emergency in Anti-Terror 'War'," *Washington Post*, November 15, 2015, p. 1.

34 Liz Alderman, "Paris Attacks Have Many in France Eager to Join the Fight," *New York Times*, November 26, 2015.

35 Liam Stack, "Poll of British Muslims Reveals Startling Views, but Some

Question Methodology," *New York Times*, April 14, 2016.

36 John McCormick, *Understanding the European Union* (New York: Palgrave Macmillan, 2014).

37 *BBC News*, "Greece Debt Crisis," June 30, 2015.

38 Jennifer Rankin, "EU Refugee Crisis: Asylum Seeker Numbers Double to 1.2m in 2015," *The Guardian*, March 4, 2016.

39 Steven Erlanger, "Britain Votes to Leave E.U.; Cameron Plans to Step Down," *New York Times*, June 23, 2016.

40 Michael Birnbaum, "After Brexit, French Right-Wingers Eye Their Own E.U. Exit Hopes," *Washington Post*, June 27, 2016.

41 E. J. Dionne, "This Time it Really is the End of Trump. Really," *Washington Post*, April 3, 2016.

제3장 미국 국내정책의 변화

1 Benjamin Page and Robert Shapiro, *The Rational Public: Fifty Years of Trends in Americans' Policy Preferences* (University of Chicago Press, 1992).

2 United Press International, "Church Defends $10,000 Grant to Angela Davis Defense Fund," May 31, 1971.

3 Angela Davis, *An Autobiography* (New York: Random House, 1974).

4 Bettina Aptheker, *The Morning Breaks: The Trial of Angela Davis* (Cornell University Press, 1997).

5 Alliouagana Garveyite, "Black and Christians in the 21st Century," *Island Mix*, July 23, 2006.

6 Online Christian Colleges, "Megachurch and Megabusiness," undated.

7 Veronique de Rugy, "President Reagan, Champion Budget-Cutter," Washington: American Enterprise Institute, June 4, 2004.

8 Andrew Glass, "Reagan Declares 'War on Drugs,' October 14, 1982," *Politico*, October 14, 2010.

9 Erik Eckholm, "In a Safer Age, U.S. Rethinks Its 'Tough on Crime' System," *New York Times*, January 13, 2015.

10 Darrell M. West, "How Digital Technology Can Reduce Prison Incarceration Rates," *Newsweek*, April 3, 2015.

11 Cited in Melissa Kearney and Benjamin Harris, "Ten Economic Facts about Crime and Incarceration in the United States," Brookings Hamilton Project, May 2014.

12 U.S. Federal Bureau of Prisons, "Offenses," Washington, D.C., November 28, 2015.

13 이 절의 내용 일부는 필자의 이전 글을 바탕으로 했음. Darrell M. West, "How Digital Technology Can Reduce Prison Incarceration Rates," Brookings TechTank blog, March 31, 2015.

14 Tracey Kyckelhahn, "State Corrections Expenditures, FY 1982-2010," U.S. Department of Justice Bureau of Justice Statistics, April 30, 2014.

15 Derek Neal and Armin Rick, "The Prison Boom and the Lack of Black Progress after Smith and Welch," Working Paper No. 20283, Cambridge, Mass.: National Bureau of Economic Research, July 2014.

16 Melissa Kearney and Benjamin Harris, "Ten Economic Facts about Crime and Incarceration in the United States," Brookings Hamilton Project, May 2014에서 재인용.

17 Darrell M. West, *Billionaires: Reflections on the Upper Crust* (Brookings Institution Press, 2014), pp. 56-57.

18 같은 책.

19 Sam Becker, "7 States Ready to Legalize Marijuana," *Cheat Sheet*, March 28, 2015.

20 Lydia Saad, "Majority Continues to Support Pot Legalization in U.S.," Gallup, November 6, 2014 (www.gallup.com/poll/179195/majority-continues-support-pot-legalization.aspx).

21 같은 글.

22 Philip Wallach and John Hudak, "The Nation Continues to Embrace Marijuana Legalization," *Brookings FixGov Blog*, November 5, 2014.

23 Barbara Brohl, Ron Kammerzell and Lewis Koski, "Annual Update," Colorado Department of Revenue, February 27, 2015.

24 Drug Policy Alliance, "Marijuana Legalization in Colorado after One Year of Retail Sales and Two Years of Decriminalization," 2015.

25 Jerry Gray, "House Passes Bar to U.S. Sanction of Gay Marriage," *New York Times*, July 13, 1996.

26 Justin McCarthy, "Same-Sex Marriage Support Reaches New High at 55%," Gallup, May 21, 2014 (www.gallup.com/poll/169640/sex-marriage-support-reaches-new-high.aspx).

27 같은 글.

28 같은 글.

29 Linda Holtzman and Leon Sharpe, *Media Messages: What Film, Television, and Popular Music Teach Us About Race, Class, Gender, and Sexual Orientation* (Armonk, N.Y.: M. E. Sharpe, 2014).

30 *Raw Story*, "'Gay Buying Power' to Hit $2 Trillion by 2012," June 26, 2006 (www.rawstory.com/news/2006/Gay_buying_power_to_hit_1_0626.html).

31 *BBC News*, "How Legal Tide Turned on Same-Sex Marriage in the U.S.," January 16, 2015.

32 Nick Gass, "President Obama on Gay Marriage: Justice Arrived 'Like a Thunderbolt'," *Politico*, June 26, 2015.

33 Richard Fausset and Alan Blinder, "North Carolina Governor Tries to Step Back from Bias Law," *New York Times*, April 12, 2016.

34 Lawrence Jacobs and Theda Skocpol, *Health Care Reform and American Politics: What Everyone Needs to Know* (Oxford University Press, 2012).

35 Lawrence Jacobs and Theda Skocpol, *Health Care Reform and American Politics* (Oxford University Press, 2012).

36 Theda Skocpol and Vanessa Williamson, *The Tea Party and the Remaking of*

Republican Conservatism (Oxford University Press, 2013).

37 Darrell M. West, "Republican Big Bucks Backfire," *USA Today*, August 11, 2014에서 재인용.

38 Frank Newport, "Four Years In, GOP Support for Tea Party Down to 41%," Gallup Poll, May 8, 2014.

39 이 절의 내용 일부는 필자의 이전 글을 바탕으로 했음. Darrell M. West, *Billionaires: Reflections on the Upper Crust* (Brookings Institution Press, 2014).

40 Luisa Kroll, "Inside the 2013 Forbes 400," *Forbes*, September 16, 2013. 또한 다음을 참조. Arthur Kennickell, "Ponds and Streams: Wealth and Income in the U.S., 1989 to 2007," Federal Reserve Board, January 7, 2009.

41 Marco Cagetti and Mariacristina de Nardi, "Wealth Inequality," *Macroeconomic Dynamics*, Vol. 12 (2008), p. 285.

42 Thomas Piketty and Emmanuel Saez, "Income Inequality in the United States, 1913-1998," *Quarterly Journal of Economics*, Vol. 118, No. 1 (2003), pp. 1-39. 1999~2008년 수치의 출처는 엠마누엘 사에즈의 웹 페이지임. http://emlab.berkeley.edu/users/saez. 또한 다음을 참조. Richard Burkhauser and others, "Recent Trends in Top Income Shares in the USA: Reconciling Estimates from March CPS and IRS Tax Return Data," Working Paper 15320, Cambridge, Mass.: National Bureau of Economic Research, September 2009; Thomas Piketty, *Capital in the Twenty-First Century* (Harvard University Press, 2014).

43 2012년 소득 수치의 출처는 다음과 같음. Emmanuel Saez, "Striking It Richer: The Evolution of Top Incomes in the United States," unpublished paper, September 3, 2013.

44 Ed Harris and Frank Sammartino, "Trends in the Distribution of Household Income, 1979-2009," Congressional Budget Office, August 6, 2012.

45 Piketty, *Capital in the Twenty-First Century*.

46 "Selected Measures of Household Income Dispersion: 1967 to 2010,"

Current Population Reports (U.S. Census Bureau, 2011), table A-3.

47 Tami Luhby, "Wealth Inequality between Blacks and Whites Worsens," CNN Money, February 27, 2013 (http://money.cnn.com/2013/02/27/news/economy/wealth-whites-blacks/).

48 Jennifer Hochschild, Vesla Weaver and Traci Burch, *Creating a New Racial Order: How Immigration, Multiracialism, Genomics, and the Young Can Remake Race in America* (Princeton University Press, 2012).

49 Tyler Cowen, "Wealth Taxes: The Future Battleground," *New York Times*, July 21, 2013, p. 6.

50 James Davies and others, "The World Distribution of Household Wealth," Discussion Paper 2008/03, United Nations World Institute for Development Economics Research, February 2008, p. 7.

51 Branko Milanovic, "Global Inequality and the Global Inequality Extraction Ratio: The Story of the Past Two Centuries" (World Bank, September 2009) (http://elibrary.worldbank.org/doi/book/10.1596/1813-9450-5044). 또한 다음을 참조. Branko Milanovic, *The Haves and Have-Nots: A Brief and Idiosyncratic History of Global Inequality* (New York: Basic Books, 2012); Sudhir Arnand and Paul Segal, "What Do We Know about Global Income Inequality?," *Journal of Economic Literature*, Vol. 46, No. 1, March 2008, p. 57.

52 Manuel Funke, Moritz Schularick and Christoph Trebesch, "Going to Extremes: Politics after Financial Crises, 1870-2014," Munich, Germany: Center for Economic Studies and Ifo Institute, October 2015, abstract.

53 Norm Ornstein, "The Eight Causes of Trumpism," *The Atlantic*, January 4, 2016. 또한 다음을 참조. Andrew Prokop, "The Political Scientist Who Saw Trump's Rise Coming," *Vox*, May 6, 2016.

54 Matthew MacWilliams, "The One Weird Trait That Predicts Whether You're a Trump Supporter," *Politico*, January 17, 2016 (www.politico.com/magazine/story/2016/01/donald-trump-2016-authoritarian-213533).

55 Jeff Guo, "A Big Hint about Why So Many People Support Donald Trump Might Come from Germany," *Washington Post*, December 24, 2015 (www. washingtonpost.com/pb/news/wonk/wp/2015/12/24/a-big-hint-about-wh y-so-many-people-support-donald-trump-might-come-from-germany/).

56 Ezra Klein, "Donald Trump's Ideology of Violence," *Vox*, March 12, 2016.

57 Todd Gitlin, "No One Will Be Able to Stop the Political Violence Donald Trump Is Unleashing," *Washington Post*, March 18, 2016.

58 Robert Kagan, "This Is How Fascism Comes to America," *Washington Post*, May 18, 2016. 또한 다음을 참조. Peter Baker, "Rise of Trump Tracks Debate over Fascism," *New York Times*, May 29, 2016, p. A1.

59 Michael Crowley, "Will Terror Help Trump?," *Politico*, March 23, 2016, p. 1.

60 Shadi Hamid, "Donald Trump and the Authoritarian Temptation," Markaz blog, Center for Middle East Politics and Policy, Brookings Institution, May 9, 2016.

제4장 테르미도르의 반동

1 William Doyle, *The Oxford History of the French Revolution* (Oxford University Press, 2003).

2 Peter McPhee, *Robespierre: A Revolutionary Life* (Yale University Press, 2012).

3 David Garrow, *Bearing the Cross: Martin Luther King Jr. and the Southern Christian Leadership Conference* (New York: William Morrow, 2004).

4 Adam Garfinkle, *Telltale Hearts: The Origins and Impact of the Vietnam Anti-War Movement* (New York: Palgrave Macmillan, 1997).

5 Clark Kerr, *The Great Transformation of Higher Education, 1960-1980* (SUNY Press, 1991).

6 Jane Mansbridge, *Why We Lost the ERA* (University of Chicago Press, 1986).

7 Maurice Isserman and Michael Kazin, *America Divided: The Civil War of the 1960s* (Oxford University Press, 2011).

8 Stephen Prothero, "Why Conservatives Start Culture Wars and Liberals Win Them," *Washington Post*, January 29, 2016.

9 Lee Edwards, *The Conservative Revolution: The Movement That Remade America* (New York: Free Press, 2002).

10 Robert Jones, Daniel Cox and Juhem Navarro-Rivera, "A Shifting Landscape: A Decade of Change in American Attitudes about Same-Sex Marriage and LGBT Issues," Public Religion Research Institute, February 26, 2014, p. 5 (http://publicreligion.org/site/wp-content/uploads/2014/02/2014.LGBT_REPORT.pdf).

11 Luther Terry, "Smoking and Health: Report of the Advisory Committee of the Surgeon General of the Public Health Service," *Public Health Service Publication*, No. 1103, January 11, 1964.

12 Centers for Disease Control, "History of the Surgeon General's Reports on Smoking and Health," April 8, 2015.

13 Iain Gately, *Tobacco: A Cultural History of How an Exotic Plant Seduced Civilization* (New York: Grove Press, 2007).

14 Julianna Pacheco, "Trends—Public Opinion on Smoking and Anti-Smoking Policies," *Public Opinion Quarterly*, Vol. 75 (Fall 2011), pp. 576-592.

15 *Bloomberg Businessweek*, "Raise the Smoking Age to 21," November 30, 2015.

16 Gallup, "Tobacco and Smoking," April 8, 2015 (www.gallup.com/poll/1717/Tobacco-Smoking.aspx).

17 Jon Emont, "Antismoking Forces Give Big Tobacco a Fight in Indonesia," *New York Times*, May 1, 2016, p. 12.

18 Judith Johnson, "AIDS Funding for Federal Government Programs: FY1981-FY2009," Congressional Research Service, April 23, 2008, p. 9.

19 같은 글.

20 David Nimmons, "Larry Kramer; AIDS activist; Interview," *Playboy*, September 1993.

21 Kaiser Family Foundation, "HIV/AIDS at 30: A Public Opinion Perspective," June 2011, p. 3.

22 같은 글, p. 8.

23 Roberto deMattei, *The Second Vatican Council: An Unwritten Story* (Fitzwilliam, N.H.: Loreto Publications, 2012).

24 George Weigel, *Witness to Hope: The Biography of John Paul II* (New York: Harper, 2004).

25 Laurie Goodstein, "U.S. Bishops Struggle to Follow Lead of Francis," *New York Times*, November 11, 2014.

26 Jim Yardley and Simon Romero, "Pope's Focus on Poor Revives Scorned Theology," *New York Times*, May 24, 2015, p. 1.

27 Michael Gerson, "Pope Francis Challenges the Faithful," *Washington Post*, November 17, 2014.

28 Laurie Goodstein, "In the Footsteps of Popes Seeking Worldly Change," *New York Times*, June 18, 2015.

29 Somini Sengupta and Jim Yardley, "Pope Francis Addresses U.N., Calling for Environmental Justice," *New York Times*, September 26, 2015, p. A6.

30 Patrick Healy, "Trump Fires Back at Sharp Rebuke by Pope Francis," *New York Times*, February 19, 2016, p. 1.

31 Jim Yardley and Laurie Goodstein, "Francis Signals a Path to Return for the Divorced," *New York Times*, April 9, 2016, p. A1.

32 Michael Gerson, "Pope Francis Challenges the Faithful," *Washington Post*, November 17, 2014.

33 Anthony Faiola, "Conservative Dissent is Brewing inside the Vatican," *Washington Post*, September 7, 2015.

34 Julie Hirschfeld Davis and Randal Archibold, "Obama Meets Cuban Leader, Making History," *New York Times*, April 12, 2015, p. 1.

35 Gallup, "Attitudes towards Cuba," April 20, 2015 (www.Gallup.com).

36 Walter Kaufmann, *Hegel: A Reinterpretation* (Garden City, N.Y.: Anchor Books, 1966).

제5장 종교적 열성의 문제점

1 Harvey Cox, *The Secular City: Secularization and Urbanization in Theological Perspective* (Princeton University Press, 1965).

2 Conrad Hackett, "The Future of World Religions: Population Growth Projections, 2010-2050," Pew-Templeton Global Religious Futures Project, April 2, 2015.

3 Samuel Huntington, *The Clash of Civilizations* (New York: Simon and Schuster, 1996).

4 Michael Walzer, *The Paradox of Liberation: Secular Revolutions and Religious Counterrevolutions* (Yale University Press, 2015).

5 Michael Paulson, "Aboard Flights, Conflicts over Seat Assignments and Religion," *New York Times*, April 9, 2015.

6 같은 글.

7 Isabel Kershner, "She Was Asked to Switch Seats. Now She's Charging El Al with Sexism," *New York Times*, February 27, 2016, p. A7.

8 *NBC News*, "Jewish Women's Group Defies Rules to Pray at Wailing Wall," October 24, 2014.

9 Steven Erlanger, "Culture Wars Shift in Israel to Art Realm," *New York Times*, January 30, 2016, p. 1.

10 Jeffrey Goldberg, "'Israel Cannot Absorb 3.5 Million Palestinians and Remain a Jewish and Democratic State'," *The Atlantic*, June 25, 2015.

11 Jewish Virtual Library, "Vital Statistics: Latest Population Statistics for Israel," updated May 2016 (www.jewishvirtuallibrary.org/jsource/Society_&_Culture/newpop.html).

12 Pew Research Center, "Israel's Religiously Divided Society," March 8, 2016.

13 Isabel Kershner, "Israel Cancels Project Barring Palestinians From Some Buses to the West Bank," *New York Times*, May 20, 2015.

14 같은 글.

15 Jodi Rudoren, "Push for Buses on Sabbath Sets off Debate in Israel," *New York Times*, April 25, 2015.

16 같은 글.

17 Yarden Skop, "High School Girls Defy School Ban on Shorts," *Haaretz*, June 1, 2015.

18 같은 글.

19 같은 글.

20 Thomas Friedman, "Netanyahu, Prime Minister of the State of Israel-Palestine," *New York Times*, May 25, 2016.

21 William Booth, "'We Are the Tip of the Spear' That Protects Israel, Radical Settlers Say," *Washington Post*, August 8, 2015.

22 Isabel Kershner, "Israel Continues Crackdown on Jewish Extremist Network in West Bank," *New York Times*, August 9, 2015.

23 Isabel Kershner, "Israel Faces New Brand of Terrorism, This Time from Young Settlers," *New York Times*, January 11, 2016.

24 Mike Ross, "They ⋯ Do Whatever They Want to Do towards Women Like Me," *Politico*, March 20, 2016.

25 Sayed Salahuddin, "Taliban Ban TV in Afghan Province," Reuters, May 13, 2008.

26 Hashim Shukoor, "Taliban Tries to Stop the Music in Afghanistan—Again," *McClatchy News*, September 3, 2010.

27 William McCants, "The Believer: How an Introvert Became the Leader of the Islamic State," Brookings Institution Essay, September 1, 2015.

28 Graeme Wood, "What ISIS Really Wants," *The Atlantic*, March 2015.

29 같은 글.

30 Rukmini Callimachi, "ISIS Enshrines a Theology of Rape," *New York Times*,

August 13, 2015; Rukmini Callimachi, "ISIS' system of Rape Relies on Birth Control," *New York Times*, March 13, 2016, p. A1.

31 Anna Erelle, *In the Skin of a Jihadist* (New York: Harper Collins, 2015), p. 20.

32 같은 책, p. 33.

33 Lara Rebello, "Seized Documents Point to Daesh Department of 'War Spoils'," *International Business Times*, December 29, 2015.

34 Karla Adam, "Western Women Are Attracted to Islamic State for Complex Reasons," *Washington Post*, May 28, 2015.

35 Michael Weiss and Hassan Hassan, *ISIS: Inside the Army of Terror* (New York: Regan Arts, 2015).

36 Patrick Cockburn, *The Rise of Islamic State: ISIS and the New Sunni Revolution* (New York: Verso, 2015).

37 Mary Anne Weaver, "Why Do They Go?," *New York Times Magazine*, April 19, 2015, pp. 44-45.

38 같은 글, p. 46.

39 Eliza Griswold, "The Shadow of Death," *New York Times Magazine*, July 26, 2015.

40 Anne Barnard and Hwaida Saad, "ISIS Alternates Stick and Carrot to Control Palmyra," *New York Times*, May 28, 2015.

41 Matthew Rosenberg, Nicholas Kulish and Steven Myers, "Predatory Islamic State Wrings Money from Those It Rules," *New York Times*, November 30, 2015, p. 1.

42 Ken Miller, *Finding Darwin's God* (Cliff Street Books, 1999).

43 Frank Newport, "In U.S., 42% Believe Creationist View of Human Origins," Gallup, June 2, 2014 (www.gallup.com/poll/170822/believe-creationist-view-human-origins.aspx).

44 Lydia Saad, "One in Four in U.S. Are Solidly Skeptical of Global Warming," Gallup, April 22, 2014 (www.gallup.com/poll/168620/one-four-solidly-skeptical-global-warming.aspx).

45 Lydia Saad, "Three in Four in U.S. Still See the Bible as Word of God," Gallup, June 4, 2014 (www.gallup.com/poll/170834/three-four-bible-word -god.aspx).

46 Frank Newport, "Who Are the Evangelicals?," Gallup, June 24, 2005 (www. gallup.com/poll/17041/Who-Evangelicals.aspx?g_source=evangelical&g_m edium=search&g_campaign=tiles).

47 Trip Gabriel and Jonathan Martin, "Republican Field Woos Iowa Evangelical Christians," *New York Times*, April 25, 2015.

48 Mike Allen's Playbook, *Politico*, November 23, 2015에 요약되어 있음.

49 Charles Scofield, "Revelation," *Holy Bible* (Oxford University Press, 1967).

50 Jonathan Kirsch, *A History of the End of the World* (New York: Harper One, 2007).

51 William McCants, "How ISIL Out-Terrorized Bin Laden," *Politico*, August 19, 2015.

52 Craig Whitlock and Ellen Nakashima, "For the Islamic State, Paroxysms of Violence Portends Apocalypse," *Washington Post*, November 16, 2015.

53 Graeme Wood, "What ISIS Really Wants," *The Atlantic*, March 2015.

54 Elaine Pagels, *Revelations: Visions, Prophecy, and Politics in the Book of Revelation* (New York: Penguin Books, 2013).

제6장 메가체인지의 도전

1 Richard Hamilton, *Who Voted for Hitler?* (Princeton University Press, 1982).

2 Christopher Hilbert, *Mussolini: The Rise and Fall of Il Duce* (New York: St. Martin's Press, 2008).

3 Darrell M. West, *Billionaires: Reflections on the Upper Crust* (Brookings Institution Press, 2014).

4 Somini Sengupta, "60 Million People Fleeing Chaotic Lands, U.N. Says," *New York Times*, June 18, 2015. 또한 다음을 참조. Rod Nordland, "A Mass

Migration Crisis, And It May Yet Get Worse," *New York Times*, November 1, 2015, p. 6. 2015년 12월 유엔 난민기구 수치의 출처는 다음과 같음. www.unhcr.org/news/latest/2015/12/5672c2576/2015-likely-break-records-force d-d isplacement-study.html.

5   Somini Sengupta, "Tide of Refugees, but the West Isn't Welcoming," *New York Times*, April 18, 2015, p. 1.

6   Azam Ahmed and Sandra Garcia, "Dominican Plan to Expel Haitians Tests Close Ties," *New York Times*, July 5, 2015, p. A1.

7   Bill Bishop, *The Big Sort: Why the Clustering of Like-Minded Americans Is Tearing Us Apart* (New York: Mariner Books, 2009).

8   Darrell M. West, *Going Mobile: How Wireless Technology Is Reshaping Our Lives* (Brookings Institution Press, 2015).

9   David Rothkopf, *National Insecurity: American Leadership in an Age of Fear* (New York: Public Affairs, 2014).

10 Laila Lalami, "For or Against," *New York Times Magazine*, November 29, 2015, pp. 13-15.

11 Richard Dobbs, James Manyika and Jonathan Woetzel, *No Ordinary Disruption: The Four Global Forces Breaking All the Trends* (New York: Public Affairs, 2015).

12 William Galston, "Telling Americans to Vote, or Else," *New York Times*, November 5, 2011.

13 International Institute for Democratic Electoral Assistance, "Compulsory Voting," undated (www.idea.int/vt/compulsory_voting.cfm#practicing).

14 William Galston and E. J. Dionne, "The Case for Universal Voting: Why Making Voting a Duty Would Enhance Our Elections and Improve Our Government," Brookings Institution Center for Effective Public Management, September 2015, p. 4.

15 Darrell M. West and Beth Stone, "News Curation vs. Aggregation: Emergence of Editor's Choices Features," Brookings Institution Report, October

2014.

16 Anne Applebaum, "Mark Zuckerberg Should Spend $45 Billion on Undoing Facebook's Damage to Democracies," *Washington Post*, December 11, 2015.

17 Peter Dear, *Revolutionizing the Sciences: European Knowledge and Its Ambitions, 1500-1700* (Princeton University Press, 2001).

18 *National Geographic*, "The War on Science," March 2015.

19 Katherine Noyes, "Vint Cerf Fears a 'Digital Dark Age,' and Your Data Could Be at Risk," *Computer World*, February 13, 2015.

20 "The Story of a Shopping Street in Beijing," *Beijing Review*, December 12, 2013, pp. 34-38.

제7장 미래를 향한 항해

1 Cass Sunstein, *The World According to Star Wars* (New York: HarperCollins, 2016).

2 Norman Thrower, *Maps and Civilizations: Cartography in Culture and Society* (University of Chicago Press, 2008).

3 Mark Monmonier, *How to Lie with Maps* (University of Chicago Press, 1996).

4 Merle Ricklefs, *A History of Modern Indonesia since 1300* (London: Macmillan, 1981).

5 Karen Zraick, "Persian (or Arabian) Gulf Is Caught in the Middle of Regional Rivalries," *New York Times*, January 12, 2016.

6 David Eicher, "Asteroid Day," *Astronomy*, July 2015, p. 35.

7 Interfax, "Meteorite-Caused Emergency Situation Regime over in Chelyabinsk," *Russia beyond the Headlines*, March 5, 2013.

8 David Eicher, "Asteroid Day," *Astronomy*, July 2015, p. 35.

9 Elizabeth Kolbert, *The Sixth Extinction* (New York: Picador, 2015).

10 Robert Crease and Alfred Scharff, *The Quantum Moment: How Planck,*

Bohr, Einstein, and Heisenberg Taught Us to Love Uncertainty (New York: W.W. Norton, 2014).

11 Douglas Brinkley, *36 Days: The Complete Chronicle of the 2000 Presidential Election Crisis* (New York: Times Books, 2001).

12 David Rothkopf, *National Insecurity: American Leadership in an Age of Fear* (New York: Public Affairs, 2014).

13 David Brooks, "How to Fix Politics," *New York Times*, April 12, 2016.

제8장 미래의 여러 가능성

1 Jess McHugh, "Iran Nuclear Bomb: How Much Nuclear Capacity Does Tehran Already Have?," *International Business Times*, July 14, 2015.

2 Robert Einhorn, "Debating the Iran Nuclear Deal," Brookings Institution, August 2015.

3 Leon Wieseltier, "The Iran Deal and the Rut of History," *THE Atlantic*, July 27, 2015.

4 Jodi Rudoren, "Israeli Response to Iran Nuclear Deal Could Have Broader Implications," *New York Times*, April 3, 2015.

5 이 절의 내용 중에 일부는 다음에서 가져옴. Darrell M. West, "What Happens When Robots Take the Jobs," Brookings Institution paper, October 2015.

6 James Manyika and others, "Disruptive Technologies: Advances That Will Transform Life, Business and the Global Economy," McKinsey Global Institute, May 2013.

7 Philip Howard, *Pax Technica: How the Internet of Things May Set Us Free or Lock Us Up* (Yale University Press, 2015).

8 James Hagerty, "Meet the New Generation of Robots for Manufacturing," *Wall Street Journal*, June 2, 2015.

9 Alison Sander and Meldon Wolfgang, "The Rise of Robotics," Boston Consulting Group, August 27, 2014 (www.bcgperspectives.com/content/articles/business_unit_strategy_innovation_rise_of_robotics/).

10 RBC Global Asset Management, "Global Megatrends: Automation in Emerging Markets," 2014.

11 John Markoff, "Korean Team Wins Pentagon's Crisis Robotics Contest," *New York Times*, June 8, 2015.

12 Andra Keay, "The Rise of Social Robots," South by Southwest, March 15, 2015.

13 Eitan Wilf, "Sociable Robots, Jazz Music, and Divination: Contingency as a Cultural Resource for Negotiating Problems of Intentionality," *American Ethnologist*, November 6, 2013, p. 605 (http://onlinelibrary.wiley.com/doi/10.1111/amet.12041/abstract).

14 Mike Murphy, "Amazon Tests out Robots That Might One Day Replace Warehouse Workers," *Quartz*, June 1, 2015.

15 Dawn Nakagawa, "The Second Machine Age Is Approaching," *Huffington Post*, February 24, 2015.

16 Martin Ford, *The Lights in the Tunnel: Automation, Accelerating Technology, and the Economy of the Future* (Createspace, 2009). 같은 저자의 최근 저서도 참조. *Rise of the Robots: Technology and the Threat of a Jobless Future* (New York: Basic Books, 2015).

17 U.S. Bureau of Labor Statistics, "Employment Projections: 2014-2024 Summary," December 8, 2015 (www.bls.gov/news.release/ecopro.nr0.htm).

18 같은 글.

19 Erik Brynjolfsson and Andrew McAfee, *The Second Machine Age: Work, Progress, and Prosperity in a Time of Brilliant Technologies* (New York: W.W. Norton, 2014), p. 11.

20 Lawrence Summers, "The Economic Challenge of the Future: Jobs," *Wall Street Journal*, July 7, 2014.

21 Harold Meyerson, "Technology and Trade Policy Is Pointing America toward a Job Apocalypse," *Washington Post*, March 26, 2014에서 재인용. 원자료는 다음과 같음. Carl Benedikt Frey and Michael Osborne, "The

Future of Employment: How Susceptible Are Jobs to Computerisation," Oxford University, September 17, 2013.

22 Jeremy Bowles, "The Computerisation of European Jobs," Bruegel, July 24, 2014 (http://bruegel.org/2014/07/the-computerisation-of-european-jobs/); Jeremy Bowles, "Chart of the Week: 54% of EU Jobs at Risk of Computerisation," Bruegel, July 24, 2014.

23 Robert Gordon, *The Rise and Fall of American Growth* (Princeton University Press, 2016).

24 Martin Wolf, "If Robots Divide Us, They Will Conquer," *Financial Times*, February 4, 2014; Martin Wolf, "Enslave the Robots and Free the Poor," *Financial Times*, February 11, 2014.

25 Martin Wolf, "Same as It Ever Was: Why the Techo-Optimists Are Wrong," *Foreign Affairs*, Vol. 94, No. 4 (July/August 2015), pp. 15-22.

26 Paul Barrett, "It's Global Warming, Stupid," *Bloomberg Business*, November 1, 2012.

27 U.S. Environmental Protection Agency, "Increasing Greenhouse Gas Concentrations Will Have Many Effects," undated (www3.epa.gov/climatechange/science/future.html#sealevel). 또한 다음을 참조. Tatiana Schlossberg, "Rising Sea Levels May Disrupt Lives of Millions, Study Says," *New York Times*, March 14, 2016; James Hansen and others, "Ice Melt, Sea Level Rise, and Superstorms," *Atmospheric Chemistry and Physics*, July 23, 2015; Justin Gillis, "Seas Are Rising at Fastest Rate in Last 28 Centuries," *New York Times*, February 22, 2016; Mark Hertsgaard, "Climate Seer James Hansen Issues His Direst Forecast Yet," *Daily Beast*, July 20, 2015; Eric Holthaus, "Earth's Most Famous Climate Scientist Issues Bombshell Sea Level Warning," *Mother Jones*, July 22, 2015.

28 Union of Concerned Scientists, "Preparing for Global Warming's Rising Tides," undated.

29 Matt Hamilton, "Sea Levels Will Rise, Experts Warn, and 'It's Not Going to

Stop'," *Los Angeles Times*, August 27, 2015.

30 Andrew Restuccia, "U.S. Posts Second Hottest Year on Record," *Politico*, January 7, 2016; Justin Gillis, "2015 Was Hottest Year in Historical Record, Scientists Say," *New York Times*, January 20, 2016.

31 Carol Matlack, "A Lifeline for Slums," *Bloomberg Businessweek*, September 17, 2015, p. 52.

32 Rebecca Lindsey, "Climate Change: Global Sea Level," National Oceanic and Atmospheric Administration, November 4, 2015.

33 Florida Oceans and Coastal Council, "Climate Change and Sea-Level Rise in Florida," December 2010.

34 Tatiana Schlossberg, "Rising Sea Levels May Disrupt Lives of Millions, Study Says," *New York Times*, March 14, 2016.

35 World Bank, "Turn Down the Heat: Confronting the New Climate Normal," June 19, 2013 (https://openknowledge.worldbank.org/handle/10986/20595).

36 William Gail, "A New Dark Age Looms," *New York Times*, April 19, 2016.

37 Cary Funk and Sara Kehaulani Goo, "A Look at What the Public Knows and Does Not Know about Science," Pew Research Center, September 10, 2015.

38 United Stations High Commissioner for Refugees, "Linking Human Mobility, Disasters and Disaster Risk Reduction," September 2014.

39 United Nations Conference on Climate Change, "Paris Agreement," December 12, 2015 (http://unfccc.int/files/meetings/paris_nov_2015/appli cation/pdf/paris_agreement_english_.pdf).

40 European Commission, "Schengen Area," Migration and Home Affairs (http://unfccc.int/files/meetings/paris_nov_2015/application/pdf/paris_agr eement_english_.pdf).

41 Rick Lyman, "Head of Poland's Governing Party Leads a Shift Rightward," *New York Times*, January 11, 2016.

42 Anthony Faiola, "More European Nations Are Barring Their Doors to

Migrants," *Washington Post*, January 22, 2016.

43 Matthew Kaminski, "'All the Terrorists Are Migrants'," *Politico*, November 23, 2015.

44 Peter Coy, "Paris Must Not Lead to Barricades," *Bloomberg Businessweek*, November 29, 2015, p. 12.

45 Alison Smale, "Austrian Far-Right Candidate Norbert Hofer Narrowly Loses Presidential Vote," *New York Times*, May 23, 2016.

46 Geir Moulson, "Nationalists Strong, Setback for Merkel Party in German Vote," *Washington Post*, March 13, 2016.

47 Alison Smale, "Merkel, While Refusing to Halt Migrant Influx, Works to Limit It," *New York Times*, November 29, 2015, p. 6.

48 Roger Cohen, "Will Merkel Pay for Doing the Right Thing?," *New York Times*, February 14, 2016.

49 James Kanter, "German Minister Issues Warning on Open Borders," *New York Times*, January 16, 2016, p. A5.

50 Alissa Rubin, "National Front Gets a Boost in French Regional Elections," *New York Times*, December 7, 2015.

51 Griff Witte, "France's Far Right Reaps Political Gains as Fears of Terrorism Grow," *Washington Post*, November 24, 2015.

52 Adam Nossiter and Liz Alderman, "After Paris Attacks, a Darker Mood toward Islam Emerges in France," *New York Times*, November 16, 2015; Alissa Rubin, "National Front Gets a Boost in French Regional Elections," *New York Times*, December 7, 2015.

53 Adam Nossiter and Liz Alderman, "After Paris Attacks."

54 Michala Bendixen, "Denmark's Selfish Stance Does Nothing to Help the Global Refugee Crisis," *The Guardian*, January 27, 2016.

55 Andrea Peterson and Brian Fung, "Paris Attacks Should Be 'Wake Up Call' for More Digital Surveillance," *Washington Post*, November 16, 2015.

56 Raphael Minder, "Crackdowns on Free Speech Rise Across a Europe Warry

of Terror," *New York Times*, February 24, 2016.

57 같은 글.

58 Ylan Mui, "Why Populist Uprisings Could End a Half-Century of Greater Economic Ties," *Washington Post*, April 18, 2016.

59 Tim Arango and Ceylan Yeginsu, "How Erdogan Ousted Turkish Premier in Drive for Power," *New York Times*, May 6, 2016.

60 Simon Tisdall, "Turkish Opposition Leader Condemns 'Dictator' Erdogan," *The Guardian*, February 15, 2013; Safak Timur and Tim Arango, "Turkey Seizes Newspaper As Crackdown on Press and Critics Continues," *New York Times*, March 5, 2016, p. A9.

61 Sonia Faleiro, "India's Attack on Free Speech," *New York Times*, October 2, 2015.

62 Ellen Barry, "2 Publishers Stabbed in Bangladesh as Attacks Rise," *New York Times*, November 1, 2015, p. 4.

63 Michael Gerson, "Donald Trump and the Politics of the Middle Finger," *Washington Post*, February 18, 2016.

64 같은 글.

65 Charles Lane, "Is U.S. 'Presidentialist' Democracy Failing?," *Washington Post*, February 10, 2016에서 재인용.

66 Caleb Scharf, "Is Earth's Life Unique in the Universe," *Scientific American*, July 15, 2014.

67 Dennis Overbye, "In Icy Breath of Saturn's Moon Enceladus, Cassini Hunts for Life," *New York Times*, October 28, 2015.

68 M. D. Papagiannis, "What Makes a Planet Habitable, and How to Search for Habitable Planets in Other Solar Systems," *Journal of the British Inter-planetary Society*, June 1992, pp. 227-230.

69 Preston Dyches and Felicia Chou, "The Solar System and Beyond Is Awash in Water," NASA Jet Propulsion Laboratory, April 7, 2015.

70 Sarah Kaplan, "A Key Ingredient for Life on Earth May Have Crash Landed

Here from Space," *Washington Post*, April 8, 2016.

71 Kenneth Chang, "Suddenly, It Seems, Water Is Everywhere in Solar System," *New York Times*, March 12, 2015.

72 John Wenz, "23 Places We've Found Water in Our Solar System," *Popular Mechanics*, March 16, 2015.

73 Preston Dyches, "Europa's Ocean May Have An Earthlike Chemical Balance," Jet Propulsion Laboratory, May 17, 2016.

74 Guneet Bhatia, "NASA Discovers Global Ocean of the Large Water Reservoir in Saturn's Moon 'Enceladus'," *International Business Times*, September 17, 2015.

75 John Wenz, "23 Places We've Found Water in Our Solar System."

76 Dennis Overbye, "In Icy Breath of Saturn's Moon Enceladus, Cassini Hunts for Life," *New York Times*, October 28, 2015.

77 Irene Klotz, "Scientists Find Evidence of Recent Water Flows on Mars," Reuters, September 28, 2015.

78 Karen Northon, "NASA Research Suggests Mars Once Had More Water Than Earth's Arctic Ocean," NASA TV, March 5, 2015.

79 Steve Pond, "Starry, Starry Nights," East Grinstead Online, July 27, 2015; Adam Frank, "Yes, There Have Been Aliens," *New York Times*, June 10, 2016.

80 Rachel Feltman, "NASA's Kepler Telescope Confirms a Record-Breaking 1,284 New Planets," *Washington Post*, May 10, 2016.

81 같은 글.

82 Amina Khan, "Is Kepler-452b an Earth Twin? More Like a Bigger, Older Cousin," *Los Angeles Times*, July 23, 2015.

83 Abby Phillip, "Why NASA's Top Scientist Is Sure That We'll Find Signs of Alien Life in the Next Decade," *Washington Post*, April 8, 2015.

84 Amy Crawford, "The Search for Life across the Universe," *Smithsonian*, March 12, 2014.

85 International Theological Commission, "The Hope of Salvation for Infants Who Die without Being Baptised," undated (www.vatican.va/roman_curia/congregations/cfaith/cti_documents/rc_con_cfaith_doc_20070419_un-baptised-infants_en.html).

86 Heather Tomlinson, "Alien Life Does Not Undermine the Gospel—Vatican," *Christianity Today*, August 3, 2015.

87 Isaac Asimov and Robert Silverberg, *Nightfall* (New York: Bantam Spectra, 1991).

88 E. J. Dionne, "This Time it Really is the End of Trump. Really," *Washington Post*, April 3, 2016.

찾아보기

용어

지은이 **대릴 M. 웨스트**

미국의 대표적인 진보 싱크탱크인 브루킹스 연구소의 부소장이다. 같은 연구소에서 기술혁신연구센터장과 거버넌스연구실장을 겸하고 있다. 1981년 인디애나 대학에서 정치학 박사 학위를 받았으며 1982년부터 2008년까지 브라운 대학에서 정치학을 강의했다.
미국의 정치 및 디지털 기술의 발전 추세가 핵심적인 연구 관심사다. 23권의 저서와 30편이 넘는 논문을 발표했으며 네 차례 서술상을 수상했다. 이 중에는 미국정치학회가 수여하는 돈 케이 프라이스 상(기술 부문)과 도리스 그레이버 상(정치 커뮤니케이션 부문)이 포함되어 있다. 전자정부에 관한 그의 논문은 ≪미국행정학회지≫가 발표한 '1940년 이래 가장 영향력 있는 논문 75편' 중 하나에 선정된 바 있다. 독일, 러시아, 브라질, 일본, 중국 등 전 세계 12개 나라에서 강연하는 등 국제적인 활동도 활발히 병행하고 있다.

옮긴이 **정철**

한국외국어대학교 프랑스어과를 졸업하고 1983년 KOTRA에 입사했다. 본사에서는 주로 유럽 지역 조사 업무를 담당했고, 유럽에서 다섯 차례 해외 근무를 했다. 해외에서는 헬싱키, 브뤼셀, 암스테르담에서 무역관장을 역임했으며, 2018년 6월 정년 퇴임했다. 옮긴 책으로『조선의 참 유학자이자 담대한 크리스천들』(2015)이 있다.

한울아카데미 2093

메가체인지
21세기 경제 혼란과 정치 격변, 사회 갈등

지은이 ㅣ 대럴 M. 웨스트
옮긴이 ㅣ 정철
펴낸이 ㅣ 김종수
펴낸곳 ㅣ 한울엠플러스(주)
편 집 ㅣ 배은희, 조일현

초판 1쇄 인쇄 ㅣ 2018년 8월 17일
초판 1쇄 발행 ㅣ 2018년 8월 31일

주소 ㅣ 10881 경기도 파주시 광인사길 153 한울시소빌딩 3층
전화 ㅣ 031-955-0655
팩스 ㅣ 031-955-0656
홈페이지 ㅣ www.hanulmplus.kr
등록번호 ㅣ 제406-2015-000143호

Printed in Korea.
ISBN 978-89-460-7093-6 93320

* 책값은 겉표지에 표시되어 있습니다.